現代憲法教育研究会 編

憲法と それぞれの 人権

第4版

法律文化社

第4版まえがき

　このたび本書『憲法とそれぞれの人権』第4版を出すにあたり，新たに4名が加わり執筆者は総勢10名となった。初版のときから本書をけん引してきた主力メンバーはそれぞれ勤務していた大学をめでたくも退職する年齢となり，それよりも1つか2つ下の世代，若い世代がその大半を受け継いだ。

　本書は，権力によって不当に扱われた人々や，弱い立場にある人々，逆境にさらされた人々に寄り添う姿勢で貫かれている。そして，そのような人々の生身の具体的な人間としての生きざまに焦点を当てながら，私たち1人ひとりの現実の生活が決して憲法と無関係ではないことを示している。国の政治を動かす仕組みも，社会のあり方も，私たち1人ひとりの「それぞれの人権」と密接に関わっていることをより明らかにしたいという思いをもって，第4版は作られた。

　この思いはコラムにも表れている。本書では初版以降コラムを置き，各章の内容を深く理解したり，発展的に学習したりするための素材を呈示してきたが，第3版までとは異なり，この第4版では現役の新聞記者がコラムを執筆した。生身の人間を追いやった国の行為や社会のあり方を鋭く衝く「新聞記者の眼」は，不当に扱われた人々や，弱い立場にある人々，逆境にさらされた人々に，どこまでも寄り添いあたたかい。「私も同じ立場になるかもしれない」，「私の近くにも同じような経験をしている人がいる」ということに気づき，ともに考える機会を提供する重要な役割も，コラムは担っている。

　第4版では形式面での変更も加えた。旧版から執筆者が交代した章は新たに書き下ろすことを基本とした。また，各章の分量を均一化し少しでも読みやすくなるよう心がけ，今注目を集めているテーマを中心に新たな章を創設した。

　この第4版においても，法律文化社から大きなご支援をいただいた。とくに編集部の舟木和久さんには，初版以来，本書のことをずっと気にかけていただき，「私からもいいですか？」で始まる指摘は，憲法だけでなく他の学問分野の編集にも携わってこられた経験と識見に裏づけられており，執筆者としては，それに数行で応えなければならないという苦行が待っていた。本書にきらりと光る箇所

があるとすれば，それは舟木さんの指摘から始まり「現代憲法教育研究会」のメンバーで検討した成果である。同じく編集部の八木達也さんと二人三脚で本書の編集に当たっていただいた。お二方に感謝申し上げたい。

2022年　春

執筆者を代表して

寺川史朗

初版まえがき

　憲法を初めて学ぼうとする者を対象に，松田恒彦他『やさしい憲法』（憲法読本作成委員会，1975年）に学びつつ，憲法教育のための斬新な本を作りたいと「憲法教育研究会」が発足したのは1980年のことであった。そして，研究会の成果として，『主権・人権・平和——憲法と日本の現状』（法律文化社，1983年），『検証・日本国憲法——理念と現実』（法律文化社，1987年），『それぞれの人権——くらしの中の自由と平等』（法律文化社，1996年）を出版してきた。これらは，その時々の政治状況との関連で，厳しい状況に直面した日本国憲法の危機が叫ばれるなかで，「どっこい憲法は生きている」との思いを将来を担う世代と憲法教育の実践において共有したいとの願いから生み出されたものであった。

　さて，今日，状況は大きく変わり，あるいは変わろうとしている。

　第1，「憲法教育研究会」の創設メンバーが次々と定年を迎え，たとえば上記のような成果をあげてきた活動に一区切りをつける時期を迎えたこと。第2，端的には「日本国憲法の改正手続に関する法律」が投票権者を「年齢満18年以上の者」としたこと，あるいは司法制度改革との関連での法科大学院の新設，裁判員制度の発足，「法教育」の開始などからも，「憲法教育」の必要性・重要性はますます高まってきていること。第3，「改憲」をめぐる政治状況との関連で，できるだけ正確に日本国憲法の現状を知り，憲法の歴史をたどりつつ日本国憲法の理念を十分に受けとめ，その上で日本国憲法の現状と理念とをつきあわせ，1人ひとりが現状にどのように対応すべきかを考える機会をもつことの必要性・重要性がますます高まってきていること，などである。

　このようななか，今回，時間をかけた話し合いを経て，「憲法教育研究会」の問題関心を継承しつつ，しかし新たな活動の時期に入るべきだということになり，同研究会をいわば発展的に解消して新たに「現代憲法教育研究会」として再出発することとした。本書は，同研究会の最初の成果ということになる。

　本書の企画は，元々は「憲法教育研究会」の最後の書となった『それぞれの人権』の新版を意図して始まったものであるが，上のような事情から，『それぞれ

の人権』の問題関心を引き継ぎつついくらか新しい構成から成る新しい本をつくることになった。なお，本書は，これまでと同じように憲法を初めて学ぼうとする人びとを主な対象とすることとした。

　上の『それぞれの人権』の問題関心とは，憲法と人権の全体像の把握に基づき，従来の人権の体系的配列にはこだわらずに，「人権を侵害される側」に着目して項目を立て彼ら・彼女らのおかれた現実を憲法の観点から検証するということであり，人権が実際によりよく実現できるためにはそれにふさわしい統治，平和の確保が必要だということである。新しい構成とは，憲法の全体像をより十分に把握できるように第1部をおき，従来は資料で扱うにとどめていた統治もそこで論述することにしたということ，それとは別にその重要性を考慮して第3部をおき，従来は資料篇で扱っていた平和主義について論述化したということ，第2部では，憲法の基礎を整理をした上で具体的な人権状況を検討し，さらに学習を進めるために課題を提示するという流れで記述したということである。また，「現代憲法教育研究会」の問題関心の一端を示すために，研究会での議論の対象となった「法教育と憲法教育」等のテーマに関連して「コラム」をおくこととした。さらに，スペースの許す範囲内で資料を配置しビジュアル化をはかるとともに本文を補うような工夫をした。これらはまた，本書の特徴でもある。なお，記述にあたって，「明治憲法」は用いずに「大日本帝国憲法」で統一し，判例は「最判0000年00月00日」などと記すこととし，本文での参照文献の引用は原則として省かせていただいた。

　しかし，今回，新しい状況に応じた「憲法教育」のあり方につき十分な検討を行うまでには至らなかった。これについては，今後の「現代憲法教育研究会」の活動において検討をし続けていくことにしたい。

　最後に，今回もまた，法律文化社からこれまでと変わらないご支援をいただき，とくに編集担当者の舟木和久さんから全面的なご協力をいただいたことに感謝するとともに，作業の一部遅れによって多大なご迷惑をおかけしたことに対しお詫びを申し上げる。

　2010年3月

新たな気持ちで

執筆者一同

目　　次

執筆者紹介〔①所属，②担当，③学生へのメッセージ〕(五十音順)

彼谷　環（かや・たまき）

①富山国際大学子ども育成学部教授

②第1部第4・5章，第2部第2章

③「資格取得のために日本国憲法は必修だから」という人がいます。でも，それぞれの条文に込められた理想と向き合えば，新たな発見があるはずです。

川畑博昭（かわばた・ひろあき）

①愛知県立大学日本文化学部教授，同大学副学長

②第1部第9章，第2部第1・11章，第3部第1章

③憲法を学ぶとは，「社会は，自分たちの手でつくり，変えられるのだ」ということを学びとることだと思います。

倉持孝司（くらもち・たかし）

①南山大学大学院法務研究科教授

②第1部第2章

③「夫婦別姓，賛成か反対か」など身近な問題からまわりの人と大いに議論してみてください。

小牧亮也（こまき・りょうや）

①岐阜大学地域科学部助教

②第1部第10章，第2部第5・14章

③憲法が保障する自由や権利は，みなさんの「不断の努力」なくしては維持できません（憲法12条）。本書が「努力」のきっかけになれば幸いです。

近藤　真（こんどう・まこと）

①岐阜大学名誉教授

②第2部第7章

③憲法9条は，「世界を文明の壊滅から救わんとする」(芦田均9条提案演説，第90帝国議会) ために制定されました。国には「核兵器禁止条約」の批准推進義務があると言えます（憲法99条）。主権者には「非核の世界」に向けて政府を動かす使命があります（憲法12条）。

佐藤直子（さとう・なおこ）
　①東京新聞（中日新聞東京本社）論説委員
　②新聞記者の眼①〜⑫
　③憲法は日本で生きるすべての人の権利を保障します。その理念が守られているのかどうか。日々のニュースや社会問題を切り口にして考えてみましょう。

寺川史朗（てらかわ・しろう）
　①龍谷大学法学部教授
　②第1部第1・6・7章，第2部第3章，第3部第2章
　③憲法学に記憶力や暗記力は必要ありません。求められるのは「考える力」です。

濵口晶子（はまぐち・しょうこ）
　①龍谷大学法学部准教授
　②第1部第3章，第2部第4・6・8・9章
　③憲法を学ぶときに大切にしてほしいことは，「想像力」です。社会の中で人権を脅かされている人びとの立場に立って考え，想いを寄り添わせてください。

前原清隆（まえはら・きよたか）
　①元日本福祉大学子ども発達学部教授
　②第2部第10章，インターネットで生きた憲法問題を学ぼう
　③井上ひさしさんのように「むずかしいことをやさしく，やさしいことをふかく，ふかいことをゆかいに」表現できるといいのですが……。

三宅裕一郎（みやけ・ゆういちろう）
　①日本福祉大学教育・心理学部教授
　②第1部第8章，第2部第12・13章
　③「NO. 1にならなくてもいい　もともと特別な Only one」（槇原敬之「世界に一つだけの花」）。これはすべての人権の原点（個人主義）です。

第 **1** 部
憲法とは何か

文部省『あたらしい憲法のはなし』(1947年 8 月 2 日発行)

1 憲法の目的とは

◆ スタートアップ ◆

　憲法とは何かと問われたら，どう答えればよいだろう。立憲主義とは何か。人権保障や権力分立という言葉も聞いたことはあるが，大きなクエスチョン・マークがたくさん付く。今のところよく分からなくても問題はない。これから，憲法とは何か，立憲主義とは何か，日本国憲法は立憲主義をどのようなかたちで受容しているのかということを学んでいこう。そして日本国憲法を改正しようとする最近の動きについて，立憲主義の観点から考えてみよう。

憲法がたどってきた道

近代憲法　国家のあるところ，その国家の仕組みや運営に関する根本的なきまりがあり，そのきまりを「固有の意味における憲法」という。そのようなきまりは国家に固有のものだから「固有の意味における」という修飾句が付いているわけだ。したがって，たとえば国王の口頭による命令が国家の仕組みや運営に関する根本的なきまりとなっていれば，それも憲法である。しかし，そのような憲法は往往にして国家権力を担う者によって濫用され，人々の生命や身体，その他の人権がいとも簡単に奪われることになる。そうならないようにするためには，人権とは私たち1人ひとりが生まれながらに有するものであることと，人権を守るために政府が作られることが確認されなければならない（この思想は，資料1-1のようにアメリカ独立宣言にみることができる）。また，人権を守るためには，国家権力を制限することが必須であり，この認識の下に人権保障と国家権力の制限という内容を有する憲法が作られるようになる。これを近代的意味の憲法（近代憲法）という。立憲的意味の憲法と呼ばれることもある。そして，そのような内容を有する憲法に基づいてその国の政治が行われるべきだという考

えを近代立憲主義，もしくは，単に立憲主義という。

　国家権力を制限するには次のように考えるとよい。すなわち，国家権力を担う者は，憲法に明記されていることしかその権力を用いることができず，憲法に明記されていないことや，憲法が禁止している事柄について，国家権力が発動されることは許されない。また，国家権力を制限するための手法の1つが権力分立である。今のフランス憲法（1958年第五共和国憲法）前文で同憲法と一体のものと位置づけられている1789年フランス人権宣言（資料1-2）の16条は「権利の保障が確保されず，権力の分立が規定されないすべての社会は，憲法をもつものではない」と定めており，人権保障と国家権力の制限という近代憲法の本質を示している。

近代憲法の現代的な発展　　近代憲法において保障される人権の中心は自由権，特に，所有の自由を中心とする経済活動の自由であり，その徹底した保障（「経済的自由の絶対的保障」という）と資本主義経済の発展に伴い，後に貧富の格差が拡大し，「人間らしく生きる」ことができない人々が大量に生まれた。貧富の格差が最大限に達した19世紀末から20世紀初めにかけての，貧困にあえぐ人々の生活は深刻で，このような社会状況のなかから，裕福な階層の経済活動を制限し，貧困にあえぐ人々が「人間らしく生きる」ことができるよう，国家に対し諸種の政策を要求する運動が盛んになる。それを受け，たとえば，累進課税方式という税制度上の工夫や，最長労働時間や最低賃金の立法化による労働者保護政策の展開が見られ，さらには，「人間らしく生きる」ことが憲法上の権利として保障されるようになる。

　このように，近代憲法は，新たな段階へと進み，人権保障という側面に着目した場合，「人間らしく生きる」ことを憲法上の権利として保障し，その実現のためであれば，（特に裕福な階層の）経済活動の自由を制限することができるという考え方が広まっていく。これに合わせ，国家の役割も，近代憲法が想定するものとは大きく異なり（近代憲法が想定する国家の役割は，警察，裁判，外交以外は「何もしない」ことが理想とされた。国家が「何もしない」ほうが，各個人は経済活動を自由に行うことができるからである），積極的に人々の日常空間や生活に関与するようになる。近代憲法は現代的な発展を遂げたのだ（第1部第3章参照）。1919年のドイツ・ワイマール憲法はそのような憲法のはしりだといわれている（資料1-3）。

資料1-1　アメリカ独立宣言（1776年）

——1776年7月4日，コングレスにおいて13のアメリカ連合諸邦の全員一致の宣言——

　（前略）われわれは，自明の真理として，すべての人は平等に造られ，造物主によって，一定の奪いがたい天賦の権利を付与され，そのなかに生命，自由および幸福の追求の含まれることを信ずる。また，これらの権利を確保するために人類のあいだに政府が組織されたこと，そしてその正当な権力は被治者の同意に由来するものであることを信ずる。そしていかなる政治の形体といえども，もしこれらの目的を毀損するものとなった場合には，人民はそれを改廃し，かれらの安全と幸福とをもたらすべしとみとめられる主義を基礎とし，また権限の機構をもつ，新たな政府を組織する権利を有することを信ずる。（後略）

　（出典）高木八尺，末延三次，宮沢俊義編『人権宣言集』岩波書店，1957年，114頁

資料1-2　フランス・人および市民の権利宣言
（1789年）

　国民議会として組織されたフランス人民の代表者達は，人権の不知・忘却または蔑視が公共の不幸と政府の腐敗の諸原因にほかならないことにかんがみて，一の厳粛な宣言の中で，人の譲渡不能かつ神聖な自然権を展示することを決意したが，その意図するところは，社会統一体のすべての構成員がたえずこれを目前に置いて，不断にその権利と義務を想起するようにするため，立法権及び執行権の諸行為が随時すべての政治制度の目的との比較を可能にされて，より一そう尊重されるため，市民の要求が以後単純かつ確実な諸原理を基礎に置くものとなって，常に憲法の維持およびすべての者の幸福に向うものとなるためである。一その結果として国民議会は，至高の存在の面前でかつその庇護の下に，つぎのような人および市民の権利を承認し，かつ宣言する。

第1条　人は，自由かつ権利において平等なものとして出生し，かつ生存する。社会的差別は，共同の利益の上にのみ設けることができる。

第2条　あらゆる政治的団結の目的は，人の消滅することのない自然権を保全することである。これらの権利は，自由・所有権・安全および圧制への抵抗である。

第3条　あらゆる主権の原理は，本質的に国民に存する。いずれの団体，いずれの個人も，国民から明示的に発するものでない権威を行い得ない。

第4条　自由は，他人を害しないすべてをなし得ることに存する。その結果各人の自然権の行使は，社会の他の構成員にこれら同種の権利の享有を確保すること以外の限界をもたない。これらの限界は，法によってのみ，規定することができる。

第5条　法は，社会に有害な行為でなければ，禁止する権利をもたない。法により禁止されないすべてのことは，妨げることができず，また何人も法の命じないことをなすように強制されることがない。

第6条　法は，総意の表明である。すべての市民は，自身でまたはその代表者を通じて，その作成に協力することができる。法は，保護を与える場合でも，処罰を加える場合でも，すべての者に同一でなければならない。すべての市民は，法の目からは平等であるから，その能力にしたがい，かつその徳性および才能以外の差別をのぞいて平等にあらゆる公の位階，地位および職務に就任することができる。

第7条　何人も，法律により規定された場合かつその命ずる形式によるのでなければ，訴追され，逮捕され，または拘禁され得ない。恣意的命令を請願し，発令し，執行し，または執行させる者は，処罰されなければならない。然しながら法律により召喚されまたは逮捕された市民は，直ちにしたがわなければならない。その者は，抵抗により犯罪者となる。

第8条　法律は，厳格かつ明白に必要な刑罰のみを定めなければならず，何人も犯罪に先立って制定公布され，かつ適法に適用された法律によらなければ，処罰され得ない。

第9条　すべての者は，犯罪者と宣告されるまでは，無罪と推定されるものであるから，その逮捕が不可欠と判定されても，その身柄を確実にするため必要でないようなすべての強制措置は，法律により峻厳に抑圧されなければならない。

第10条　何人もその意見について，それがたとえ宗教上のものであっても，その表明が法律の確定した公序を乱すものでないかぎり，これについて不安をもたないようにされなければならない。

第11条　思想および意見の自由な伝達は，人の最も貴重な権利の一である。したがってすべての市民は，自由に発言し，記述し，印刷することができる。ただし，法律により規定された場合におけるこの自由の濫用については，責任を負わなければならない。

第12条　人および市民の権利の保障は，一の武力を必要とする。したがってこの武力は，すべての者

の利益のため設けられるもので，それが委託される人々の特定の利益のため設けられるものではない。

第13条　武力を維持するため，および行政の諸費用のため，共同の租税は，不可欠である。それはすべての市民のあいだでその能力に応じて平等に配分されなければならない。

第14条　すべての市民は，自身でまたはその代表者により公の租税の必要性を確認し，これを自由に承諾し，その使途を追及し，かつその数額・基礎・徴収および存続期間を規定する権利を有する。

第15条　社会は，その行政のすべての公の職員に報告を求める権利を有する。

第16条　権利の保障が確保されず，権力の分立が規定されないすべての社会は，憲法をもつものでない。

第17条　所有権は，一の神聖で不可侵の権利であるから，何人も適法に確認された公の必要性が明白にそれを要求する場合で，かつ事前の正当な補償の条件の下でなければ，これを奪われることがない。

（出典）　高木八尺，末延三次，宮沢俊義編『人権宣言集』岩波書店，1957年，130-133頁

日本国憲法は近代立憲主義をどのように受容しているか

人権保障　日本国憲法を眺めてみると，人権保障をうたい（前文，12条，13条，97条など），現に人権を保障する諸規定（人権保障規定）があり（11～40条），権力分立についても定めている（41条，65条，76条1項）。その意味で日本国憲法は近代立憲主義を受け容れている。さらに，「人間らしく生きる」ことを憲法上の権利として保障し（25条

1項），その実現のためであれば経済活動の自由を制限することができるという規定（22条1項，29条2項）を備えていることから，現代的な発展を遂げていることも分かる。

また，国家の役割についても，警察，裁判，外交以外に「何もしない」のでは

資料1-3　ワイマール憲法（1919年）

第151条（経済生活の秩序，経済的自由）
経済生活の秩序は，すべての者に人間たるに値する生活を保障する目的をもつ正義の原則に適合しなければならない。この限界内で，個人の経済的自由は，確保されなければならない。（以下略）

第152条（契約の自由）
経済取引においては，法律にしたがって，契約の自由が行われる。
暴利は，禁止される。善良の風俗に反する法律行為は，無効である。

第153条（所有権の保障，公用徴収）
所有権は，憲法によって保障される。その内容およびその限界は，法律によって明らかにされる。
公用徴収は，公共の福祉のためにのみ，かつ，法律上の基礎に基づいてのみ，これを行うことができる。公用徴収は，ライヒの法律に別段の定がない限り，適当な補償を給して行われる。……
所有権は義務を伴う。その行使は，同時に公共の福祉に役立つべきである。

第157条（労働力の保護）
労働力は，ライヒの特別な保護をうける。

第159条（団結の自由）
労働条件および経済条件を維持し，かつ，改善するための団結の自由は，各人およびすべての職業について，保障される。この自由を制限し，または妨害しようとするすべての合意および措置は，違法である。

第165条（共同決定権）
労働者および被用者は，同等の権利をもって企業者と共同して，賃銀条件および労働条件ならびに生産力の全経済的発展に協力する使命を有する。双方の組織，およびその合意はみとめられる。

（出典）　高木八尺，末延三次，宮沢俊義編『人権宣言集』岩波書店，1957年，212-216頁

なく，25条2項や27条2項にみられるように，社会的経済的に弱い立場にある人々が「人間らしく生きる」ことができるよう，そのような人々からの要求に応じて，国家が積極的に関与し救済することが日本国憲法では想定されている（これらの詳細については，たとえば大日本帝国憲法と比較した場合に際立つ日本国憲法の特徴を学ぶ第1部第2章，人権保障のあゆみをたどりながら理解する第1部第3章，個別の人権状況を知り自分なりに考える一助となる第2部各章を，それぞれ参照されたい）。

　もっとも，人権保障をめぐる国家の役割については注意を要する。人権とは私たち1人ひとりが生まれながらにして当然有しているものを指し，生命や身体の自由はその代表例であるが，みなさんは，私たちの生命や身体を守り安全な世の中を作ってくれるのが国家だと誤解してはいないだろうか。フランス人権宣言2条では次のように定められている。「すべての政治的結合の目的は，人の，時効によって消滅することのない自然的な諸権利の保全にある。これらの諸権利とは，自由，所有，安全および圧制への抵抗である」。同条の前半は，人権保障が国家の存立目的であること，つまり，国家が存在することを正当化する理由をうたっている。問題は後半部分の読み方だ。ここでいう「安全」とは，「自由，所有」，「圧制への抵抗」と同様，国家からの自由としての「安全」を意味し，私たちの「安全」を損なう最大の敵は国家だとの想定が働いている。私たちが安全な世の中で暮らし，自らの生命や身体を大切にして生きていこうと思っているのに，それを損なうのは国家なのだ。ところが，安全・安心な暮らしを実現するというスローガンが国家の側から（実際には政治権力者から）発せられる事象にたびたび接すると，私たちは，国家が「安全」を実現してくれるのだと勘違いするようになる。この勘違いは，だから秩序維持や治安維持が大事でその役割を国家に期待するという誤解につながりやすい。本質的に「オオカミ」である国家が「お母さん山羊」のようにふるまっていることにここでは注意しなければならない。

　社会的経済的に弱い立場にある人々の人間らしい生活を実現するために社会保障・福祉政策を展開する国家は「お母さん山羊」の姿をしている。国家にも優しい面があるのだとつい思ってしまいそうだが，これは現代的な発展を遂げた憲法が国家に命じた義務の表れであり，やはり国家の本質は「オオカミ」であることを常に意識し，緊張感をもって，私たちの側から国家に対し「人間らしく生きる」権利の実現を要求し続けなければならないだろう。

権力分立　人権保障に欠かせないのが権力分立である。国家権力を，ただ1人の人物，ただ1つの機関に独占させるのではなく，いくつかに分け，別々の部門に担当させるという発想である。ジョン・ロックの二権分立がその萌芽で，三権分立まで高めたのがモンテスキューである。もちろんモンテスキューの唱えた権力分立は，それを受容した各国の事情により，その後さまざまなバリエーションの展開をみせた。モンテスキューは，立法・行政・司法を相互に独立したものとして，相互に干渉せず，兼任も許さないという徹底したものであり，現在でいうと，アメリカ合衆国が採用する権力分立に近い。アメリカ合衆国では，立法を担う連邦議会と行政を担う大統領とが厳格に分離されており，たとえば日本のように国会議員が行政の長である内閣総理大臣を兼務するということはない。司法を担う連邦最高裁判所裁判官が連邦議会議員や正副大統領また各省長官を兼務することも当然ない。他方，日本では，最高裁判所裁判官の他職との兼務はアメリカ合衆国と同様にないものの，政治部門においては議院内閣制が採用されていることから国会と内閣が密接に関係している（第1部第6章参照）。

立憲主義と日本国憲法

　上述のように，国家が行使できる権力は憲法によって限界づけられるという考え方を立憲主義というが，これを端的に表している条文が日本国憲法には存在する。それが公務員の憲法尊重擁護義務を定める99条である（付録資料「日本国憲法」参照）。「この憲法」，すなわち日本国憲法を「尊重し擁護する義務」を負っているのは，天皇，摂政，国務大臣，国会議員，裁判官，その他の公務員であることを同条は明記し，国家権力を多かれ少なかれ担当する公務員に対し，憲法に従うことを義務づけ，権力行使は憲法によって与えられた範囲内でのみ許され，憲法によって限界づけられるという立憲主義を明確化したものである。逆に，立憲主義の観点から見ると，憲法尊重擁護義務を国民に課すことまで憲法99条が明記してないのは当然である（国民の意味について第2部第1章参照）。というのも，立憲主義は国家が好き勝手に行動しないようにする，すなわち，国家を縛るための考え方だからである。

　憲法は私たちの契約にも基づき作られたものだという一応の了解があるが（社会契約にもとづく憲法の正統性），だからといって，私たち全員が一致して日本国憲

法の各条文の一字一句に至るまで賛成・合意しているというわけではない。象徴天皇制について定める1条や平和主義について定める9条はときに大きな議論の対象となる。だから，国民に憲法尊重擁護義務を課すと日本国憲法をめぐる自由な議論や検討ができにくくなる。日本国憲法は私たちが幸せに生きていく上で欠かすことのできない，人類普遍の原理を満載したすばらしい憲法だと思うが，それでも，いろんな批判にさらされている。しかし，日本国憲法は批判を受けることを前提に作られており，ふところが深い（表現の自由について定める21条は，日本国憲法を批判する自由をも当然保障する）。

　他にも立憲主義の考え方は日本国憲法の至る所に散りばめられている。たとえば，各種の自由や権利について定める個別の条文は，国家に対し，それらの自由を侵害してはならないことや諸権利を実現することを命じるものであるし，国家権力を分立し，衆議院による内閣不信任決議や内閣による衆議院の解散（第1部第6章参照），裁判所による違憲審査（第1部8章参照）などを通じ三権相互間で抑制と均衡を働かせるのも立憲主義の表れである。その意味で日本国憲法は総体として立憲主義を採用していることが分かる。

改憲への動きをみてみよう

　長く日本の政治において主導権を握ってきた自由民主党は，「平和主義，民主主義及び基本的人権尊重の原則を堅持しつつ，現行憲法の自主的改正をはかり，……」という，党としての政綱を掲げている。政党は私的な団体であるから（第1部第4章参照），同党が日本国憲法の改正を目指すのは自由である。しかし，同党が用意している日本国憲法改正草案（2012年4月27日決定）が実際に国会に提出された場合，政党という私的な団体の枠を超えた超重要案件となる。憲法尊重擁護義務について定める現行憲法99条は，自民党改憲草案では102条に移動している（資料1-4）。これを見ると，「憲法を尊重しなければならない」のは「全て国民」になっていることと，「憲法を擁護する義務を負う」者から「天皇又は摂政」が削除されていることが分かる。しかも，「基本的人権とは何か」ということを分かりやすく説明している現行憲法97条がごっそり削除されている。自民党改憲草案の人権保障規定を個別にみていくと，精神活動の自由の保障が大きく後退し，「人間らしく生きる」ことを憲法上の権利として保障する25条の実現に不可

**資料 1 - 4　自民党「日本国憲法改正草案
（2012年）」**

98条 1 項　内閣総理大臣は, 我が国に対する外
部からの武力攻撃, 内乱等による社会秩序の
混乱, 地震等による大規模な自然災害その他
の法律で定める緊急事態において, 特に必要
があると認めるときは, 法律の定めるところ
により, 閣議にかけて, 緊急事態の宣言を発
することができる。
 2 項　緊急事態の宣言は, 法律の定めるところ
により, 事前又は事後に国会の承認を得なけ
ればならない。
 3 項, 4 項　（略）
99条 1 項　緊急事態の宣言が発せられたときは,
法律の定めるところにより, 内閣は法律と同
一の効力を有する政令を制定することができ
るほか, 内閣総理大臣は財政上必要な支出そ
の他の処分を行い, 地方自治体の長に対して
必要な指示をすることができる。
 2 項　前項の政令の制定及び処分については,

法律の定めるところにより, 事後に国会の承
認を得なければならない。
 3 項　緊急事態の宣言が発せられた場合には,
何人も, 法律の定めるところにより, 当該宣
言に係る事態において国民の生命, 身体及び
財産を守るために行われる措置に関して発せ
られる国その他公の機関の指示に従わなけれ
ばならない。この場合においても, 第14条,
第18条, 第19条, 第21条のその他基本的人権
に関する規定は, 最大限に尊重されなければ
ならない。
 4 項　緊急事態の宣言が発せられた場合におい
ては, 法律の定めるところにより, その宣言
が効力を有する期間, 衆議院は解散されない
ものとし, 両議院の議員の任期及びその選挙
期日の特例を設けることができる。
102条 1 項　全て国民は, この憲法を尊重しな
ければならない。
 2 項　国会議員, 国務大臣, 裁判官その他の公
務員は, この憲法を擁護する義務を負う。

欠な経済活動の自由への制限が撤廃されていることも分かる（第3部第2章参照）。
緊急事態に関する章を新設し（資料1-4）, 内閣総理大臣への権限集中と強化も
明記され（第1部第6章参照）, 権力分立のバランスを行政権優位へと変えようと
している。
　国家権力を制限するのが憲法の役割だとする立憲主義の観点からすると, 憲法
を尊重し擁護する義務を負うのは, 国家権力を多かれ少なかれ担当する公務員で
ある（現職の国会議員や内閣総理大臣, 国務大臣は当然これに含まれる）。とすると,
「憲法を尊重しなければならない」のは「全て国民」だという自民党改憲草案の
立場は立憲主義に反する。また, 日本国憲法は現代的な発展を遂げたものである
という観点から見た場合, 自民党改憲草案は, 現代的な発展を遂げた現行憲法の
意義を大きく損なうものとなっている。そして何よりも, 現職の国会議員が, 現
行の日本国憲法を否定したり破壊したりするような改正を提案することは, 憲法
99条により禁止されているというべきである。

2 2つの憲法のあいだに

◆ スタートアップ ◆

　前章で学んだように，「憲法」という語にはさまざまな意味用法がある。
そのうち最も重要な「近代的意味の憲法」が「成文憲法典」の形でつくられ
るようになったのは，18世紀後半のアメリカやフランスにおいてであった。
　「成文憲法典」は，何らかの「政治的大変動」の後につくられるのが一般
的である。「政治的大変動」の例としては，旧植民地支配からの独立（例，
アメリカの場合），被支配階級が旧支配体制を力ずくででも倒して新しい権
力を打ち立てる革命（例，フランスの場合），あるいは大戦での敗北による
旧政治体制の崩壊などがあげられる。日本の場合は，明治維新という「政治
的大変動」を経た後しばらくして1889年大日本帝国憲法がつくられ，第二次
世界大戦敗戦後，1946年日本国憲法が公布され，翌1947年施行された。
　これら2つの憲法は，どのような特徴をもっているのだろうか。

2つの憲法はこうしてつくられた

大日本帝国憲法の制定　　大日本帝国憲法制定の背景には，次のようなことが
　　　　　　　　　　　　　あったことが指摘される。1つは，対外的要因とでも
いうべきことであって，徳川幕藩体制末期に西欧列強諸国との間に締結した不平
等条約改正のためには，西欧列強諸国と対等の関係をもつ独立した近代国家にな
ることが必要であり，そのためには近代的な法制度を用意する必要があったこ
と，もう1つは，対内的要因とでもいうべきことであって，国民が直接選挙する
議員によって構成される議院の設立などを要求する，板垣退助らによる1874年
「民撰議院設立建白書」の提出に始まる自由民権運動の展開があったことである
（資料2-1参照）。

　政府側の憲法づくりへ向けた動きは，1876年「国憲編纂ノ勅令」により元老院
（当時，政府部内にあった立法に関わる機関）が「国憲」づくりに着手したことで本

資料2-1　民権かぞへ歌（植木枝盛 作）

（注）　民権思想を広める手段として歌や踊りが使われたが，「民権かぞへ歌」はその一つ

一つとせ	人の上には人はなき	権利にかはりがないからは	この人じやもの
二つとせ	二つとはない我が命	捨てても自由がないからは	この惜しみやせぬ
三つとせ	民権自由の世の中に	まだ目のさめない人がある	このあはれさよ
四つとせ	世の開けゆく其早さや	親が子供に教へられ	この気をつけよ
五つとせ	五つに分れし五大州	中にも亜細亜は半開か	この恥かしや
六つとせ	昔し思へばあめりかの	独立したるむしろ旗	このいさましさや
七つとせ	何故おまへがかしこくて	わたしらなんぞが馬鹿であろ	このわかりやせん
八つとせ	刃で人をころすより	政事で殺すがくちをしや	この罪じやぞへ
九つとせ	こゝらでもふ目をさまさねば	朝寝は其身の為じやない	この起きさんせ
十とせ	虎の威をかる狐等は	しつぽが見へても知らぬ顔	この畜生め
十一とせ	犬も喰ない内喧嘩	やるからけふ日かやすじよたい	このかなしさよ
十二とせ	西と東へ昼と夜る	文名野蛮のわかちこそ	この口惜しや
十三とせ	栄へ行く世の基本は	民の自由にあるぞいな	この知らないか
十四とせ	四民ひとつの其中に	とぼけ華族のかへり笑	このめづらしや
十五とせ	五尺からだに五十年	道理を踏より外はない	この恐れやせぬ
十六とせ	牢屋の中のうさかん苦	ほれた自由の為なれば	このいとやせん
十七とせ	質にも置かないわが権利	うけ出す道理があるものか	このしれた事
十八とせ	鼻の高いに羽がはへ	鞍馬山でなにをする	この人知らず
十九とせ	愚痴やこゞとをこぼすのも	みんな自由の為じやぞへ	この許るさんせ
二十とせ	日本亜細亜の燈明台	消へて東洋が闇となる	この照らしやんせ

（出典）　高知市立自由民権記念館，配布資料「民権歌謡」より

格化した。また，民間においても，自由民権運動を背景にして，さまざまな憲法草案（「私擬憲法」と呼ばれる）がつくられた。なかでも自由民権運動の理論的指導者の1人であった植木枝盛起草の「東洋大日本国々憲案」や山村の勤労青年であった千葉卓三郎らの「日本帝国憲法」（「五日市憲法」）などがよく知られている。

　しかし，実際には，政府は，当初は英米などの「海外」にも目を向けながら，結局は，伊藤博文らが学んだドイツ・プロイセン憲法をモデルにした憲法づくりを進めた。そのモデルは，「立憲主義憲法の見かけと裏腹に君主の強大な権力を温存し，人権保障に抜け穴を用意した」といわれるようなものである点で，伊藤博文らの国づくり構想と合致したのである（資料2-2～2-4参照）。

日本国憲法の制定　日本国憲法制定の背景には，次のようなことがあった。

　第二次世界大戦末期の1945年7月26日，米・英・中3か国の首脳の名で事実上日本の無条件降伏を要求するポツダム宣言が発せられた。しかし，当時の支配層の最大の関心は「国体の護持」（端的には，「国家機構としての『天皇』制度の存続」）にあったため，8月14日の受諾までに20日間を要し，そ

資料2-2　東洋大日本国々憲案「国民及
　　　　 日本人民ノ自由権利」(一部抜粋)

日本人民ハ法律上ニ於テ平等トナス

日本ノ国家ハ日本各人ノ自由権利ヲ殺減スル規則
　ヲ作リテ之ヲ行フヲ得ス

日本人民ハ思想ノ自由ヲ有ス

日本人民ハ如何ナル宗教ヲ信スルモ自由ナリ

日本人民ハ何等ノ教授ヲナシ何等ノ学ヲナスモ自
　由トス

日本人民ハ言語ヲ述フルノ自由ヲ有ス…

日本人民ハ住居ヲ犯サレサルノ権ヲ有ス…

日本人民ハ諸財産ヲ自由ニスルノ権アリ…

日本人民ハ法律ノ外ニ於テ何等ノ刑罰ヲモ科セラ
　レサルヘシ又タ法律ノ外ニ於テ鞫治セラレ逮捕
　セラレ拘留セラレ禁錮セラレ喚問セラル丶コト
　ナシ…

日本人民ハ拷問ヲ加ヘラル丶コトナシ

日本ノ人民ハ何等ノ罪アリト雖モ生命ヲ奪ハ
　[レ] サルヘシ
　　…

日本人民ハ凡ソ無法ニ抵抗スルコトヲ得

政府官吏圧政ヲ為ストキハ日本人民ハ之ヲ排斥ス
　ルヲ得　政府威力ヲ以テ擅恣暴虐ヲ逞フスルトキ
　ハ日本人民ハ兵器ヲ以テ之ニ抗スルコトヲ得

政府恣ニ国憲ニ背キ擅ニ人民ノ自由権利ヲ残害シ
　建国ノ旨趣ヲ妨クルトキハ日本国民ハ之ヲ覆滅シ
　テ新政府ヲ建設スルコトヲ得

　(出典)　高知市立自由民権記念館『常設展示の
　　　　 案内』より

資料2-3　ただ苦笑するのみ！

　明治22年春，憲法発布せらる丶，全国の
民歓呼沸くが如し。先生嘆じて曰く，吾人
賜与せらる丶の憲法果して如何の物ぞ，玉
耶将た瓦耶，未だ其実を見るに及ばずし
て，先づ其名に酔ふ，我国民の愚にして狂
なる，何ぞ如此くなるやと。憲法の全文
到達するに及んで，先生通読一遍唯だ苦笑
する耳。

　　　　　　(幸徳秋水『兆民先生・兆民先生行状記』
　　　　　　　　　　　　 岩波書店，1960年)

資料2-4　言わせない，書かせない

　こうした言論弾圧の下で，大日本帝国憲
法は制定された。

　　　　　(ビゴー『トバエ』1888年1月1日号)

の間に広島（8月6日）・長崎（8月9日）への原爆投下，ソ連の対日宣戦（8月8
日）などがあった。

　日本は，ポツダム宣言を受諾し連合国軍（実際は，米軍）の占領下に置かれる
こととなったが，当時の支配層は，国民主権原理採用を要求していたと解される
ポツダム宣言の受諾と，天皇主権原理に基づく大日本帝国憲法の全面変更の必要
性とを結びつけて理解しようとはしていなかった。連合国軍総司令部（GHQ）に
より憲法改正の示唆を受けた幣原喜重郎首相は，政府のもとに国務大臣松本烝治
を長とする「憲法問題調査委員会」を設置した。この「憲法問題調査委員会」は，
「松本4原則」に沿って改正案を用意することとした。たとえば「松本4原則」
の第1は，天皇が統治権を総攬するという基本原則は変更しないとしており，そ

れに基づいて「憲法問題調査委員会」が作成した政府案は、「天皇ハ神聖ニシテ侵スヘカラス」を「天皇ハ至尊ニシテ侵スヘカラス」とするなど大日本帝国憲法の一部字句を訂正した程度のものにすぎなかった。「憲法問題調査委員会試案」の概要をスクープ報道で知りその保守的な内容に驚いたGHQは、自ら憲法改正のリーダーシップをとることとし、マッカーサー最高司令官の指示のもとに憲法改正草案（「マッカーサー草案」と呼ばれる）作成作業に入った（1946年2月4日～10日）。なお、GHQが日本の憲法改正を急いだ背景には、連合国の最高対日政策決定機関である極東委員会（一部に強力な天皇制廃止論があった）が機能する前に、天皇の極東軍事裁判所への召還を阻止しようとしたという政治的事情があったといわれる（なお、野党や民間においてもいくつか憲法草案が用意された〔資料2-5参照〕）。

　1946年2月13日政府案を「全面的に受諾しがたいもの」として拒否され「マッカーサー草案」を提示された日本政府は、その民主性に衝撃を受け抵抗したが、結

資料2-5　憲法研究会・憲法草案要綱（抄）（高野岩三郎，馬場恒吾，杉森孝次郎，森戸辰男，岩淵辰雄，室伏高信，鈴木安藏）

（1945年12月26日発表）

　根本原則（統治権）
一、日本国ノ統治権ハ日本国民ヨリ発ス
一、天皇ハ国民ノ委任ニヨリ専ラ国家的儀礼ヲ司ル
一、天皇ノ即位ハ議会ノ承認ヲ経ルモノトス
　国民権利義務
一、国民ハ法律ノ前ニ平等ニシテ出生又ハ身分ニ基ク一切ノ差別ハ之ヲ廃止ス
一、国民ノ言論学術芸術宗教ノ自由ヲ妨ケル如何ナル法令ヲモ発布スルヲ得ス
一、国民ハ拷問ヲ加ヘラルルコトナシ
一、国民ハ国民請願国民発案及国民表決ノ権利ヲ有ス
一、国民ハ労働ノ義務ヲ有ス
一、国民ハ労働ニ従事シ其ノ労働ニ対シテ報酬ヲ受クルノ権利ヲ有ス
一、国民ハ健康ニシテ文化的ノ水準ノ生活ヲ営ム権利ヲ有ス
一、国民ハ休息ノ権利ヲ有ス国家ハ最高八時間労働ノ実施勤労者ニ対スル有給休暇制療養所社交教養機関ノ完備ヲナスヘシ
一、国民ハ老年疾病其ノ他ノ事情ニヨリ労働不能ニ陥リタル場合生活ヲ保証サル権利ヲ有ス
一、男女ハ公的並私的ニ完全ニ平等ノ権利ヲ享有ス
一、民族人種ニヨル差別ヲ禁ス
（以下略）

（出典）杉原泰雄編著『資料で読む日本国憲法（上）』岩波書店，1994年，33頁以下

局それを受け入れざるをえなかった。それ以後、「マッカーサー草案」を基に憲法改正作業が進められることとなり、GHQとの折衝を経て1946年3月6日「憲法改正草案要綱」として国民に対して公表された後、4月17日「憲法改正草案」としてまとめられた。同改正案は、1946年4月10日初めて選挙権を認められた女性も参加して総選挙が行われて成立した第90回帝国議会で大日本帝国憲法73条の

資料2-6　憲法制定の主要な経過

月　日	事　　　項
1946年	
4.10	男女平等の普通選挙による衆議院の総選挙
5.16	第90帝国議会の召集
5.22	第1次吉田内閣成立
6.20	憲法改正案を衆議院に提出
8.24	憲法改正案，衆議院本会議で修正可決 主な修正部分 前文　「国民の総意が至高なるものであることを宣言し」→「主権が国民に存することを宣言し」 第1条　「日本国民の至高の総意に基く」→「主権の存する日本国民の総意に基く」 第9条　「日本国民は，正義と秩序を基調とする国際平和を誠実に希求し」と「前項の目的を達するため」を追加 第17条　国と公共団体の賠償責任の規定を追加 第25条　第1項の生存権の規定を追加 第27条　「勤労の権利を有する」→「勤労の権利を有し，義務を負ふ」 第40条　刑事補償の規定を追加
8.26	憲法改正案，貴族院本会議に上程
10.5-6	憲法改正案，貴族院本会議で修正可決 主な修正部分 第15条　第3項の公務員の選挙についての普通選挙の保障を追加 第66条　第2項の「文民」の規定を追加
10.7	衆議院本会議，貴族院の回付案を可決
10.11	第90帝国議会閉会
11.3	日本国憲法公布

（出典）杉原泰雄編著『資料で読む日本国憲法（上）』岩波書店，1994年，90頁

手続により審議され，一部修正の上可決されたのち，枢密院で可決，11月3日（明治節。明治天皇の誕生日）「日本国憲法」として公布，6か月後の1947年5月3日施行された。上記帝国議会で修正された点には，衆議院における生存権（25条1項）の追加や参議院における普通選挙の保障（15条3項）の追加など重要なものが含まれている（資料2-6参照）。なお，極東委員会からの指示で，政府は，日本国憲法施行1年後2年以内に憲法を見直す機会を与えられたがそれをせずに，後になって憲法は「押しつけられた」非自主的なものだとする憲法改正論（「押しつけ憲法」論）が展開されることになる。

大日本帝国憲法の特徴

天皇中心の大日本帝国憲法

大日本帝国憲法の「憲法発布勅語」は，「朕カ祖宗ニ承クルノ大権ニ依リ現在及将来ノ臣民ニ対シ此ノ不磨ノ大典ヲ宣布ス」とし，「上諭」は，この「大権」について「国家統治ノ大権ハ朕カ之ヲ祖宗ニ承ケテ」などとしていた。つまり，天皇が，『日本書紀』で建国の初代天皇とされる神武天皇以来の「神霊」にもとづき代々引き継がれてきた「大権」によって憲法を制定した（欽定憲法）というのである。

大日本帝国憲法の中心はあくまでも天皇

であり，「大日本帝国ハ万世一系ノ天皇之ヲ統治ス」（1条）とされ，天皇は，神聖不可侵の存在であり（3条），「国ノ元首ニシテ統治権ヲ総攬」するものとされた（4条）。そのうえで，権力分立の仕組み自体は取り入れられていたが，たとえば，「天皇ハ帝国議会ノ協賛ヲ以テ立法権ヲ行フ」（5条），「司法権ハ天皇ノ名ニ於テ法律ニ依リ裁判所之ヲ行フ」（57条）とされ，帝国議会は立法権に「協賛」し，裁判所は司法権を天皇の名で行うものとされた。また，「国務大臣及枢密顧問」の章（第4章）が置かれ「国務各大臣ハ天皇ヲ輔弼」（55条）するとの規定はあったが，内閣の規定はなかった。

あくまでも「臣民ノ権利」　「上諭」は，「朕ハ我カ臣民ノ権利及財産ノ安全ヲ貴重シ及之ヲ保護シ此ノ憲法及法律ノ範囲内ニ於テ其ノ享有ヲ完全ナラシムヘキコトヲ宣言ス」と述べ，具体的な条文はたとえば「日本臣民ハ法律ノ範囲内ニ於テ言論著作印行集会及結社ノ自由ヲ有ス」（29条）などと規定した。つまり，大日本帝国憲法下で保障されたのは，すべての人の生まれながらの「人権」ではなくあくまでも「臣民ノ権利」であり，それは「主人である天皇が家来である臣民に恩恵として与えたもの」のことであった。また，それは，「法律ノ範囲内ニ於テ」とされ，「法律の留保」を伴うものであった。ここで，「法律の留保」とは，法律によりさえすれば「臣民ノ権利」をどのようにでも制限することができるということを意味した。つまり，大日本帝国憲法は，一定の「臣民ノ権利」を規定しつつ，法律によっていかようにでも制限できるということを認めていたということになる。また，天皇は，法律に代わる緊急勅令（8条）や法律に基づかない独立命令（9条）によって「臣民ノ権利」を制限することもできた。そして，実際に過酷な法律が次々とつくられて行くことになったのであるが，その代表格とでもいうべき治安維持法は当初は緊急勅令で制定されたものであった。

こうして，大日本帝国憲法は，それを「近代的意味の憲法」と呼ぶには権力分立という点においても人権保障という点においても不十分な内容のものであった。

日本国憲法の特徴

国民中心の日本国憲法　日本国憲法は，形式的には，大日本帝国憲法の改正手続にしたがって成立した。しかし，実質的には，日本

国憲法は，天皇を中心とする大日本帝国憲法が敗戦あるいはポツダム宣言受諾によって崩壊しあるいは否定された後，国民が主権者となって新しくつくった憲法だということができる。

　この日本国憲法の基本的な考え方を確認しようとする場合，その前文をみてみるのが有益である。

　日本国憲法前文は，冒頭で「日本国民は，正当に選挙された国会における代表者を通じて行動し，われらとわれらの子孫のために，諸国民との協和による成果と，わが国全土にわたつて自由のもたらす恵沢を確保し，政府の行為によつて再び戦争の惨禍が起ることのないやうにすることを決意し，ここに主権が国民に存することを宣言し，この憲法を確定する」としている。

　ここで，代表民主政を基本にすることや主権者である国民によって制定された憲法であること（民定憲法）を述べつつ，第 1，「自由のもたらす恵沢」の確保という表現ではあるが人権尊重主義をうたい，第 2，「政府の行為によつて再び戦争の惨禍」が起らないように決意するという表現で平和主義をうたい，第 3，「主権が国民に存する」として主権在民（国民主権）主義をうたっている。これら 3 つは，互いが互いを支え合う関係にある日本国憲法の三大原理とか基本原理と呼ばれている。

　このように日本国憲法は，神聖不可侵の存在である天皇が国の「元首」であり統治権を「総攬」するとしていた天皇中心の大日本帝国憲法と対照的である。なお，大日本帝国憲法は，当時，国務法体系の頂点に立つものではあったが，これとは別に皇室令などによって皇室に関する事項を定めた宮務法体系がありその頂点に立つのは皇室典範であった。大日本帝国憲法は，「将来此ノ憲法ノ条規ヲ改正スルノ必要アルトキハ勅令ヲ以テ議案ヲ帝国議会ノ議ニ付スヘシ」（73 条 1 項）としつつ，「皇室典範ノ改正ハ帝国議会ノ議ヲ経ルヲ要セス」（74 条 1 項）としていた。要するに，皇室典範は，皇位継承等につき天皇が定めた特別の法規範なのであった。これに対して，日本国憲法は「国の最高法規」（98 条 1 項）とされており，そのもとでの皇室典範は通常の法律にすぎない（2 条は，このことを「国会の議決した皇室典範」とする）。日本国憲法のもとでも「天皇という制度」は置かれているが，それは「象徴天皇制」として創設されたものであり，その地位は「主権の存する日本国民の総意に基く」ものとされた（1 条）。

初めての人権保障　日本国憲法は，「国民は，すべての基本的人権の享有を妨げられない。この憲法が国民に保障する基本的人権は，侵すことのできない永久の権利として，現在及び将来の国民に与へられる」（11条。97条も参照）として，日本で初めて「基本的人権」の保障をうたう憲法となった。ここで「基本的人権」とは，大日本帝国憲法のもとでの天皇から恩恵的に与えられた「臣民ノ権利」とは原理的に異なって，すべての人が生まれながらにもっているとされるものである。具体的な条文をみてみると，「集会，結社及び言論，出版その他一切の表現の自由は，これを保障する」（21条）として，大日本帝国憲法のように「法律ノ範囲内ニ於テ」とはされておらず，原則無制限の形で保障している。ただし，原則無制限ということは，まったく無制限ということではなく，それぞれの人権に内在する制約はあり，そのために例外的に制限されることはありうるということである。このことは，条文上「公共の福祉」（13条）によって説明される。しかし，日本国憲法のもとで，「公共の福祉」を理由にして憲法に反して人権を制限する法律が制定された場合には，そのような法律は憲法違反で無効となる（98条1項）ことに注意が必要である。

　人権保障については，日本国憲法第3章において詳細に規定されている。人権保障をめぐる具体的な問題については，本書の第2部各章で扱われるので，ここでは「義務」について触れておく。

　日本国憲法第3章は「国民の権利及び義務」となっているが，これは大日本帝国憲法第2章が「臣民権利義務」となっていたのとは異なる。大日本帝国憲法のもとでは，兵役の義務（20条），納税の義務（21条）および教育の義務（勅令によって定められたもの）が三大義務と呼ばれたが，天皇がつくって当時の「臣民」に与えた憲法が「臣民義務」を重視していたのは当然のことといえる。これに対して，日本国憲法は，国家権力を拘束することを目指した「近代的意味の憲法」の系譜に属するものなのだから，「義務」は国民に対してではなく国家権力の担い手に対して課されるものだということになる（99条が定めるのは権力担当者の憲法尊重擁護義務であり，同条においてその義務の担い手として「国民」があげられていないことに注意が必要である。これに対して，12条が，国民に向けて，人権を「国民の不断の努力」によって保持しなければならないとしていることが注目される）。日本国憲法も，①勤労の義務（27条），②「保護する子女に普通教育を受けさせる義務」（26条），③

「納税の義務」（30条）を規定しているが，①は，働かざる者食うべからずという道徳的なものだとされ，②は，保護する「子女」の教育を受ける権利に対応した保護者の義務であり，③は，84条の租税法律主義と合わせて国家は勝手に課税をしてはならないことを要求したものであるとされる。

武力によらない平和主義

日本国憲法前文は，「平和を愛する諸国民の公正と信義に信頼して，われらの安全と生存を保持しようと決意した」として，9条の前提となる「武力によらない平和主義」の考え方を述べている。つづけて，「われらは，全世界の国民が，ひとしく恐怖と欠乏から免かれ，平和のうちに生存する権利を有することを確認する」としており，これは「平和的生存権」の保障を述べたものだとされている。そして，これを受けて9条は，1項で「戦争」の放棄（のみならず，「武力の行使」・「武力による威嚇」も放棄），2項で戦力の不保持および交戦権の否認を規定して，前文の徹底した「武力によらない平和主義」の考え方を具体化している。これは，大日本帝国憲法が「天皇ハ陸海軍ヲ統帥ス」（11条），「天皇ハ陸海軍ノ編制及常備兵額ヲ定ム」（12条），「天皇ハ戦ヲ宣シ和ヲ講シ」（13条）として戦争を遂行することを前提とした規定を置いていたのと対照的である。

国民のための統治の仕組み

日本国憲法前文は，「国政は，国民の厳粛な信託によるものであつて，その権威は国民に由来し，その権力は国民の代表者がこれを行使し，その福利は国民がこれを享受する」として，国民の「信託」による「国政」という基本思想を述べ，「国政」が「国民の，国民による，国民のための」ものであることを宣言したうえで，これを「人類普遍の原理」と呼び，日本国憲法がこの原理に基づくものであることを確認し，「これに反する一切の憲法，法令及び詔勅を排除する」としている。

そして，こうした「国政」のあり方を確保するための統治の仕組みとして，日本国憲法は，「第4章　国会」「第5章　内閣」「第6章　司法」の章編成にみられるように，権力分立の仕組みを採用し，三権は相互に抑制と均衡を取り合うこととしている（資料2-7参照）。国会と内閣の関係については，議院内閣制の仕組みが採用されているが，国会が「国権の最高機関」（41条）とされていることを軽視すべきではない。また，裁判所と国会・内閣の関係については，違憲審査制が採用されていることが重要である。すでに触れたように，「国の最高法規」

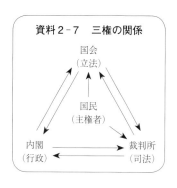

資料2-7　三権の関係

である日本国憲法のもとでたとえば人権を憲法に違反して制限する法律等は憲法違反で無効であるが（98条1項），ある法律が憲法に違反するかどうかを審査し決定する権限をもつのは裁判所だとされており（81条），この権限は違憲審査権と呼ばれる。この違憲審査権が裁判所に付与される制度が違憲審査制と呼ばれるが，「国の最高法規」である憲法を守るための仕組みの1つといえる（同じ仕組みの1つとして，公務員の憲法尊重擁護義務が規定されている（99条））。なお，統治の仕組みに関連して，日本国憲法は，大日本帝国憲法にはなかった「第8章　地方自治」を置いていることも重要である。

　このように，日本国憲法は，人権保障と権力分立の仕組みを取り入れ，「近代的意味の憲法」と呼ばれるのにふさわしいものとなっている。しかし，この日本国憲法は，戦後ほぼ一貫して「憲法改正」論議にさらされてきた。「憲法改正」の是非は，最終的には主権者である国民自身の国民投票（「日本国憲法の改正手続に関する法律」は，この国民投票の投票権を有する者を「日本国民で年齢満18年以上の者」としている〔3条〕）によって決せられる（憲法96条）。最近の「憲法改正」論のなかには，「憲法改正」を容易に行えるようにするために改正規定（96条）自体の「改正」を主張するものがある。96条をこのように改正できるかがそもそも問題であり，さらに改正規定を「容易化」した後にどのような「憲法改正」を行おうとするのかが問題である。「憲法改正」に賛成するにせよ反対するにせよ，日本国憲法の理念とするところを理解し，そのうえで現実を点検し，あらためて日本国憲法の意義と限界を検証しながら，そのうえで具体的な「憲法改正案」の内容を検討することが必要である。

3 人権保障のあゆみ

◆ スタートアップ ◆

　ここでは，人権がどのような歴史的背景のなかで主張・獲得され，憲法の
なかに取り込まれていったのか，また人権の思想がどのように陰を克服し，
内実を発展させ，主体形成を進展させていったのかをみていく。そうするこ
とで，「今」を生きる私たちにとって，「人権保障の歴史」を振り返ることに
どのような意味があるのか，考えてみよう。

「人権」の普遍性と欺瞞性

　どう理解すべきだろうか。目に見えないウィルスによりもたらされた危機的状
況のなかで，2020年9月14日，菅義偉首相（当時）は政策理念として「自助・共
助・公助」のスローガンを掲げた。ここで問われるべきは，人間の生存にかかわ
る深刻な状況，しかも社会の周縁に置かれがちな者が直面するそれの克服にあた
り，「公助」より先に，何よりも「自助」，すなわち自己責任や個人の努力が求め
られることの意味である。

　そもそも「人権」という言葉が誕生したのは，17〜18世紀の近代市民革命に遡
る。当時，「人権を侵害されている」と声を上げたのは，教養や財産をもつ「市
民」と呼ばれる人々（ブルジョワジー）であった。身分制・封建制を背景に，特権
階級でなければ財産をもっていても自由な経済活動ができなかった時代，身分制
をなくし（平等原則），政治を自分たちの手で動かし（国民主権），自らの自由（思
想・表現の自由などの精神的自由，身体の自由，経済活動の自由＝これらを自由権とよぶ）
を支配者に妨げられない社会を作ることが，すべての人の自由を実現すると信じ
られていた。国家権力が，生まれながらに支配階級の者たちで占められていた当
時の社会において，自らの自由を獲得するために立ち上がり，政治に対して声を
上げるということそれ自体，憲法の考え方の基礎でもあり，そのことの意義は決

して小さくない（フランス人権宣言16条）。まずは生まれによる差別をなくし，平等に与えられた機会（チャンス）のなかでの個人の自由な活動，その意味での自助こそが認められるべきという考えは，人権の誕生期にはとても重要なことであり，現在にも続く人権の基本思想である。

　そもそも基本的人権とは，人間がただ人間であるということに基づいて，当然に有する権利であるとされる。人間であれば当然に有する権利とは何か，日本国憲法をみると，誰もが人間らしく生きられること（生存権・25条），働く機会を得られること（勤労の権利・27条），自分が学びたいと思えば親の経済状況にかかわりなく学べること（教育を受ける権利・26条），就職や進路への影響を心配せずに学問に取り組み，集会やデモに参加できること（学問の自由・23条，表現の自由・21条）などが書かれている。これらのうち何を最も重要と考えるかは個人によって異なるだろうが，人権の誕生期において強調されていたのは特に自由権であり，人間らしく生きることやその条件（働く場，学ぶ場）の確保については個人の自助努力によるものとされていた。それは，市民革命の主たる担い手がいわば「持てる者」（しかも男性に限られる）であったからこその当然の帰結といえるだろう。

近代人権思想の陰の克服——人権の内実の発展

　市民革命直後の人権観では，さまざまな自由のなかでも特に所有の自由，財産権（フランス人権宣言17条）の保障が重視され，その自由に国家が介入することを限りなく排除し，国家の役割は治安維持に限られるものと考えられており（夜警国家），その後の資本主義経済の成立につながっていった。当時の人権思想に支えられた資本主義経済社会では，財産をもつ資本家が土地や工場を建て，他方で財産をもたない労働者を賃金で雇い，その労働力を用いて生産活動を行わせるという仕組みがうまれる。このことは，持てる者と持たざる者との間の格差を正当化しさらに拡大させた。なぜならば，財産を持つ者も，持たざる者も全ての人は生まれながらに自由で平等であるが，それは誰もが等しく自由に活動し幸福になる「機会がある」という意味にすぎず，実際には財力の有無，身体の健康状態などによって，現実の人間は違いがあり平等ではないからである（形式的平等観）。実際，その市民革命から1世紀も経つと資本主義経済の弊害が顕著に現れたにもかかわらず，格差を是正するために国家が市場に介入することは，自由・平等を

脅かすものとされ，労働者の健康・生存を脅かす劣悪な労働条件（低賃金・長時間労働）が放置される事態となった（経済的自由の絶対的保障とレッセ・フェール）。

　労働者の人間的な生存が脅かされた背景には，憲法で保障された自由，特に所有の自由が，まさに持つ者のさらに持つ自由であり，持たざる者＝労働者を経済的な手段として使う自由であったこと，それを是正する国家権力が持てる者によって支配されていたことがある。このように，一部の者の自由の行使が他者の人間性を脅かすことに歯止めをかけなければ，人権の理念が根本から覆されるという問題が浮き彫りになった。この問題に対応しようとしたのが，ロシアの社会主義革命（1917）であり，その影響を強く受けたドイツのワイマール憲法（1919）である。ワイマール憲法は，資本家の自由を制限し（経済的自由の制限），全ての者の生存を保障するよう国家に要求する権利（社会権）の考え方を新しく導入した（ワイマール憲法151・153条，第1部第1章，資料1‐3参照）。このように，特に社会経済的に力をもたない者の人間らしい生存を支えることを役割とする国家観を福祉国家（社会国家）と呼ぶ。資本主義経済の市場原理の本質である競争に歯止めをかけなければ，必然的に社会経済的に弱い立場にある者の生存が危機に晒されることを人類が学び知った時，国家に対しその者らの生存を義務づける憲法は，抽象的な人間像ではなく，さまざまな違いをもった生身の人間を想定し，その自由・平等を実質的に実現しうるものとなった。これは人権保障の歴史の大きな一歩といえよう。この考え方は，その後の資本主義諸国の憲法に受け継がれ，日本国憲法の社会権の諸規定にも反映されている。しかし，人間らしく生きることやその条件の確保を権利として保障する25条，26条，27条を実現する義務を，21世紀の今国家が果たしているとは言い難い。それはなぜか。

　社会構造がもたらす問題の解決を，「まずは自助で」と個人の資力や努力に委ねる現在の政策方針は，1980年代以降，新自由主義という経済政策の考え方の登場と深く関係している。新自由主義は規制緩和や公的サービスの民営化を特徴とし，国家の役割を縮小し（小さな政府）できるだけ市場原理に任せようとするものであり，現実政治では代表的には米レーガン政権，英サッチャー政権，日本でも中曽根政権以降自民党政権の諸政策のベースとなって現在に至る。新自由主義的な考え方の背景として，経済成長の行き詰まりや少子化等が指摘されるが，それらは，社会経済的に力をもつ者に有利な社会構造を前提とし経済的な格差を是

認する資本主義経済自体が生んだものともいえる。その中で，法整備によって雇用の流動化を促進し，労働者をいつでも「首を切れる」状態にしておくことは，「自由」「平等」の名の下で，「持てる者の権利」だけを「人権」として保障する市民革命後の憲法への回帰であり，人権の内実を発展させてきた歴史に逆行するものではないか。私たちは今後の社会をどう構想するのか，「人権」が他者の人間的生存を阻害した経験を克服してきた歴史に立ち戻って考えてみてほしい。

近代人権思想の陰の克服──人権の主体の形成

「人権」の主体に「女性」もまた入っていなかったことは先に指摘した。近代市民革命後に登場した資本主義経済体制は，経済的に力をもった男性市民が政治・経済活動を行う代わりに，家事・育児・介護というケア労働を女性が無償で担うことを前提としており，近代民法典も家父長制原理を内包していた。実際に市民革命直後の憲法には，性別による差別の禁止は謳われておらず，女性の存在自体が抜け落ちていた。19〜20世紀は資本主義経済体制の弊害が露見し，それまで政治の世界からは排除されてきた男性労働者が，政治参加の権利を求めて国境を越えた運動を展開し始めた時期であるが，女性もまた政治の世界から排除され，家庭の内でも外でもおよそ権利の主体とは考えられていなかったのである。なお，諸外国において，経済的に裕福な者のみの権利であった政治的権利がすべての男性に認められたのは，18世紀末〜19世紀にかけてであるが，女性はさらに遅れて19世紀末〜20世紀になってからであった（男女普通選挙の確立，性差別の禁止）。

「女性解放思想，あるいはその思想に基づく社会運動の総称」（『岩波女性学事典』）をフェミニズムというが，1960年代には，憲法で性差別が禁止され，政治参加の権利の承認や法律の諸制度の差別規定の撤廃がなされてもなお，社会慣習のなかに残る性差別観念を克服することが目指された（第二派フェミニズムと呼ばれる。性差別について詳しくは第2部第9章参照）。その運動のなかでスローガンとして唱えられたのが「個人的なことは，政治的なこと（The personal is political）」である。個人が抱えている問題が，個人の努力や責任によるものではなく，社会構造によって生じているのだということを示したことばだ。たとえば，女性もまた「人間」であり人権の主体であるが，実際には結婚して子どもを産むと，それまで通り働き続けることができず，やむをえずキャリアの継続が困難になること

が多い。その意味で彼女は「労働の権利・自由」を行使できていない。しかしそれは，個人の努力が足りないからではなく，頼る人や制度がないこと，家事・育児を女性がすべきであるという社会慣習等により，働くことを諦めざるをえなかった結果であると考えれば，解決すべき問題は個人の意識ではなくて，そうした社会構造にこそある。まさに政治の問題なのだということである。

　さらに「個人的なことは，政治的なこと」は女性だけではなく，「人間」としての権利が形の上では認められていても，実際には主体たりえていないすべての人々にもいいう。たとえば自らの障がいや，民族的出自のゆえに日常生活の安全を脅かされ，就職や結婚等将来の選択肢を狭められてしまう者（障がい者や，在日コリアンなど）などにもあてはまろう。それらは障がい者や在日コリアンを同じ尊厳ある人間として受け入れない社会の側の差別意識の問題であって，本人に自力での解決を求めることはできない。そう捉えるならば，社会の根強い差別意識の変革こそが国家・政治の役割のはずである。

「人間」の権利をもとめて──不断の努力の必要性

　こうしてみると，人権保障の歴史とは，一部の者の権利でしかなかった事実を克服し，あらゆる人の生存・自由を包摂し，人が人としての生存と尊厳を勝ち取る闘いの歴史と表裏であったことがわかる。そしてそのあゆみは今も続く。日本国憲法12条は，憲法に掲げられた基本的人権を私たちの「不断の努力」によって保持すべきことを宣言するが，それは憲法に書かれたことを足掛かりに，権利・自由の内実を私たち自身が絶えず検証し続けなければならないことを示している。

　時代の変化に伴い，憲法も変えるべきだとの主張がなされることがあるが，人権保障の歴史に照らしてみると，具体的に何をどう変えるべきかを考える際は，すべての人が人間として大切にされながら生きることのできる社会の実現のために，国家がめざしの基本が踏まえられるべきだろう。たとえばプライバシーの保護や，高等教育の無償化のように，憲法に書かれていない権利の実現に憲法改正は必ずしも必要ではない（新しい権利について，第2部第8章参照）。いずれも社会の発展に伴い求められてきたものだが，人間の生存に本質的に必要だという切実な声によって国会を動かし法制度を整備する，裁判所に訴え現行の諸制度が憲法に照らして適合的なのかを判断させることで実現に近づきうる。つまり大切

なのは，憲法に書くこと自体ではなく，それが人間の生存に不可欠であるという声を私たちが上げ続けることである。そして，人類が血と汗を流して人権を獲得してきた事実こそが憲法を作り発展させてきたのだとすれば，声を上げるための足場はすでに憲法のなかに用意されている。特に平和の構築・維持については，2つの大戦により人類が戦争によって国境を越えた甚大な人権侵害を経験した歴史抜きには語れない。すなわち，人間の生存がなによりもまず暴力からの自由によって実現しうること，究極の暴力たる戦争は国家・政府が主導して行ってきた事実を踏まえるならば，全世界の国民が「恐怖と欠乏から免かれ，平和のうちに生存する権利」をもつことを確認し（前文），国家にあらゆる戦争の手段を放棄させた（9条）日本国憲法を足掛かりにして，政府，国際社会に対し私たちがとりうる行動は無限に広がるはずである（平和条項について詳しくは第3部第1章参照）。

人権の国際化──人権の本質としての越境性

　現在，社会の周縁に置かれ，人間的生存が脅かされやすい労働者（特に非正規雇用），女性，障がい者，子ども，性的マイノリティ，民族・人種マイノリティ等の「人権」は国境を越えて解決すべき問題となっている。それまで国内問題と考えられてきた人権の問題は，国境を越えて共有され連帯して解決を目指す試みへと発展してきた（人権の国際化）。憲法は，政府が人権を侵害せぬよう，またあらゆる人々の人権を実現するように命じる国内的な規範であるが，第二次世界大戦後さまざまな人権条約が採択され，国際的にも人権の実現のために各国政府を拘束する仕組みが構築されてきているし，場合によっては個人が直接国際条約機関に人権侵害を訴える制度（個人通報制度）も整いつつある（資料3-1参照）。もっとも，日本政府がどの条約に加入し国内適用をしてきたか，また国内にどのような人権問題があると認識し，人権条約機関に対して報告しているかをぜひ確認してほしい。人権を侵害されている当事者の声が，民主的ルートによって政府には届いていないことが多いからである。

　最後に，国境を越えた人類の連帯について述べておきたい。アメリカでは2020年5月，黒人男性が白人警官によって殺された事件をきっかけに「Black Lives Matter（黒人の命は／こそ大切だ）」運動が起き，国境を越えて広がった。性暴力やハラスメントを受けてきた女性が声を上げる「#Mc Too（私も）」運動もまた，

資料 3 - 1　主要な国際人権条約と批准状況 (2021年10月 1 日現在)

	条　約　名	採択年	発効年	締約国数	日本締結年
1	人種差別撤廃条約	1965	1969	182	1995
2	社会権規約	1966	1976	171	1979
	選択議定書（個人通報制度）	2008	2013	26	
3	自由権規約	1966	1976	173	1979
	第 1 選択議定書（個人通報制度）	1966	1976	116	
	第 2 選択議定書（死刑廃止）	1989	1991	89	
4	女性差別撤廃条約	1979	1981	189	1985
	選択議定書（個人通報制度）	1999	2000	114	
5	拷問等禁止条約	1984	1987	172	1999
	選択議定書（拷問等防止小委員会）	2002	2006	90	
6	子どもの権利条約	1989	1990	196	1994
	選択議定書（武力紛争における児童の関与）	2000	2002	171	2004
	選択議定書（児童売買，児童買春および児童ポルノ）	2000	2002	177	2005
	選択議定書（個人通報制度及び調査制度）	2011	2014	48	
7	移住労働者権利条約	1990	2003	56	
8	障害者権利条約	2006	2008	184	2014
	選択議定書（個人通報制度）	2006	2008	100	
9	強制失踪条約	2006	2010	64	2009
10	難民条約	1951	1954	146	1981
	難民議定書	1967	1967	147	1982
11	国際組織犯罪防止条約を補足する人身取引議定書	2000	2003	178	2017
12	ジェノサイド条約	1948	1951	152	
13	無国籍者の地位に関する条約	1954	1960	96	
14	無国籍の削減に関する条約	1961	1975	77	

（出典）　アジア・太平洋人権情報センター HP「主要な国際人権条約と批准状況の一覧」をもとに筆者作成 https://www.hurights.or.jp/archives/treaty/un-treaty-list.html

瞬く間に世界中に広がった。このように，SNS などインターネットツールを通し世界中の人々と簡単に繋がれるようになったことで，世界中の人々と人権問題を共有し連帯できるようになってきた。もし今あなたが生きづらさを抱えているならば，世界のどこかに同じ問題を抱えている人がいるかもしれない。他者と問題を共有し連帯していくことが，社会を変える第一歩ではないだろうか。人権保障は，個人の自助努力では実現できない性格のもののはずである。

新聞記者の眼①

怒羅権とほん

　「自分のことをみていてくれる。そう思える人がいることは、立ち直りのために大きな力になります」。刑務所で服役する人たちに無償で本を送るNPO法人「ほんにかえるプロジェクト」（東京都）の汪楠（わん・なん）さん（49歳）はこう語る。

　中国人の汪さんは寄付で集めた古本を、全国の受刑者からどんな本が読みたいのか、リクエストをもらって送っている。塀の中で何を思っているのかな。これからどうしていきたいのかな。友だちに語りかけるように書いた手紙も添えて。

　その活動はもう6年になる。汪さんがなぜこんなにも深く受刑者にかかわるのか。それは「中国残留孤児二世」であるという、自身の生い立ちが影響している。

　1972年、中国東北部の長春市に生まれた。日本が戦争に負けるまで「満州国」として支配した地域だ。

　両親は汪さんが幼いころに離婚した。そして父は、終戦の時に中国に取り残されて日本に帰れなかった残留孤児の女性と再婚した。汪さんは1986年、日本に帰国した女性の同伴家族として来日した。

　だが13歳の汪さんは戸惑うばかりだった。入学した東京の中学では同級生にいじめられた。中国ではいつもクラスで一番の成績だったのに、日本では言葉が分からないため、太刀打ちできない。町で拾った「少年ジャンプ」や辞書で日本語を覚えた。すると侮蔑の言葉を投げ付けられていることが分かり、日本人に敵意を燃やした。

　ほかの二世らも境遇は同じだった。日本の社会に居場所はなかった。汪さんらは「怒羅権（どらごん）」と名付けたグループを結成した。「龍の末裔」と呼ばれる中国人の「権利」を表現した名前だ。

　怒羅権は日本人を相手にけんかに明け暮れた。汪さんは傷害事件を起こして少年院に入った。出院後はまた事件を起こした。

　そんな荒れ狂った日々に転機がくる。詐欺事件で逮捕され拘置所で裁判を待つ汪さんの元に、石井小夜子さんが会いに来てくれた。少年時代にお世話になった弁護士だ。

　石井さんは事件には触れず、ただ好きな映画や、本の話を何時間も話してくれた。とげだらけの絡まった心がほどけていくような時間。祖国の作家、魯迅の小説「阿Q正伝」について話したことは忘れられない。「阿Qは自分の力を誇示したいばかりに、愚かな行いをして、ついには自滅した」。

　汪さんは、自分は阿Qのようにはならない。今度こそ更生すると決めた。10年を超える服役中も石井さんは面会に通ってくれ、本を差し入れてくれた。出所後の道は決まった。

　今は塀の外から本という「友」を受刑者に届ける。汪さんは信じている。

　「人は大切にされてはじめて人としての尊厳を取り戻す。尊厳を回復してはじめて更生に向かえるのだと思う」。2021年に初めての著書『怒羅権と私』を出版した。表紙は穏やかな目をした汪さんの写真。読みながらため息が出た。汪さんは自らをみつめ、変わろうとした。二世たちを追い詰めた日本社会は変わったのだろうか。

　　　　　　　　　　　　　（佐藤直子）

4 政治への参加とかかわり

◆ スタートアップ ◆

　みなさんはこれまで模擬投票を経験したことはないだろうか。一連の流れを経験すると，投票所に出かける抵抗感が薄らぐかもしれない。選挙の作法が身につけば投票率アップに直結するとは言いきれないが，総務省選挙部によれば，2021年衆院選における10代投票率は43%で，2017年衆院選を2ポイント上回った。選挙年齢引下げの際行われた高校生アンケートでは，「18歳は早すぎる」と消極的な声が聞かれたが，一票に社会の変化を託す若者も増えてきた。本章では，みなさんの思いを国政につなげる手段について考えよう（地方の政治については第1部第10章参照）。

政治に参加する権利──請願権に注目してみる

　「国の政治に参加する」といえば，まず思い浮かぶのは，「国政選挙で投票する」という行為かもしれない。だが，このほかにも手段はある。憲法16条は，「何人も，損害の救済，公務員の罷免，法律，命令又は規則の制定，廃止又はその他の事項」について，「平穏に請願する権利」の行使を保障する。具体的な手続きは請願法で定められているが，年齢や国籍を問わず，国や地方公共団体に対して，1人からでも意見を届けることができる（資料4-1参照）。

　2019年第198回国会では，両院あわせて7000件超の請願が出された。内容は，無償教育の実現や奨学金拡充を求めるものから，新型コロナ危機打開のため観光業への直接支援の実施に関するものまで，まさに日々の生活で直面する課題解決を求める声ばかりである。請願権は，受理を求める権利にすぎないと解される。ゆえに，請願を受けた官公署は必ずしもその求めに応じる必要はないが，「誠実に処理しなければならない」（請願法5条）。衆議院のウェブサイトでは，わずかな件数ながら，その処理経過が掲載されている（https://www.shugiin.go.jp/

資料4-1 請願書の様式例

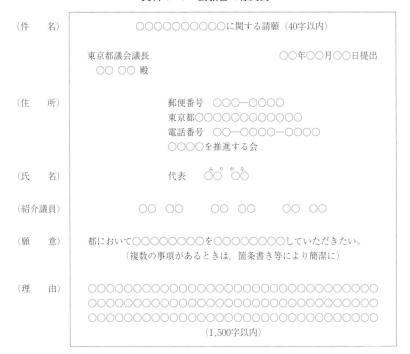

（件　名）	○○○○○○○○○○に関する請願（40字以内）
	東京都議会議長　　　　　　　　　○○年○○月○○日提出 　○○ ○○ 殿
（住　所）	郵便番号　○○○─○○○○ 東京都○○○○○○○○○○○○○ 電話番号　○○─○○○○─○○○○ ○○○○を推進する会
（氏　名）	代表　　_{ふ　り　が　な}○○ ○○
（紹介議員）	○○　　　　○○ ○○　　　　○○ ○○
（願　意）	都において○○○○○○○○を○○○○○○○○していただきたい。 （複数の事項があるときは，箇条書き等により簡潔に）
（理　由）	○○○○○○○○○○○○○○○○○○○○○○○○○○○○○ ○○○○○○○○○○○○○○○○○○○○○○○○○○○○○ ○○○○○○○○○○○○○○○○○○○○○○○○○○○○○ （1,500字以内）

（出典）　東京都議会のサイト https://www.gikai.metro.tokyo.jp/petition/guide.html
internet/itdb_seigan.nsf/html/seigan/syorikeika/sjShoriKeika.htm. 2021年 9 月30日閲覧）。

選挙原則と選挙権・被選挙権

近代選挙の 5 原則　　　　日本国憲法では「日本国民は，正当に選挙された国会における代表者を通じて行動」（前文第 1 段）すると述べ，国会議員を含む「公務員」の選定罷免権を，「国民固有の権利」と定める（第15条 1 項）。そこで，国民の代表者を決定する選挙のしくみが特に重要となる。

　大日本帝国憲法は選挙権や選挙原則に関する明示の規定を置かず，貴族院令や衆議院議員選挙法で詳細が定められていた。これに対して，日本国憲法では，「成年者による普通選挙を保障する」（15条 3 項）とともに，平等選挙（14条 1 項，44条），秘密選挙（15条 4 項），直接選挙（15条 1 項，43条），自由選挙（15条 4 項後段）の原則を採用している（近代選挙の 5 原則）。そして，2022年から民法の成年

年齢が20歳から18歳へ引き下げられるが，既に，2015年公職選挙法改正から「18歳選挙権」が実施されている。

選挙権・被選挙権
行 使 の 制 限
　主権者＝国民であっても，選挙権・被選挙権が認められない人々がいる。公職選挙法は，「禁固以上の刑に処せられその執行を終わるまでの者」や，公職にある間に犯した収賄罪やあっせん利得罪により刑に処せられ実刑期間経過後 5 年間を経過しない者らに公民権を禁止する。最高裁が示すように，選挙犯罪者の場合は選挙の公正を阻害する行為にかかわったのだから，本人の反省を促すことは相当かもしれない（最大判1955年 2 月 9 日）。だが，選挙権が個人的権利であることを考えれば，その制約の手段・方法は必要最小限であるべきだろうし，技術上刑務所での投票が可能ならば，受刑者すべての選挙権を制限する積極的理由はあるだろうか。

　成年被後見人も，政治参加から排除されてきた。この点に関し，成年後見人がつくと選挙権を失うとした公職選挙法上の規定（当時）を，東京地裁は2013年，成年被後見人は「選挙権を行使するに足る能力を欠くと断ずることは到底できない」ため，「成年被後見人から一律に選挙権を奪うことは，許容できない」と結論づけた（東京地判2013年 3 月14日）。改正公職選挙法では，成年被後見人の選挙権が回復し，代理投票の導入や指定病院での不在者投票が可能となった。

　外国人の選挙権はどうだろうか。国民主権原則を根拠に，「認められない」と考える人もいるだろう。だが，外国人も日本の法に基づき種々の納税義務を果たしている。かつて永住外国人の国政選挙権を求めた「アラン訴訟」（最判1993年 2 月26日），在日朝鮮人の国政被選挙権を求めた「李英和訴訟」（最判1998年 3 月13日）は，憲法15条の「国民」を日本国籍保持者に限定した。しかし，在日韓国人の地方選挙権・被選挙権を求めた「金正圭訴訟」（最判1995年 2 月28日）で，最高裁は地方自治の制度の趣旨から，たとえ外国人でも居住区域と密接な関係をもつ場合，地方公共団体の長，議員等の選挙権を認めることは憲法上禁じられていないとした。

　被選挙権の制限については公選法上の連座制がある（法251条の 2，251条の 3）。1994年には拡大連座制が採用され，選挙犯罪で有罪が確定した候補者だけでなく，自らが選挙違反に関与していない候補者も当選無効の不利益を受けることになった。最高裁はこの規制について，選挙犯罪の防止という「立法目的を達成するための手段として必要かつ合理的なもの」と認め合憲とした（最判1998年11月17日）。

選挙制度と投票価値の平等

選挙制度　　選挙制度は，法律によって具体化される（憲法44条，47条：選挙事項法定主義）。二院制を採用する日本では，衆議院と参議院で選挙制度にも違いがある。衆議院の選挙制度は，1994年の公職選挙法改正から，小選挙区制と拘束名簿の比例代表制による「小選挙区比例代表並立制」が採用されている。それまでの中選挙区制は，一選挙区から3〜5人を選出するため，同一政党の候補者どうしで熾烈な争いを繰り広げ，特定団体とつながりやすく汚職も起こりやすい，と批判された。だが，現行制度では，定数465人のうち，2位以下の票が無駄になる小選挙区選出議員の定数が多く（289人），民意をより正確に代表する比例代表選出議員が少ない（176人）という特徴がある。

　参議院の選挙制度は，選挙区制と（非拘束名簿の）比例代表制を組み合わせている。2015年の公選法改正で，一票の較差を解消するために「合区」制度が導入された。合区は，2県で1名の選挙区候補者を立てるため（鳥取県と島根県，徳島県と高知県），候補者がいない県の有権者は，選挙自体に関心がなくなると心配された。そこで，政党は，比例代表の「特定枠」を利用し，名簿の上位2枠に「合区」の候補者を置くことでどちらの県からも当選者が出るよう工夫した（資料4-2参照）。有権者の票がダイレクトに当選者に結びつくよう比例代表選挙を非拘束名簿式にしたはずだったが，2枠の固定部分を置いたために複雑な制度になっている。

投票価値の平等と定数訴訟　　普通選挙と平等選挙の原則は，誰もが財産や性別にかかわりなく投票できることを保障する。「一人一票の原則」は「投票価値の平等」を含み，それは，議員ひとりが代表する有権者数が不均衡にならないよう，選挙区割りは「人口比例原則」に基づき行われることを導く。だが，現実の選挙区割りはたびたび投票価値の不均衡を引き起こし，多くの訴訟が提起されてきた。

　衆議院選挙の定数訴訟をみてみよう。1976年4月14日の最高裁大法廷は，最大較差1対4.99の不均衡をはじめて憲法違反としたが，行政事件訴訟法上の「事情判決」の法理を援用して，選挙そのものは有効とした。全選挙区での選挙が無効となれば，国会が機能しなくなるという政治的混乱を避けるためである。

　その後，1994年に小選挙区比例代表並立制が採用され，小選挙区に「一人別枠

資料4-2　参議院選挙の特定枠

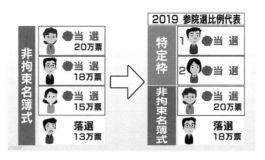

（出典）　NHK 選挙 WEB のサイト
https://www.nhk.or.jp/senkyo/chisiki/sangiin-
kiso/20190529/

方式」（各都道府県にまず1を置いてから人口比により定員を配分）が導入されても，最大較差1対2未満にはならなかった。2009年からの1年間で，高等裁判所で多くの違憲判決が出されたが，2013年11月20日最高裁大法廷は，1対2.43の較差は違憲だが，合理的是正期間内にあるとして合憲とした。その後，「違憲状態」という大法廷判決が，衆参両院の選挙について積み重ねられた結果，2016年の選挙制度改革で「アダムズ方式」の採用が決まった。これは各都道府県の人口をある「除数」で割り，議席数の合計が選挙区の定数になる方法である。2022年以降の衆院選から実施されることが決まっている。

政　党

政党の地位と役割　　政党は，現代の議会民主政において不可欠の存在であるとともに，他の政党との競争や協力を通して政権担当を目指したり，議会運営を主導したりする。政権の獲得を目的としないワンイシュー（単一政策）政党もあるが，国民の声を議会に届けるという点では，共通した役割を有する。古い判例である八幡製鉄政治献金事件でも，「憲法の定める議会制民主主義は政党を無視しては到底その円滑な運用を期待できないのであるから，憲法は，政党の存在を当然に予定しているものというべき」だと述べている（最大判1970年6月24日）。

　ドイツの国法学者H・トリーペルは，1920年代後半に，国家における政党の

位置づけを「①敵視→②無視→③承認および合法化→④憲法的編入」と４段階で説明した。この説によれば，現代の日本は③の状態だといえるが，特に1994年の政治改革関連法成立後は，政党は，国家機関ではないが単なる社会団体とも異なる存在として，位置づけられていく。公職選挙法，政治資金規正法，政党助成法に共通する「政党」要件をみると，国会議員を５名以上有するもの，直近において行われた国政選挙で有効投票総数の２％以上を獲得したもの，とある。現在この要件を満たした政党だけが，国民１人ひとりの意思とは無関係に，税金から拠出される政党交付金を受け取ることができる。

**憲法に政党条項が
ないことの意味**　ドイツでは，憲法に相当する基本法21条で，政党の地位と役割を定めている（資料４-３，４-４参照）。政党の自由を保障しながら，政党内民主制が義務付けられ，「自由で民主的な基本秩序」を侵害・除去する政党には違憲・解散命令が出される（政党の禁止）。ナチズムによる経験から「たたかう民主主義」（自由の敵には自由を与えない）という憲法的価値を採用したドイツに対し，日本国憲法はこうした政党条項をもたない。日本国憲法は「自由の敵にも自由を与える」徹底した自由主義を選択したため，政党の結成や活動に対する自由が保障されると解されてきた。しかし，先に挙げた政治資金規正法や政党助成法等では，要件を満たした「政党」だけを対象に権利を付与し義務を課す定めがあるため，この点で政党の活動は制約を受けていることになる。

　法律レベルでの規制を超えて，2012年発表の自民党「日本国憲法改正草案」では，政党条項が置かれている。そこでは，政党の政治活動の自由が保障される一方，政党の「活動の公正の確保」と「健全な発展」に「努めなければならない」とある。政党条項は政党に特定の価値を与えるとともに，政党を対象とした規制立法の違憲審査も，相当緩やかなものになるだろう。

政治分野におけるジェンダー平等

　19世紀末から20世紀初頭，イギリスの「サフラジェット」（Suffragettes：投票権を意味する）に代表されるように，女性参政権獲得のための運動が世界で繰り広げられた。そのイギリスでは1918年に女性参政権が認められたが，日本では1946年４月の衆議院議員総選挙でようやく実現する（女性候補者82名中当選者39名）。2010年に国連総会決議で設立された UN Women は，ジェンダー平等と女性のエ

資料4-3　ドイツ連邦共和国基本法
21条（政党の憲法的地位）

① 政党は国民の政治的意思形成に協力する。政党の結成は自由である。政党の内部秩序は，民主制の諸原則に合致していなければならない。政党は，その資金の出所および用途について，ならびにその財産について，公的に報告しなければならない。

② 政党のうちで，その目的またはその支持者の行動からして，自由で民主的な基本秩序を侵害しもしくは除去し，またはドイツ連邦共和国の存立を危うくすることを目指すものは，違憲である。その違憲の問題については，連邦憲法裁判所が決定する。

③ 詳細は，連邦法律で規律する。

（出典）　初宿正典，辻村みよ子編『新解説世界憲法集』三省堂，2006年，160-161頁

資料4-4　自民党「日本国憲法改正草案（2012年）」64条の2

① 国は，政党が議会制民主主義に不可欠の存在であることに鑑み，その活動の公正の確保及びその健全な発展に努めなければならない。

② 政党の政治活動の自由は，保障する。

③ 前二項に定めるもののほか，政党に関する事項は，法律で定める。

ンパワーメントを目指し活動してきたが，いまや世界の130か国以上で，議席や候補者の一定比率を女性もしくは両性に割り当てるクオータ制や，パリテ（男女同数）が採用されている。日本では，2018年5月「政治分野における男女共同参画の推進に関する法」が公布施行された。同法は，各政党が候補者を擁立するときに「男女の候補者ができる限り同数となること」を求める（2条）。しかし，憲法21条を根拠に，政党には設立や活動の自由が保障されるため，パリテの実現は政党の自主性に委ねられている。2021年9月1日現在，日本の国会議員に占める女性比率は193か国中165位と著しく低い（列国議会同盟調べ）。

　世界でも珍しい例がフランスである。1999年に憲法を改正して「パリテ法」を実現したが，その前提には，25％クオータの導入法案が違憲とされた事実があった。クオータは候補者を性に基づく社会的集団に区別する制度であるため，フランスで伝統的な普遍主義的平等原則に反する，という理由からである。法律によるパリテやクオータの強制は，日本では，政党の憲法上の地位から違憲の疑いも生じる。しかし，女性差別撤廃条約が定めるように，男女の事実上の平等促進のための暫定的な特別措置は「差別と解してはならない」（4条1項前段）。日本の状況を改善するには，日本が批准する国際法にも留意しながら，積極的な議論が求められるだろう。

多様性尊重のリトマス紙

「私はただみんなと同じように普通に投票したいだけ。ただそれだけなんです」。大阪府豊中市に住む中田泰博さん（49）が提訴した「代筆投票訴訟」は，日本という国が心身にハンディがある人を，いかにして民主主義の担い手から排除し，その権利を奪ってきたのかを見せつけている。

先天性脳性まひがある中田さんはうまく腕を動かせない。文字を書くと線がぐにゃりと曲がる。小さな紙にうまく書けないため，選挙の投票ではずっと信頼できる人に「代筆」を頼んできた。

ところが，2013年に改正された公職選挙法が事態を変えた。それまで自由に選べた代筆者が，投票所の選管職員らに限られることに変更された。

政党名や候補者名など投票先を「お上指定」の職員に伝えなければならない。それは人権の侵害にほかならない。選挙は投票の秘密が守られてこそ成り立つものなのに，「嫌なら投票しなくてもいい」といわれたようなものだった。

結局中田さんは，法改正後の選挙では投票を断念せざるをえなかった。

「こんな差別的な法律の下では一生投票できない」。2017年，「投票の秘密が守られないのは憲法に反する」と，国に損害賠償を求める裁判を大阪地裁に起こした。

一審は「代筆で投票する人の権利が制約されるのはやむをえない」とし，選管職員の代筆限定も憲法に反しないと判断した。公務員は信用できるから任せればよいといっているようなものだ。二審の大阪高裁も一審と同じ

く中田さんの訴えを退けた。

だが考えてみたい。そもそも代筆を頼む必要もなく，自力で投票できる方法があればいいのではないか。

日本では点字による投票を除けば，自分で文字を書かなければならないが，海外ではさまざまに工夫されている。

政党名や候補者名を書いた投票用紙を配り，投票先に専用スタンプを押す方法や，候補者の顔写真が印刷された投票用紙を使って投票先に印をつける方法などが取り入れられている。これらは文字を書かなくていい。

日本でも障害者への差別をなくすための法律が整えられてきた。

13年に制定された障害者差別解消法では，「合理的配慮」が義務づけられている。障害者から支援を求められた場合には，障壁を取り除くための調整をしなければならない。

中田さんが訴えるように代筆者を指定した投票の押しつけなどはもってのほかではないか。自分で書けない人というのは障害者に限らないのだ。病気やけがのために一時的に書けない人もいるだろう。

障害者の平等な投票を訴えた中田さんの裁判は，最高裁に進む。核心は障害者をどう支えるのかという問題にとどまらない。だれにとっても便利になる，参加しやすい投票の仕組みはどんなものかと問うている。

日本社会が真に多様性を尊重できるかどうかのリトマス紙なのだ。

（佐藤直子）

5 国会の役割と両院制の意義

◆ スタートアップ ◆

　みなさんが主権者として政治に直接参加する方法は前章で学んだが，選挙に当選した議員は，具体的に国会でどのような活動を行うことになるのだろうか。日本国憲法は国会を「国権の最高機関であつて，国の唯一の立法機関」と定めるが（41条），行政権担当の内閣（65条）と司法権担当の裁判所（76条）との間で「抑制と均衡」を図りながら，国会にはどのような役割が与えられているのだろうか。現実政治の動きと照らし合わせながら，国会がその機能を十分に果たせているかを考えるきっかけにしていこう。

国　会

国会の地位と権限　　中世後期ヨーロッパの議会は，フランスの三部会に代表されるように，身分を代表する組織であったが，19世紀に入ると，国民の代表機関として立法権や執行府への統制権を持つようになる。20世紀には，行政機関が肥大化し，司法機関に違憲立法審査制が導入されたことで，議会の地位も大きく変化する。日本では，帝国議会は天皇大権のもと様々な制約を受けたが，現行憲法は国会の強化を図るとともに，議員に歳費の給付（49条），不逮捕特権（50条），免責特権（51条）を保障する。

　日本国憲法は国会の地位を「国権の最高機関」とする（41条）。だが，1つの機関に権限を与えすぎると，三権の対等性を前提とする権力分立は成立しない。そこで，最高機関性の理解をめぐり学説は次のように分かれる。①国民主権国家では，国民を代表する国会こそ国家権力を統括すべき地位にある（統括機関説），②主権者国民により直接選ばれ，重要な権限を与えられた国会への敬称にすぎない（政治的美称説），③憲法上認められた広範な権限を通じて，三権の総合調整的機能を国会に認める（総合調整機能説），等である。憲法が衆参両院に国政調査権

（62条）や議院の自律権の保障（58条）を認めていることから，③が有力視されている。しかし，政治や経済，社会保障の領域でますます肥大化する行政権力に対して，国会が監視・統制する役割を果たすべきだと考えると，「最高機関」に込められる意味は変わるのではないだろうか。

唯一の立法機関 憲法41条はまた，国会を「唯一の立法機関」と定め立法権を付与する。ここから①国会中心立法の原則，②国会単独立法の原則が導き出される。①は国会が立法権を独占することを指すが，憲法上例外も認められている。両院による議院規則制定権（58条2項），内閣の政令制定権（73条6号），最高裁判所の規則制定権（77条1項），地方公共団体の条例制定権（94条）である。

政令を例に考えてみよう。政令は，行政機関が定める法形式のなかで最高の効力をもち，憲法や法律の規定を実施する「委任命令」も認められる。最近では，改正新型インフルエンザ等対策特別措置法に基づく「施行令」がこれにあたる。特措法では，都道府県知事が事業者に対して，「国民生活及び国民経済に甚大な影響を及ぼすおそれがある……区域」で，ウィルスのまん延を防止するため，「政令で定める措置を講ずるよう要請することができる」と定めている（法31条の6）。内閣は，この特措法を受けて政令を制定し，使用の制限を受ける施設や，感染防止のために必要な消毒などの措置を示している（2021年8月末現在）。

また，②は，国会による立法は国会の議決だけで成立することを指す。大日本帝国憲法では，帝国議会で議決された法律でも天皇が拒否すれば成立しなかったが（6条：天皇の裁可権），現在，こうした他の機関の関与は認められない。

内閣の法案提出権 「法律のもと」となる法案を提出できるのはだれか。「唯一の立法機関」のメンバーである国会議員は当然だとしても，行政権担当の内閣にも法案提出権が認められている理由はどこに見出せるだろうか。

この問題について，学説は以下の根拠を挙げ説明してきた。①議院内閣制の下では国会の多数党が組閣するため，法案の提出は多数党からでも内閣からでもたいした違いがなくなるから。②内閣総理大臣が国会に提出する「議案」（憲法72条）のなかに，法案を含むことができるから。③法案の提出は立法の準備行為にすぎず，国会は審議の場面で法案を自由に追加・修正・廃案できるから，等であ

資料5-1　法案提出数と成立数の推移

通常国会は，1月に開催され150日の会期。
過去10年の通常国会の情報のみ掲載。

通常国会	内閣提出数	成立数	成立率(%)	議員提出数	成立数	成立率(%)
204(2021)	63	61	97	82	21	26
201(2020)	59	55	93	57	8	14
198(2019)	57	54	95	70	14	20
196(2018)	65	60	92	71	20	28
193(2017)	66	63	95	136	10	7
190(2016)	56	55	89	72	18	25
189(2015)	75	66	88	72	12	17
186(2014)	81	79	98	75	21	28
183(2013)	75	63	84	81	10	12
180(2012)	83	55	66	77	31	40

（出典）　内閣法制局のウェブサイト
https://www.clb.go.jp/recent-laws/number/

る。しかし，内閣による法案提出件数も成立率も，国会に比べて圧倒的に高い（資料5-1参照）。なぜなら，法案を担当する省庁が関係省庁と意見交換を行い，有識者への諮問や公聴会等を実施することができ，法律の専門家集団である内閣法制局が憲法や法律と矛盾していないか緻密にチェックするためである。2021年の通常国会でも，75歳以上の医療費2割引き上げ法案をはじめ，内閣提出法案のほとんどが可決成立している。

両院制

両院制の意義　憲法42条は，「国会は，衆議院及び参議院の両議院でこれを構成する」と定め，両院制を採用する。日本のような単一国家が，普通選挙・直接選挙の原則のもと「全国民の代表」組織をつくる場合，第二院を置く意味はどこにあるのか。

これまで，両院制のタイプとしては，身分や特権と結びつく「貴族院型」，州という存在が国家の構成要素として重要視される「連邦型」，そして，単一国家における「民選議会型」などに分類されてきた。日本国憲法の制定過程をみると，GHQ案では一院制であったのに対し，日本側は貴族院の存在を念頭に二院

制を主張して譲らなかった。その結果,「民選」を条件に二院制が認められることとなる。1947年の参議院議員選挙法では，衆議院とは異なり，学識経験豊かで全国的にも著名な候補者が擁立された「全国区」と，地域代表としての性格をもつ「地方区」との組み合わせが採用された（両院の現在の選挙制度については，第1部第4章参照）。

　日本国憲法における第二院の存在意義は，上記の選出方法の違いにくわえ，①第一院の行動をチェックすること，②慎重な審議を担保すること，③選挙時期の違いを活かして多様な民意を反映できること，④衆議院の解散（45条）により第一院が機能しない場合，国民代表機関としての役割を果たすこと，等が挙げられる。ところが，現在，両院の選挙制度が政党本位の制度となったことで，当初「良識の府」として期待された参議院の存在理由はもはやないという指摘もある。しかし，参議院は任期が長く解散もないため，長期的展望に立った議論を行うことができる。さらに，内閣が提出した法案について，（衆議院が可決しても）参議院が否決できることから，衆参両院で多数党が違う場合，参議院のほうが行政権に対する統制力を発揮する効果が大きくなるだろう。

両院の組織と関係　衆議院と参議院の役割の違いは，組織のあり方や関係性にも現れてくる。議員の任期をみると，衆議院議員は4年だが解散がある場合は任期前に終了し（憲法45条），参議院議員は6年で半数改選である（46条）。このことから，参議院議員は衆議院議員に比べ，より安定した地位が保障され，重要な審議事項を継続性をもって対処することが期待されることが分かる。

　国会の権限には，①法律案の可決（59条），②予算の議決（60条1項，衆院の予算先議も1項で規定），③条約締結の承認（61条），④内閣総理大臣の指名（67条2項），⑤憲法改正の発議（96条1項）があり，両院一致した議決により行使される。②③④で両院の議決が異なるとき，必ず両院協議会を開催しなければならないが（①は「開催を求めることができる」：憲法59条3項），それでもなお不一致の場合は「衆議院の優越」が認められる。

　ところで，法律案の場合，「衆議院で可決し，参議院でこれと異なつた議決をした法律案」が，衆議院の再議決の対象となる（59条2項）。両院における多数党が同じ場合，議決が異なるという事態は起こりにくいが，いわゆる「ねじれ現

象」が生じている場合には両院の合意形成は困難になる。2007年7月の第21回参院選で，自公連立政権が過半数を割り，両院の多数党が異なる「衆参ねじれ」状態となった。その影響は，国会提出法案の数に及び，法案成立率も75％に急落した。「衆議院の優越」として理解されてきた再議決規定は，衆議院に対抗するための「強い参議院」を示す手段として発揮されたのである。

会　期

会期制　　国会議員が「国民の代表」として本領を発揮する場こそ，国会である。国会の活動は会期に限定され，会期中成立しなかった案件は原則廃案となる（国会法68条：会期不継続の原則）。これは，議会での討議が長引くと，そのぶん行政能力が低下するという考えに基づく。

　国会の種類には常会・臨時会・特別会がある。常会は，毎年1回，1月中に召集され，会期は150日間である（憲法52条，国会法2条・10条）。両院が一致すれば1回だけ会期の延長ができるが，両院の不一致や参議院が議決しなければ「衆議院の優越」が認められる（国会法13条）。また，特別会は，衆議院が解散され，総選挙が行われた日から30日以内に召集される（憲法54条1項）。

　臨時会は，常会閉会後，国会としての活動が必要なときに臨時に召集される。憲法53条は，内閣にその招集権を認めるが，「いずれかの議院の総議員の4分の1以上の要求」があれば「召集を決定しなければならない」。「総議員の4分の1以上」という要件は，少数派の議員の権利保護が期待されたものであるため，条件を満たしていながら内閣が召集義務を果たさないときは，憲法違反の疑いが生じる。2017年6月，野党4党から，安倍内閣（当時）に臨時会召集の要求が出されたが，内閣は3か月以上これに応えず，9月末に召集された臨時会の冒頭で衆議院を解散した。そこで，国会議員が内閣を相手取り，国家賠償を求めて提訴した。2020年6月那覇地裁は，原告の訴えは退けたが，内閣が臨時会召集の要求を受けた場合召集義務があること，召集しなければ「違憲と評価される余地はあるといえる」という画期的な判決を示した（那覇地判2020年6月10日）。

　ほかに，衆議院解散中に緊急の必要があるときには，参議院の緊急集会が開かれる。緊急集会は，両院の同時活動の原則の例外であり，内閣だけがこれを求めることができる（憲法54条2項ただし書）。吉田内閣時代に2度開催されてから実

績はないが（1952年「抜き打ち解散」，1953年「バカヤロー解散」），現在，武力攻撃事態法のなかで，内閣総理大臣が防衛出動を命ずる際に上記の規定の活用を想定している条文がみられる（法9条4項）。

国政調査権

意義と性格　ときおり国会中継では，今まさに問題となっている事件の当事者が，議員らから直接質問されている場面を目にすることがある。憲法62条は「両議院は，各々国政に関する調査を行ひ，これに関して，証人の出頭及び証言並びに記録の提出を求めることができる」と定め，議院に国政調査権を与えている。

　「証人の出頭及び証言」と聞くと，刑事司法にみられる強力な調査をイメージするが，立法権担当の国会を構成する両議院が，なぜこうした追及を行うことができるのだろうか。国政調査権は17世紀末イギリスで誕生し，議会制が発展する過程において確立した。大日本帝国憲法にはこれに相当する制度はなかったが，日本国憲法では，政府や行財政に対するコントロール手段として，また，国政全般の実効的な行使に向けた調査や情報収集の方法として，両議院に強力な権限を認めた。その性格は，立法や予算という議院の権能に匹敵するものなのか，これを補充するための補助的機能なのか，学説上でも争いがある。日商岩井事件東京地裁判決では，国政調査権を立法・財政・行政監督などの諸機能の行使について必要な調査を行う補助的機能だとした（東京地判1980年7月24日）。

国政調査の限界と方法　強力な国政調査権とはいえ，当然限界はある。①権力分立原則に基づき司法権の独立を侵すものは認められず，②係争中の事件に関する検察活動との並行調査にも争いがある。また，③個人の人権やプライバシーを侵害する調査は許されない。②については，米国の航空機製造会社の旅客機受注をめぐって，現職総理大臣が有罪判決を受けた「ロッキード事件」が有名である。1982年東京地裁判決では，検察の捜査に先行する議院の国政調査について，事件の政治的・社会的責任の明確化と運輸行政の妥当性を解明する手段として，検察捜査とは別の目的であり適法だと判示している（東京地判1982年1月26日）。

　国政調査は，実際には各議院に設置されている委員会で行われる。調査方法を

具体的に定めたものが「議院証言法」であるが，同法5条は，証人が公務員もしくは公務員であった場合，守秘義務を理由とする証言拒否を認めている。近年，国政調査権が行使された例として，学校法人「森友学園」事件が注目される。学園が運営する学校を建設するため，国有地が安く払い下げられたことが問題とされた。2017年3月，衆参両院の予算委員会で学園理事長の証人喚問が，2018年3月，財務省で決裁文書の改ざんが計14回行われたとして，当時の理財局長の証人喚問が行われた。とくに後者については，約4時間半もの時間が費やされながら，証人が捜査対象となっていること，刑事訴追を受ける恐れがあることを理由に，答弁が繰り返し拒否された。

　証人喚問は委員会の全会一致の決定が必要であるため，議会多数派にとって不利な調査は行われにくいという現実がある。また，議会内会派の勢力に応じて時間配分が行われるため，野党が連携協力して質問する工夫がなされないと効果を上げにくい。現在の議院運営上，制約の多い議会少数派ではあるが，たとえば，議員の4分の1の申し立てがあれば必ず調査委員会が開催されたり（ドイツ連邦共和国基本法44条），党派の利害を超えて置かれる専門家調査を積極的に活用したりするなど，国民の「知る権利」に資する方法が検討できないだろうか。

6 内閣のはたらきと国会との関係

◆ スタートアップ ◆

　衆議院議長が天皇から届いた詔書を読み上げる。「日本国憲法第7条により，衆議院を解散する」。衆議院の解散を決めるのは内閣総理大臣（首相）の専権事項であるといわれたり，解散のタイミングがニュース番組で扱われる際，たとえば「安倍総理大臣がいつ伝家の宝刀を抜くのかに注目が集まっています」と報道されたりする。しかし，日本国憲法に照らした場合，それは正確さを欠いている。そのことの意味も含め，本章では，内閣の基本知識や国会との関係について学び，最後に内閣の権限強化への動きとその是非について検討したい。

内　閣

内閣の組織　　内閣は，「その首長たる内閣総理大臣及びその他の国務大臣」によって組織される合議体である（憲法66条1項）。内閣総理大臣は，国会議員のなかから国会の議決で指名され（67条1項），天皇により任命される（6条1項）。また，「首長」すなわち内閣の長としての地位を有し（66条1項），行政各部を指揮監督する（72条）。

　内閣総理大臣は国務大臣の任命・罷免権を有するが（68条1項，2項），国務大臣の過半数は国会議員でなければならない（同条1項）。国務大臣の数は，日本国憲法では明記されておらず法律に委ねられており，法律上14人以内とされ，特別に必要がある場合には3人を限度に増加し，17人以内とすることができる（内閣法2条2項。なお復興庁が廃止されるまでの間，また，国際博覧会推進本部，東京オリンピック競技大会・東京パラリンピック競技大会推進本部が置かれている間は，内閣は最大21人で組織されることが内閣法附則3〜5項から分かる）。内閣総理大臣と国務大臣はいずれも文民（軍人でない者）でなければならない（66条2項）。

内閣の権限と職務　日本国憲法65条では「行政権は，内閣に属する」と規定されている。行政の定義は，立法や司法と比べあまりはっきりせず，すべての国家作用のうち，立法と司法を差し引いた残りの作用であると説明されてきた（控除説）。

　行政権の行使により内閣が実際に担う職務は日本国憲法に明記されている。なかでも憲法73条に基づき，内閣は，一般行政事務のほか，同条各1号から10号に列挙されている職務を担う（本書付録資料で確認のこと）。

　内閣の主な役割は国会が作った法律を執行することである，と私たちは一般に理解している。身近な例をあげれば，私たちが消費税を払っているのは，国会が作った消費税法を，内閣が執行しているからである。しかし，内閣の職務はそれにとどまるものではないことが憲法73条から分かる。法律の執行は，憲法73条で明記された職務の1つにすぎず，それ以外にも内閣が担う職務は多い。特に，国務の総理（73条1号），外交関係の処理（2号）や条約の締結（3号），予算の作成と国会への提出（4号）のように，日本という国の行く末や政治の方向性を，大所高所から指し示すことも内閣の重要な役割だと認識されている。また，法律の執行を担うのは，実際上内閣ではなく，内閣の下にある省庁などの行政各部である。そこから，内閣は法律の執行を実際かつ直接に行うことはなく，むしろ，内閣の本来の役割は，今述べたような，日本という国の行く末や政治の方向性を，大所高所から指し示すことにある，つまり，国の基本的かつ総合的な政策を決め，国政全般についてあるべき方向性を示し，その方向に向けて主導権を発揮することである，という理解が近年急速に広まってきた。このような内閣の役割を執政と呼び，その権限（執政権）は，法律の執行よりも高い次元の政治的権限であるとされる（資料6-1）。

　従来，内閣では，各省庁の要望を下から積み上げながらそれらを調整するという運営が行われてきたが，1990年代の行政改革のなかで，内閣の機能・権限強化，とりわけ，内閣による上から下へのトップダウン型の迅速かつ効率的な国政運営が目指され，その理論的枠組みとして執政という考え方が登場したのである。これに対しては，内閣の権限が大幅に拡大・増強され，三権のバランスが行政重視に一層傾き，国会の立場が相対的に弱くなることを危惧する声も大きい。もっとも，内閣の執政権について憲法学で提唱する際は，同時に国会による内閣

への統制機能を重視しており，決して内閣の暴走を容認しているわけではない。これは，憲法41条にいう国会の「国権の最高機関」としての役割を重視する立場に基づいている。また，国の基本的かつ総合的な政策を決定するのは内閣だけでなく，国会も立法を通じその役割を担っているはずだとも主張されている。

> **資料6－1　民主党「憲法提言」**
> （2005年10月31日）
>
> 　首相（内閣総理大臣）主導の政府運営の確立のため，統一的な政策を決定し，様々な行政機関を指揮監督してその総合調整をはかる「執政権（executive power）」を内閣総理大臣に持たせ，執政権を有する首相（内閣総理大臣）が内閣を構成し，「行政権（administrative power）」を統括することとする。
>
> （出典）　民主党ホームページ
> http://www.dpj.or.jp/news/
> files/SG0065.pdf

国会と内閣の関係

議院内閣制　次に，国会（立法部）と内閣（行政部）の関係をみていこう。立法部と行政部の関係については，大きく2つに分類できる。

　第1は，行政部の長が直接あるいは間接的に国民による選挙で選ばれ，立法部と行政部が厳格に分離されているという構造である。そのような構造の代表例が大統領制である。たとえば，アメリカ合衆国では，行政部の長である大統領は，大統領選挙人を間に挟んだ，国民による間接選挙で選ばれ，その政治責任は直接国民に対して負うことになる。また，大統領は，連邦議会に法律案を提出することができず，議会解散権ももたない。逆に大統領は，連邦議会による弾劾手続きによるものでない限り，その職を免ぜられることはない。

　第2は，行政部の長が国民による選挙で選ばれず，行政部が立法部（なかでも議会第一院である下院）の信任に基づく限りで存立するという仕組みを備えた構造である。このような仕組みを議院内閣制といい，立法部と行政部の分離が，大統領制と比べてゆるやかであるという特徴がある。日本国憲法では，内閣が国会に対して連帯して責任を負うこと（66条3項），上記のように行政部の長である内閣総理大臣および過半数の国務大臣が国会議員であること，内閣総理大臣が国会により指名されることが定められている。また，内閣は，衆議院が内閣不信任を決議したときは，10日以内に衆議院が解散されない限り，総辞職をしなければならない（69条）。これらの規定から，議院内閣制が国会による行政統制を意図していることが分かる。すなわち，内閣による政策立案や個々の行政活動に対し，国会が監視・統制する点に議院内閣制の設計趣旨があるとする重要な視点である。

　このように，日本国憲法では，内閣が，その組織や存立基盤について国会に依存しながら，場合によっては衆議院を解散することで，国会と内閣の抑制と均衡を図るという仕組みが採用されている。しかし，実際には，衆議院で単独過半数を占める政党や，他の政党と組んで過半数を占める政党の指導者が内閣総理大臣に選ばれ，その内閣総理大臣が国務大臣を与党議員等から任命するため，国会（特に衆議院）と内閣が対立することはあまりない。その要因として，政党が発達し政治に大きな影響を及ぼすという現象（政党国家現象）が挙げられるが（第1部第4章参照），これでは国会による内閣への統制がゆるやかになる。そこで，内閣を統制する拠点を，与党側とは異なる民意を背景とした国会内野党に求め，その活動を強化するための諸条件を整備する必要性が唱えられている。

衆議院の解散　　ここで，衆議院の解散について少し深く立ち入ってみたい（資料6-2）。衆議院の解散とは，衆議院議員の全員について任期満了前にその資格を失わせる行為のことをいう。日本国憲法は衆議院についてのみ解散制度を設けており，参議院に解散はない。

　日本の政治慣習によると内閣が衆議院を解散するが，じつは，だれが衆議院を解散するのか（解散権の主体）について，日本国憲法は明示していない。憲法69条では，「内閣は，衆議院で不信任の決議案を可決し，又は信任の決議案を否決したときは，10日以内に衆議院が解散されない限り，総辞職をしなければならない」と規定されているだけで，だれによって「衆議院が解散されない限り」なのかが不明瞭なのである。そこで，衆議院の解散について定める別の条文を探すと，憲法7条3号において，天皇の国事行為の1つとして「衆議院を解散すること」が挙げられている。しかし，象徴としての地位にとどまる天皇は，形式的・儀礼的な行為を行うのみであり（第1部第9章参照），衆議院の解散のような政治的決定を行うことはできない。ここから，憲法7条3号にいう衆議院の解散を天皇は形式的・儀礼的な行為として行うにすぎず，実質的に衆議院を解散するのは，天皇の国事行為に助言と承認を与える内閣であると解釈することになる。

　日本国憲法の諸規定に照らした場合，衆議院を解散するのは，内閣総理大臣ではなく内閣だということが分かったところで，あらためてスタートアップを読んでみよう。なぜ，衆議院の解散は内閣総理大臣の専権事項であるといわれるのか。それには内閣総理大臣による国務大臣の任命・罷免権（憲法68条1項，2項）

が関係してくる。衆議院の解散は全大臣の合議すなわち閣議で決定され，閣議での決定は全会一致が慣例である。大臣のなかに衆議院の解散に反対する者がいれば，内閣総理大臣はその大臣を罷免すればよく，解散に賛成する者を新たに大臣として任命してしまえばよい。要するに，内閣総理大臣が衆議院の解散を決意した場合，それに賛成する大臣とともに閣議を開き解散を決定することができるというわけだ。そのため，衆議院の解散は内閣総理大臣の専権事項であるといわれるようになった。しかしよく考えてみるとこれはおかしい。上で述べたように，憲法上の規定では，衆議院の解散権をもつのは内閣総理大臣ではなくあくまでも内閣である。また，国会を国権の最高機関と位置づける憲法41条がある以上，国会の一院である衆議院を解散するという国家統治の根本に関わる重大な政治局

資料6-2　衆議院の解散のしくみ

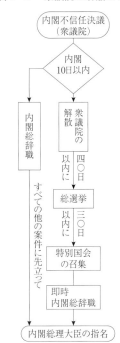

（出典）『それぞれの人権〔第3版〕』法律文化社，1996年，169頁〔2〕―②

面を，内閣総理大臣ただ1人の存念で決定することなど憲法は想定していないとみるべきであろう。内閣総理大臣による国務大臣の任命・罷免権については，国会に対する連帯責任を根拠とした行政内部の職務遂行における一体性を確保するための行使に限定されるべきである。

　解散権の主体をめぐるこのような議論からも分かるように，日本国憲法は内閣総理大臣にそれほど強い権限を与えているわけではなく，総理大臣と各国務大臣から成る合議体，つまり内閣のほうにより多くの権限を与えている。その証拠に，日本国憲法のなかで，内閣総理大臣の権限について定めているのは，国務大臣の任命・罷免権のほかに，内閣を代表して議案を国会に提出すること，一般国務及び外交関係について国会に報告すること，行政各部を指揮監督することぐらいしかなく，他方，内閣には，衆議院の解散のほかに，最高裁長官の指名（6条

２項）とそれ以外の裁判官の任命（79条１項），下級裁判所裁判官の任命（80条１項），そして，憲法73条１号から10号に明記されるより多くの権限が与えられている。日本国憲法に登場する言葉の数で比べても，「内閣総理大臣」12回に対し，「内閣」は23回，しかも，日本国憲法の章見出しは「第五章　内閣」だ。

改憲・改革論議のなかの内閣と議院内閣制

みんなが直接選ぶ首相　最後に，内閣が今後どのように扱われようとしているのかをめぐる２つの構想があるので紹介しよう。第１は首相公選制である。内閣総理大臣（首相）を，国会の指名で選ぶのではなく，国民が直接選挙する。そして，国民に直接信任される首相が政治を主導し，その政治責任は，国会ではなく，国民に対して直接負う。この構想が首相公選制であり，導入するには憲法の改正が必要である。確かに，首相公選制には，現代国家において役割と機能が増大した行政を，民主的にどのように統制するかという難問に対する１つの解答としての側面があり，その側面を肯定的に評価することもできよう。しかし，首相権限の巨大化を背景に，内閣が国会に対して超然としていられるなど問題は大きい。また，国民により直接選ばれた首相の属する政党等と国会の多数を占める政党等とが異なった場合，首相は主導権を発揮できず，政権の維持が難しくなるなど，かえって政治の停滞や混乱を引き起こすことになるだろう。首相公選制をいったんは導入しながら失敗に終わり数年後に廃止したイスラエルの例もある。

機能を大きく変える議院内閣制　第２は国民内閣制である。これは，国会議員選挙を国民にとっての実質的な首相選出の機会と再構成し，そのように選出された首相の強い主導権の下，内閣が政治の中心となって，国政を運営していこうとする構想である。議院内閣制を基礎とするもので憲法改正は必要ないしれない。この構想に対しては，民主政治の運営のあり方に着目した２つの類型（「対決型」と「協調型」）のうち，「対決型」と親和的な側面を有していることについて，それが政治参加の機会を少数派の人々から奪うことになりはしないかとの批判が投げかけられている。私たちが望むのは「対決」と「協調」のどちらなのかという論点にもかかわる重要な問題を，国民内閣制構想は提起している。

7 裁判所のはたらきと私たちのかかわり

◆ スタートアップ ◆

　日常生活を営んでいるとさまざまな紛争や事件に巻き込まれたり当事者に
なったりすることがある。当事者どうしの話し合いで解決できればそれに越
したことはないが，解決できないまま放置すると社会全体が殺伐として不安
定になるため，中立・公正な解決を導くことが求められる。中立・公正な人
物（裁判官）が，中立・公正な道具（法）を用いて，他の何ものからも不当
な圧力や介入を受けることなく（独立して）解決することができれば中立・
公正な解決になっていくだろう。本章では，裁判所や裁判官の役割について
考えてみたい。

司法権が発動される場合

　日本国憲法76条1項では，「すべて司法権は，最高裁判所及び法律の定めると
ころにより設置する下級裁判所に属する」とされ，司法権が裁判所に属することが
明記されている。ここでいう「法律」が裁判所法であり，同法が定める「下級裁判
所」には，高等裁判所，地方裁判所，家庭裁判所，簡易裁判所がある（同法2条）。
　「司法」とは「具体的な争訟について，法を適用し，宣言することによって，
これを裁定する国家の作用」であると説明されることが多い。これをふまえるな
らば，司法権とは，訴訟として裁判所にもちこまれた当事者の訴えを，裁判所が
一定の手続によりながら，それを解決するのに適した法を用いて最終的な判断を
下すことにより，この訴えを法的に解決するための裁判所の権限である，とさし
あたり捉えることができる。
　ただし，ここで注意しなければならないのは，裁判所にもちこまれさえすれば
どんな訴えであっても司法権の対象になるというわけではなく，その対象となる
には，訴えを起こす当事者の具体的な法的権利や利益に対する損害を伴うもので

49

なければならないということである。司法の定義に含まれる「具体的な争訟」とはまさにその意味であり，憲法学ではこのような司法権発動の要件を「事件性の要件」と呼んでいる。

　事件性の要件は，日本国憲法に明文規定が存在しないものの司法権発動の本質的要素として，「司法」の概念に当然含まれるものと解され，また，裁判所法3条1項前段にいう「法律上の争訟」と同義のものとされてきた。最高裁によれば，この法律上の争訟とは，①当事者間に具体的な権利義務もしくは法律関係があるか否かに関する争いで，かつ，②法令を適用することで，その争いが終局的に解決されるものであるという（最大判1981年4月7日）。

　したがって，たとえば，ある者が，自らの政治的信条に反するものだとして，復興支援を名目としたイラクへの自衛隊派遣が憲法9条に違反することの確認を求める訴訟を提起したとしても，裁判所がその訴えを聞き入れてくれることはない。イラクへの自衛隊派遣により，当該訴訟を提起した者に具体的な損害が生じていなければ，裁判所は事件性の要件を満たしていないとして，その訴えをしりぞけることになる。現に，いわゆる「自衛隊イラク派遣差止訴訟」で，名古屋高裁は，2008年4月，航空自衛隊の空輸活動のうち，多国籍軍の武装兵員を戦闘地域であるバグダッドに空輸するものについては，他国による武力行使と一体化した行動であり，自らも武力行使を行ったとの評価を受けざるをえず，憲法9条1項に違反すると述べたが，これは「傍論」として述べられたものであった。他方，主文や判決理由のなかでは，自衛隊イラク派遣をめぐる違憲確認，差止，損害賠償のいずれの請求も，名古屋高裁は認めていない。

　なお，当事者の権利利益に関係する訴訟は主観訴訟と呼ばれるが，裁判所は主観訴訟以外にも，地方自治法242条の2や公職選挙法204条のように，特に法律で定められている，住民や選挙人・候補者の資格で提起される客観訴訟も扱う。

中立・公正な裁判の実現

裁判官の良心と司法権の独立　具体的な争訟等を解決する場合，中立・公正な解決を導くことが望まれる。紛争当事者のいずれか一方をえこひいきするような人物が当該紛争を解決しようとした場合，中立・公正な解決など導かれるはずがない。そこで，中立・公正な立場にある人物や機関に，その解決を委

ねることとしたのである。その人物こそが裁判官であり，その機関が裁判所である。また，裁判官は「その良心に従ひ」職権を行うこととなっている（76条3項）。そこでいう「良心」とは，裁判官の個人としての良心を意味せず，裁判官としての良心を意味する。たとえば，ある裁判官が個人的な信念として，死刑廃止論を支持していたとしても，現行の法制度で死刑が認められている以上，裁判の場では，その個人的信念を排除して判断しなければならない。憲法や法に基づき紛争等を解決していこうとする一貫した心構えや姿勢が，裁判官としての良心であり，このことが中立・公正な解決に帰結することになる。

　中立・公正な解決を実現するには，もう1つ重要な要素がある。それは，裁判所が他の国家機関から，また，実際に裁判を担当している裁判官が他の裁判官や国家機関から，それぞれ不当な介入・圧力を受けるようなことがあってはならない，という考え方である。前者を裁判所の他の国家機関からの独立，後者を裁判官の職権の独立といい，合わせて司法権の独立という。

司法権の独立をめぐる事件　司法権の独立をめぐっては，1891年に日本訪問中のロシア皇太子を滋賀県大津市で日本の警察官が切りつけた出来事に由来する大津事件が有名であるが，現行憲法の下でも，浦和充子事件や平賀書簡事件といった，司法権の独立が侵された出来事が起きている。前者は，母親による子殺し事件について，浦和地裁が「温情判決」を言い渡したことに対し，参議院法務委員会が国政調査権（62条）を発動し，事件関係者を証人喚問した後，地裁判決を「不当判決」であると決議したものである。これは，「裁判所の他の国家機関からの独立」が脅かされた実例であるが，同委員会の行為が司法権の独立を侵すものであるとして抗議した最高裁の立場を支持する声が憲法学では多い。後者の平賀書簡事件は，北海道長沼町における自衛隊の地対空ミサイル（ナイキ・ミサイル）設置等が憲法9条違反ではないかが争われた長沼ナイキ訴訟で，第一審を担当していた札幌地裁の福島重雄裁判長に対し，審理中にもかかわらず，同地裁の平賀健太所長が，裁判所には憲法9条違反であるか否かを判断する権限がない，という趣旨の書簡を送ったものである。これは「裁判官の職権の独立」が脅かされた実例であるが，その後，平賀は最高裁から注意処分を受けたものの東京高裁へ「栄転」し，一方の福島は書簡という「私信」を公表したことの是非を論じ立てられ，「問題裁判官」視されることとなる。だが，

この福島は，同訴訟で，自衛隊が憲法9条に違反し，ミサイル基地の存在が基地周辺住民の平和的生存権を侵害するという，今日からみても画期的な判決を下した名裁判官であり，今なお，同判決は福島判決と敬意をもって称されている。

「問題裁判官」視される人　ほかにも，「問題裁判官」視された人がいる。1971年当時熊本地裁で判事補を務めていた宮本康昭裁判官について，最高裁は，同年3月31日，再任を希望する裁判官63名のうち宮本を再任指名簿に登載せず，このことにより，宮本は，10年の任期終了後再任されなかった（宮本判事補再任拒否事件。憲法80条参照）。宮本は当時，青年法律家協会の会員であり，再任拒否は，同会所属の裁判官あるいは司法修習生への見せしめであったといわれている（資料7-1）。組織犯罪対策法案に反対する集会に参加してパネリストとして発言する予定だったことと，その後の一連の言動を理由として戒告処分を受けた，1998年の寺西和史判事補懲戒処分事件も根は同じであろう。裁判官が一個人の立場で組織や団体に加入したり，あるいは，集会等に参加して発言したりしてはならないといういわれはない。裁判官は司法の場で中立・公正な立場を貫けばよいのであり，市民的自由まで制限されることがあってはならない。政治集会に積極的に参加しているドイツの裁判官と比較した場合，天と地の開きがある（「日独裁判官物語」という興味深いDVD・ビデオがある）。

　最近注目を集めているのが，ツイッターなどのSNS（ソーシャルネットワーキングサービス）に裁判官が投稿し，その内容が「不適切」なものだとされたケースで，現在弾劾裁判所（後述）が同裁判官の職務を停止する決定を出したところである（日本経済新聞2021年8月12日，決定は同年7月29日付）。当該行為をめぐり「不適切」を理由に不利益処分を課すことの是非をめぐっては（弾劾裁判所による罷免判決もあり得る），憲法21条1項に照らし慎重に判断されなければならないだろう。

裁判所の自律　司法権の独立をより強く実現するためには，人事や会計経理，施設営繕等，裁判所内部の事項を自律的に決定できるようにしておく必要があり，裁判所はそのような権限（司法行政権）を有している。大日本帝国憲法下においては，司法大臣が司法行政を担い，人事権その他の諸権限を行使することで，裁判統制を行うことができた。しかし，それでは司法権の独立を実現することはできない。そこで，現行憲法の下では，憲法の明文規定は無いものの，司法行政権を裁判所に委ねるという解釈が一般に採用されている。

　もっとも，司法行政権を委ね
られた裁判所の内部で，司法行
政権の行使を通じた司法権の独
立への侵害が起きていることに
目を向けなければならないだろ
う。裁判所法80条によれば，司
法行政の監督権が，最高裁判所
から下級裁判所のすみずみに行
き渡ることになっている。ま
た，同法81条では，その監督権
が「裁判官の裁判権に影響を及
ぼし，又はこれを制限すること
はできない」と定められている

資料7-1　裁判官も差別されている

青法協会員裁判官	会を脱退した裁判官
東京地裁判事補（任官）	東京地裁判事補（任官）
和歌山地裁（3年）	福岡地裁久留米支部(3年)
	鹿児島地裁名瀬支部(5年)
岐阜地裁（6年）	東京地裁（7年）
	最高裁行政局付（8年）
岐阜地裁判事（10年）	静岡家裁判事（10年）
福井地裁（11年）	最高裁調査官（13年）
横浜家裁（12年）	東京地裁判事（18年）
浦和地裁川越支部（17年）	東京地裁部総括判事(19年)

（『法と民主主義』より作成）

　この二人の裁判官はいずれも1962年に裁判官になった。「司法の反動化」の嵐が吹き荒れたのは，それから約10年後のことだった。判事になってからの2人の任地には明らかな差別がみられる。

（出典）『それぞれの人権〔第3版〕』法律文化社，1996年，172頁〔3〕—⑥

ものの，実際には，政府や最高裁の「覚えめでたき」判決文を書かなければ，裁判官は異動や昇進等の人事面で不利な扱いを受けるといわれており，司法行政が裁判官による裁判に影響を及ぼしているのが現実である。さらに，司法行政事務は，各裁判所に設置された裁判官会議の議によって行われるが（裁判所法12条等），それらを事実上統括しているのは，エリート司法官僚から成る最高裁判所事務総局であるとも指摘されている。

　最高裁判所裁判官会議による人事については，1994年にある出来事が起きた。第46期司法修習生で裁判官への任官を希望した105名のうち，1名だけ任官を拒否されたのである（神坂直樹任官拒否事件）。神坂は，大阪府箕面市にある忠魂碑の移設等に対し同市が公金支出等を行ったことをめぐり，憲法の政教分離規定に違反するとの訴訟（箕面忠魂碑訴訟）を提起した原告夫婦の子であり，また，同訴訟の原告補助参加人にもなっていた。新任裁判官の任命は，現職裁判官の再任の場合よりも，最高裁判所に幅広い裁量権があるようだが，それにしても露骨過ぎる。最高裁は任官拒否の理由開示請求にも応じていない。

裁判官の任命と国民意思の反映

　最高裁判所裁判官のうち，「その長たる裁判官」（長官）は内閣の指名に基づ

資料7-2　弾劾裁判の判決

年月日	裁判官	理　由	罷免・不罷免
1946. 11. 27	A	闇物資の取引に関与	不罷免
1950. 2. 3	B	家宅捜索情報を漏らす	不罷免
1956. 4. 6	C	白紙礼状への署名捺印	罷免
1957. 9. 30	B	調停申立人から酒食供応	罷免
1977. 3. 23	D	首相宛謀略電話への関与	罷免
1981. 11. 6	E	事件当事者からの物品提供	罷免
2001. 11. 28	F	女子中学生への買春行為	罷免
2008. 12. 24	G	ストーカー規制法違反	罷免
2013. 4. 10	H	大阪府迷惑防止条例違反	罷免

（出典）播磨信義ほか編著『新・どうなっている!?　日本国憲法〔第2版〕』法律文化社，2009年，96頁表3をもとに一部改変，追加

き，天皇が任命し（6条2項），「その他の裁判官」（判事）は内閣が任命する（79条1項）。下級裁判所の裁判官については，「最高裁判所の指名した名簿によって」，内閣が任命する（80条1項）。

　裁判官は，合理的な理由がない限り，その地位等が変動されてはならない。ある判決を下した裁判官が，当該判決の内容を理由として，罷免されたり，減給や降格といった処分を受けたり，異動の際に左遷されたりするようなことがあれば，裁判官は，「独立して職権を」行う（76条3項）ことができなくなる。そこから，「裁判官の職権の独立」には，裁判官の身分保障も必要だという考え方が導かれる（78条）。裁判官の在任中における報酬減額禁止については，憲法79条6項や80条2項で定められている。

　もっとも，裁判官は，裁判官弾劾法2条にいう「職務上の義務に著しく違反し，又は職務を甚だしく怠つたとき」や「その他職務の内外を問わず，裁判官としての威信を著しく失うべき非行があつたとき」には，国会内に設けられた裁判官訴追委員会による罷免の訴追を受けて開かれる弾劾裁判の結果，罷免される（資料7-2）。

　また，最高裁判所裁判官については，任命後初めて行われる衆議院議員総選挙の際，国民審査に付せられ，その後は，当該国民審査から10年を経過した後に初めて行われる衆議院議員総選挙の際に，同じように国民審査に付せられる（79条2項）。そして，その結果，「投票者の多数が裁判官の罷免を可とするときは，その裁判官は，罷免される」（同条3項）。実際の投票では，投票用紙の所定欄に「罷免を可とする裁判官」については「×」の記号を記載し，「罷免を可としない裁判官」については何も記載しないことになっている（最高裁判所裁判官国民審査

資料7‒3　最高裁判所裁判官国民審査の結果

（2021年10月31日実施）

	罷免を可とし ない投票数	罷免を可とす る投票数	罷免を可とす る投票の割合	罷免を可とす る投票の割合
深山　卓也	52,707,475	4,473,315	0.078231081	7.82%
岡　　正晶	53,636,426	3,544,361	0.061985173	6.20%
宇賀　克也	53,269,474	3,911,314	0.068402590	6.84%
堺　　徹	53,641,758	3,539,058	0.061892401	6.19%
林　　道晴	52,783,073	4,397,748	0.076909494	7.69%
岡村　和美	53,031,006	4,149,807	0.072573417	7.26%
三浦　守	53,367,781	3,813,025	0.066683653	6.67%
草野　耕一	53,359,181	3,821,616	0.066833906	6.68%
渡辺恵理子	53,712,174	3,468,613	0.060660463	6.07%
安浪　亮介	53,796,120	3,384,687	0.059192711	5.92%
長嶺　安政	53,042,293	4,138,543	0.072376399	7.24%

（出典）　総務省自治行政局選挙部「衆議院議員総選挙・最高裁判所国民
　　　　審査結果調」（2021年11月9日）より作成

法15条）。しかし，この投票方式では，棄権する意図で投票用紙の所定欄に何も
記載せずに投票した票が「罷免を可としない」票であるとみなされ，棄権の自由
を奪うものであるという批判がある。審査に付される複数の裁判官の氏名が1枚
の投票用紙に掲載されていることについても，個別の意思表示ができないという
問題がある。国民審査による最高裁判所裁判官の罷免は今まで一度もなく，国民
審査制度の形骸化が指摘されている（資料7‒3）。

8 違憲審査

◆ スタートアップ ◆

　皆さんは「憲法の番人」という言葉を聞いたことはないだろうか。日本国憲法81条は「最高裁判所は，一切の法律，命令，規則又は処分が憲法に適合するかしないかを決定する権限を有する終審裁判所である」と定め，裁判所（下級裁判所も含まれる）が，「最高法規」としての憲法に照らして法律を始めとする国の行為の憲法適合性を審査する「違憲審査権」をもつことを明らかにしている。まさしく裁判所こそが，憲法によって「憲法の番人」としての役割を与えられているわけである。問題は，この違憲審査権があらゆる国家行為に対し，いつ何時どんな場合でも及ぶのかということである。換言すれば，違憲審査権が真に行使されるべきなのは，どのような場合なのだろうか。

「法律上の争訟」を前提とする日本の付随的違憲審査制

　憲法98条 1 項は憲法が「最高法規」であると定め，それに反する法令や国の行為は無効になるとはっきり宣言している（どうして憲法がそのような最高法規たる地位を占めるのかについては，第 1 部第 1 章を参照）。しかし，憲法が自らを最高法規と位置づけたとしても，同時にそれを担保するだけの仕組みが存在しなければ，それは単なる憲法の勝手な独白に終わってしまう。そこで，憲法の最高法規性を維持するための仕組み（憲法保障制度）が必要不可欠となるわけであるが，そのなかでも裁判所が，最高法規としての憲法に照らして，法律や国の行為の憲法適合性を事後的に判定する制度（権限）のことを違憲審査制（違憲審査権）と呼ぶ。

　もっとも，ひとくちに違憲審査制といっても，そのタイプは世界的に，大きく 2 つに分類することができる。1 つは，ドイツなどがその典型であるが，通常の司法裁判所とは別に設けられた「憲法裁判所」という独立の機関が，法律を始めとする国の行為が憲法に適合しているかどうかを審査する方式であり，このよう

なタイプの違憲審査制を「抽象的違憲審査制」と呼ぶ。抽象的違憲審査制では，訴訟当事者の法的な権利や利益の侵害は訴えを起こすための前提条件とはされない（これが「抽象的」と呼ばれる所以でもある）。これに対し，アメリカを始めとする国々にみられるように，通常の司法裁判所が，係属する裁判の中でその裁判の争点に関連する範囲内で，法律を始めとする国の行為の憲法適合性について審査する方式を「付随的違憲審査制」と呼ぶ（あくまでも，訴訟当事者の訴えに直接関連する法律上の権利や利益の侵害の解決が主目的であり，憲法上の争点の解決はそれに関連する副次的なものという意味で「付随的」という表現が用いられる）。

　それでは，日本国憲法が採用する違憲審査制は，このどちらのタイプに該当するだろうか。第1部第7章でもみてきたように，まず確認しておかなければならないのは，日本の裁判所に委ねられた「司法権」の対象となるのは，訴訟を提起する当事者の具体的な法的権利や利益に対する損害をめぐる争い，すなわち「法律上の争訟」に限定されるということである。換言すれば，単にある法律の解釈をめぐる争いのような自らの権利・利益と無関係な訴えは，裁判所によって退けられるということになる。

　以上を踏まえると，憲法裁判所のような独立した機関をもたない日本国憲法が採用する違憲審査制のタイプは，やはり法律上の争訟を前提とした付随的違憲審査制ということになりそうである。なお，最高裁も，日本社会党の国会議員が原告となり憲法81条の違憲審査制は抽象的違憲審査制としての性格をも併有していると主張した警察予備隊違憲訴訟（最大判1952年10月8日）において，「この権限（違憲審査権＝補注）は司法権の範囲内において行使されるものであり」「わが現行の制度の下においては，特定の者の具体的な法律関係につき紛争の存する場合においてのみ裁判所にそのような判断を求めることができる」として，付随的違憲審査制を採用したとの立場に立っている。

裁判所は裁判のなかで必ず違憲審査権を行使すべきか？

　日本の違憲審査制が付随的違憲審査制であるとして，裁判所はもちこまれた法律上の争訟について審理する裁判のなかで，必ず最高法規たる憲法に照らして結論を出さなければならないのだろうか。裁判所が「憲法の番人」であるとすれば，当然それを支持する声も多くなるかもしれない。だが，事はそう簡単ではな

い。

　かつてアメリカ連邦最高裁裁判官ルイス・ブランダイス（1856～1941年）は，Ashwander v. TVA 事件（297 U.S. 288 (1936)）という有名な裁判の補足意見のなかで，違憲審査権の行使に関する次のようなルールを提示した。すなわち，「裁判所は，憲法問題が適切に提起されていたとしても，事件を処理することができる他の理由が存在する場合には，その憲法問題について判断を行わない」。要するに，裁判所は憲法に関する判断を行わず事件を解決できるのならば，違憲審査権を行使する必要はないということを意味している。これを，「憲法判断回避のルール」と呼ぶことがある。それでは一体，なぜそのようなルールが主張されるのか？　この問題を解く鍵は，付随的違憲審査制の前提をなし司法権発動の対象となる，法律上の争訟にある。つまり，付随的違憲審査制の下では，裁判の目的は，あくまでも当事者の法的権利や利益をめぐる法律上の争訟の解決に主眼がおかれるのであって，それに「付随」する憲法問題について判断を行うことが主たる目的ではないからである。

　この背景にあるのは，私たちの選挙で選ばれたわけではない裁判官が，選挙で選ばれた議員から構成される国会が作った法律（民主主義の結論）をいわばひっくり返す作用である違憲審査権については，裁判所はそれを謙抑的に行使すべきであるという観念である。このような考え方を「司法消極主義」と呼ぶ。とりわけ，日本の最高裁はこれまで，極端なまでの司法消極主義の姿勢を維持してきたことでも知られる。確かに裁判所の機能面や能力面での構造的限界に照らせば，司法消極主義という発想が出てくることにも，それなりの理由があるといえるのかもしれない。しかし，裁判所による憲法判断の回避が，司法消極主義に名を借りた単なる裁判所の任務放棄になっていないかどうかについては，慎重に見極める必要がある。

成年被後見人選挙権制限違憲判決にみる違憲審査制の意義と役割

　さて，このようにみてくると，違憲審査制は，残念ながら思ったより期待できない制度だというネガティブな印象をもった方もいらっしゃるかもしれない。しかし現実には，裁判所の違憲審査権が個人の人権保障に大きな役割を果たしたケースも，少なからず存在しているのである。ここでは，成年被後見人選挙権制

限違憲判決（東京地判2013年3月14日）を取り上げ，違憲審査制の意義と役割について改めて確認することにしたい。

　この事件の原告となったXさんは知的障害をもっていたが，成人後はニュースや選挙公報をみて選挙の度に必ず両親と一緒に投票を行ってきた。しかしXさんの両親は，Xさんの将来を心配して成年後見制度の申請を行い，Xさんは，後見開始の審判（民法7条）を受けて父親を後見人とする成年被後見人になった。ところが，旧公職選挙法11条1項1号は選挙権を有しない者として成年被後見人を挙げており，Xさんは後見開始と同時に選挙権を失うことになってしまったのである。

　けれども，Xさんは諦めることはなかった。その後Xさんは，家族などの力を借りて，成年被後見人から選挙権を剥奪する公職選挙法の同規定は，選挙権を保障する憲法15条，選挙権資格の平等について定めた憲法44条等に反するとして提訴に踏み切ることになる。一方被告となった国側は，成年被後見人は精神上の障害により事理を弁識する能力を欠き選挙権の適切な行使を期待できないため，彼らに選挙権を認めないことには合理的な理由があると主張した。

　これに対し，訴えを審理した東京地裁は，大要次のように述べてXさんの訴えを全面的に認め，公職選挙法の同規定は憲法違反であるとする違憲判断を行った。すなわち，国側が主張するように「選挙の公正を確保」するため選挙権を制限する場合には，そこに「『やむを得ない』と認められる事由がなければならない」。そこで，成年被後見人に選挙権を認めないことが「やむを得ない事由」に該当するかが問題となるが，そもそも成年後見制度において問題となるのは，財産管理能力の有無であって，これは「選挙権を行使するに足る能力があるか否かという判断とは，性質上異なる」。したがって，「選挙権を行使するに足る能力を欠く者を選挙から排除するために成年後見制度を借用し，主権者たる国民である成年被後見人から選挙権を一律に剥奪する規定を設けることをおよそ『やむを得ない』として許容することはできない」。

　この判決において注目されるのは，裁判所が，選挙権を行使するに足る能力を測るものさしとして成年後見制度を「借用」することの合理性をはっきりと否定した点であろう（そもそも財産管理能力の有無を指標とする成年後見制度は，選挙権制限を行うための指標とは「制度趣旨」自体が異なる）。また，この判決は，国会には法

律によって有権者資格等を決定する立法裁量があることを認めつつも，在外邦人選挙権制限違憲判決（最大判2005年9月14日）に依拠する形で，成年被後見人の選挙権を立法で剥奪することに「やむを得ない事由」があるかどうかを厳格な審査によって判断したことも注目される。ただでさえ民主政のルートに声が届きにくいXさんのような個人にとって，選挙権が剥奪されるということは，社会とのさらなる隔絶を招くことにもつながるであろう。この判決が，司法消極主義の陥穽に陥ることなく，選挙権というXさんの基本的人権を救済するためにきめ細やかな審査を行い違憲判断を行ったことの意義はあまりにも大きい。

　なお，当初この判決を受けて国側は控訴したものの，同年5月27日，参議院で成年被後見人から選挙権を剥奪していた旧公職選挙法11条1項1号を削除する改正法が成立した。日本の憲法史においても特筆すべきこの出来事は，まさにXさんによる「自由獲得の努力の成果」（憲法97条）そのものに他ならないといえよう。

裁判所による違憲判断の方法——「適用違憲」を中心に

　裁判所が最終的に法律を違憲と判断する場面を想像した場合，多くの方は，先に紹介した成年被後見人選挙権制限違憲判決のように問題となっている法律そのものや一部の規定を違憲無効と判断する形を思い浮かべるのではないだろうか。このような違憲判断の方法は「法令違憲」と呼ばれる。もっとも，最高裁が法令違憲の判断を行ったケースは，極めて少ない。2000年代以降になって最高裁による法令違憲のケースが相次いだことは注目されるが，それでもトータルでみれば最高裁による法令違憲は，日本国憲法の施行から74年でわずか10例にしか過ぎない（資料8-1参照）。

　そして，多くの方にとってはちょっとなじみがないかもしれないが，違憲判断の方法には「適用違憲」と呼ばれる方法も存在する。これは，法令違憲のように問題となっている法律やその規定自体を違憲とするのではなく，それらを違憲審査の対象となっている当該事件に対して「適用」したことを違憲と判断する方法である。

　「適用違憲」について，もう少し詳しくみておこう。ここでは具体例として，堀越事件控訴審判決（東京高判2010年3月29日）を取り上げる（なお，同事件の最高

資料 8 - 1　最高裁による法令違憲の判断

判決日	違憲とされた法令	憲法の条文	違憲とされた事柄
1973年 4 月 4 日	刑法200条	14条	尊属殺重罰規定
1975年 4 月30日	薬事法 6 条	22条	薬局開設の距離制限
1976年 4 月14日	公職選挙法別表第 1	14条	衆議院の議員定数配分
1985年 7 月17日	公職選挙法別表第 1	14条	衆議院の議員定数配分
1987年 4 月22日	森林法186条	29条	共有林の分割制限
2002年 9 月11日	郵便法68条, 73条	17条	郵便物に係る損害賠償請求の制限
2005年 9 月14日	公職選挙法附則 8 項等	15, 43, 44条	在外国民の選挙権の制限
2008年 6 月 4 日	国籍法 3 条	14条	国籍取得の条件
2013年 9 月 4 日	民法900条 4 号ただし書	14条	非嫡出子の法定相続分
2015年12月16日	民法733条 1 項	14条, 24条	女性の再婚禁止期間

（出典）　筆者作成

裁判決につき第 2 部第 5 章も参照）。この事件は，旧社会保険庁に勤務していた一般職公務員が休日に政党機関紙を配布したところ，国家公務員の「政治的行為」を禁じる国公法および人事院規則14- 7 の罰則規定違反に問われ逮捕・起訴された刑事事件である。

　第 1 審東京地裁（2006年 6 月29日）の有罪判決に対し，この第 2 審では，国公法および人事院規則14- 7 の規制目的自体（行政の中立的運営の要請とそれに対する国民の信頼の確保）は依然として正当なものであり憲法21条等に反するものではないと認める一方，しかし，本件被告人の担当する職務内容や休日に単純に政党機関紙を配布した行為の態様などを厳密に検討した上で，「行政の中立的運営及びそれに対する国民の信頼という保護法益が損なわれる抽象的危険性を肯定することは常識的にみて困難であ」り，「本件罰則規定を適用して被告人に刑事責任を問うことは，保護法益と関わりのない行為について，表現の自由という基本的人権に対しやむを得ない限度を超えた制約を加え，これを処罰の対象とするものといわざるを得ないから，憲法21条……に違反するというべきである」との逆転無罪判決を言い渡したのである（なお最高裁でも，一部理由づけは異なるものの無罪判決が出され確定した）。

　要するに，本件では，国家公務員の「政治的行為」を規制する国公法および人事院規則14- 7 それ自体は違憲とはいえないものの，それをたとえば公務員と

いっても裁量の余地のない職務を担当していたり，休日に勤務先とは無関係に行われた行為に対してまで「適用」したことを違憲としたわけである。これが適用違憲という手法である（ただし，この第 2 審判決についていえば，「国民の法意識」の変化をベースにして同法令の規制目的の正当性を評価したことは妥当だったのか，あるいは，そもそも同法令の適正な機能にとってこれだけ限定的な解釈を施す必要があったとすれば，もはやそれは法令違憲とされるべきだったのではないか，等の疑問は残る）。

　実は，このような適用違憲の背景にも，裁判所は法律や規定の一部そのものを違憲とすることは極力避けるべきとする司法消極主義の考え方が存在する。しかし，それも行きすぎれば，「憲法の番人」としての裁判所の役割を没却させてしまうことになろう。繰り返しとなるが，裁判所による憲法判断の回避が，司法消極主義に名を借りた単なる裁判所の任務放棄とならないよう絶えず注意していく必要があるだろう。

9 国民主権の下の天皇制

◆ スタートアップ ◆

　2019年5月の改元の際，スペインのある天皇制研究者は次のように述べていた──「どんな外国人も結局は，『日本人にとってのテンノウとは何か』を理解することはできないでしょう。そのことを理解するには，実際，日本人でなければならないことを求められるような，これはそんな問いなのです」（2019年5月4日付 El Confidencial 紙）。日本の外からの目は，私たちが天皇や皇室について当然とみなす意識を刺激する。日本の天皇制はしばしば，その「伝統」が強調されるが，「天皇」という名称の同一性が，私たちの目を曇らせてはいないだろうか。ここで理解すべきは，「伝統」というには余りにも「新しい」日本国憲法の天皇制が，国民主権の下でのみ存在できることの意味である。

国民主権によって一新された天皇制

　日本国憲法は，形式としては天皇主権を定めた大日本帝国憲法の73条に基づく「改正」であったが，内容上は「制定」といえるほどの「新しい憲法」であった。その最大の根拠は国民主権にある。日本国憲法前文では，不戦を誓った日本国民が「主権が国民に存することを宣言し，この憲法を確定」したことが示され（1段），天皇が欽定した大日本帝国憲法とは異なり，民定憲法としての性格を鮮明にした。憲法の前文には一切，天皇の2文字が現れないことの意味にも注意が払われてよい。だからこそ，憲法の第1章に規定される天皇については，徹頭徹尾，日本国憲法で初めて登場した国民主権の観点から理解することが求められる。

　天皇は日本国と日本国民統合の「象徴」と位置づけられ，この地位は「主権の存する日本国民の総意に基」くとされたが，このことは，論理的にみれば，天皇の地位も国民の総意次第で変更や廃止の対象となることを意味する。こうして，「かつての主権者（天皇）と臣民」の関係性は，「新たな主権者（国民）と新たな

資料9-1　世界の君主制

（注）　■■■は君主制を採用している国
（出典）　筆者作成

象徴（天皇）」へと逆転した。大日本帝国憲法上の地位と同一名称の地位が用いられているとはいえ，現在の天皇制度は，日本国憲法の下で「新たに創られた制度」と理解することが出発点となる。このことを端的に示すのは，天皇以下，摂政，国務大臣，国会議員，裁判官，その他の公務員に課された憲法尊重擁護義務規定である（99条）。天皇および摂政には課されるこの義務規定に，主権者たる国民は現れない。

　天皇の地位を表す「象徴」とは，平和を示すハトや悲しみを伝える黒といったように，形がなく抽象的で非感覚的なものを形ある具体的で感覚的なものに変換し伝達することである。名称や地位の如何を問わず，国民とは異なる身分を前提に，世襲制に基づく統治者を置く制度を君主制とすれば，この形態を採用する国家は，現在，世界の約4分の1を占め，日本もここに数えられる（資料9-1参照）。君主制国家において象徴とされるのは，通常，王位・王冠のような「モノ」であることが多いが，たとえばスペインの1978年憲法は，国家の一体性と永続性を象徴する国王の性格を規定し（56条1項），日本と同じように「人間」を象徴とする（だからといって，日本とスペインの制度を同一視すべきではない。スペインでは19世紀末や20世紀初めに王位を廃して共和制を採用した経験があり，そういう歴史のなかにある「議会君主制」（1条3項）であることを明確に規定している）。

　とはいえ，冒頭の章が「国民」ではなく「天皇」で始まる点など，日本国憲法の国民主権の規定には，形式的にすっきりしない部分がある。日本国憲法の下で天皇の地位が残されたのには，敗戦国日本には如何ともしがたい連合国とそれをめぐる国際情勢の急激な展開があった。敗戦までの大日本帝国憲法下で神がかり的な主権者として君臨し，統治権の総攬者であったがゆえに（この点については，第1部第2章を参照），戦争責任を免れない天皇を憲法上残すことについては，連合国側に強い懸念があった。その意味で，戦前の皇軍の解体を前提とした日本全

体の武装解除のためにできた憲法9条は，なお残る天皇を「解毒」する役割を担っていたといえる。絶対主義国家の典型的な2つの本質である王権と常備軍のうち，後者を解体することと引き換えに，前者を残す道がとられたのだった。日本国憲法における第1章の天皇制と第2章の平和主義は，それゆえに，国民主権を前提として理解されなければならない。

国事行為による象徴機能と憲法を踏み越える天皇の行為

限定列挙された天皇の国事行為　皇位は世襲であり，国民の代表機関である「国会が議決した皇室典範」という名の法律に従って継承される（2条）。皇室財産の授受も，国会の議決に基づかなければならない（8条）。日本国憲法が定める天皇の権能は，「この憲法の定める国事に関する行為のみを行ひ，国政に関する権能を有しない」と限定的に規定されていることに尽きる（4条1項）。天皇の国事行為として憲法に掲げられているのは，国事行為の委任（4条2項），内閣総理大臣および最高裁判所長官の任命（6条）のほか，憲法改正・法律等の公布，国会の召集，衆議院の解散など，憲法7条に列挙された行為のみである。天皇が行うすべての国事行為には内閣の助言と承認が必要であり，責任も内閣が負う（3条）。日本国憲法のなかで，これほどはっきり行為が限定されている箇所は他にないことを考えると，「のみ」と規定されている意味は重い。天皇は限定的に示された国事行為によってのみ象徴の役割を果たし，その限りで象徴なのであって，そこからはみ出る天皇の行為は憲法との適合性が問われなければならないはずである。

公的行為の問題　身体を動かし意思をもつ人間が象徴として定められることは，厄介な問題を引き起こす。天皇は「この憲法の定める国事に関する行為のみ」行うとはいえ，学問研究やスポーツをするなど私的な場面で個人としての自由をもつ。しかしながら，まさに人間象徴であるがゆえに，象徴としては「国事に関する行為のみ」である旨規定されても，主権者として帝国憲法の時から行ってきたあまたの慣行が事実上引き継がれたことによって，憲法が定める象徴としての国事行為にも個人としての私的行為にも属さないものの，公の場で行われる事実上の行為が残った。今日では一般に，「公的行為」と呼ばれるものであり，たとえば，国会の開会式での「おことば」の朗読，国民体

育大会や植樹祭での「おことば」，戦没者慰霊の地，被災地，外国の訪問，外国元首との親電交換，外国賓客の接受，園遊会の主催などがある。これらが「国政に関する」ことは許されないが，憲法が「のみ」と厳しく限定した国事行為以外で，公的な装いをもつ天皇の行為に，憲法との適合性を推定することは容易ではない。

　憲法学説はこの点をどう説明してきたのか。一方に，憲法4条1項の「国事に関する行為のみ」の文言の限定性を重視し，国事行為と私的行為以外を認めない考え方がある。この否定説に対しては，「あまりに非現実的」であるとして，「象徴としての行為」，「公人としての行為」，「国事行為に準じた行為」など，天皇の事実上の行為を「公的行為」と捉え認める立場も根強い。本来，「公的行為」として認め，国民の代表機関である国会に責任を負う「内閣の助言と承認」を通じて統制することで国民主権に沿ったものにする意図があったが，実際には，首相や閣僚が天皇に国政事項を報告する内奏がおこなわれ，宮内庁長官が助言役として，天皇の意思が垣間見えることは少なくない。

天皇制を利用する政治，天皇・皇室を敬愛する国民

退位と皇位継承　減少しつつある男系男子の数から，天皇・皇室制度の存続にかかわる皇位継承問題が女性・女系天皇の是非を含めて議論されて久しい（皇室典範1条および2条）。2006年9月に皇位継承順では2位の秋篠宮に長男（悠仁）が誕生して以来，女性・女系の天皇をめぐる議論は沈静化していたが，2016年8月8日，当時の天皇（現上皇）が国民に向けたメッセージを発し，自身の高齢化と「象徴としての行為」の重責ゆえに，大日本帝国憲法制定以来，例のない天皇の死去を伴わない世代交代の意思をほのめかす「おきもち」を表明し，多くの国民世論が支持した。2017年6月9日に「天皇の退位等に関する皇室典範特例法」が成立し，同16日に公布された。この法律は公布の日から3年以内の政令で定める日から施行され（附則1条），その日限り，天皇は退位し，皇嗣が即位する（2条）。退位後の天皇は「上皇」，皇后は「上皇后」となる（3条および4条）。「特例法」の名の通り，この法律は皇室典範と「一体を成すもの」とされ（附則3条），皇室典範自体の改正を回避し，天皇の退位を一度に限る政治判断がなされた。こうした対応は，女系・女性天皇への賛意を示す国民世論

にも背を向けるものであったが，「天皇・皇室制度内の男女平等」の実現のその
先に，国民主権の下での天皇制の問題が解消されるのかは，さらに考えるべき問
題である。

**「親しみ」と「畏れ」の間
で揺らぐ国民の天皇観**　天皇を現人神（あらひとがみ）とした戦争から70年以上
　　　　　　　　　　　を経て，国民の間で後継者不在による天皇・皇室の将
来を案じる声は聞かれるが，天皇制を危険視する意見はほぼ皆無である。とりわ
け若年層から中年層に強くみられる傾向であり，戦没者を慰霊し社会的弱者へ寄
り添い，諸外国との友好関係を積極的に築いてきた「平成流」の前天皇・皇后に
対して，「可愛らしい」「優しい」「おじいちゃん」「好き」といった，身近な表現
が広くみられた。他方で，2013年に起こった1つの出来事が，天皇に対してこれ
とは正反対の感覚を象徴していた。同年10月31日に開催された秋の園遊会で，山
本太郎議員は福島原発事故収束にたずさわる作業員の惨状をしたためた書簡を天
皇に直接手交したことで処分を受けた際，この行動の理由を，「刻々と過ぎてい
く時間に焦りを感じていたこの胸の内を，苦悩を，理解してくれるのはこの方し
かいない，との身勝手な敬愛の念と想い」を吐露した。まるで全知全能であるか
のような天皇観である。「特別な存在」への「敬愛」であれ「親近感」であれ，
日本国憲法が求める国民主権はそういう主権者意識を求めるものなのか，反芻す
る必要がある。

**逆立ちする国民主権──政治
に対する国民の代弁者？**　新型コロナウイルス感染症の拡大によって延期
　　　　　　　　　　　された東京オリンピック・パラリンピックの開
催を前にした2021年6月24日，宮内庁長官が，開催が感染拡大につながらない
か，天皇が「ご懸念されていると拝察している」と述べたことが波紋を呼んだ。
同長官はその後，発言が個人的見解であり，天皇の政治的権能を禁止する憲法規
定に抵触しないことを強調したが，宮内庁を介してにじみ出た天皇の意思は，感
染が収まらないなかでの大規模イベントの開催に反対する国民の声を代弁する側
面があった。戦後日本の政治の主流が日本国憲法を敵視してきたのとは対照的
に，天皇・皇室はしばしば日本国憲法を尊重し遵守する意思を明言してきたこと
を想起すると，国民主権が逆転現象を起こしているかに見える。それは，主権者
国民の総意に基づいて地位が保障されているはずの天皇の言動によって，主権者
国民の代表である国会と内閣の行為が抑制される構図である。どれほど望ましく

ない政治が行われていようとも，日本国憲法が予定していない天皇制による事実上の効果である。近年の憲法学においてはこうした構図に対して，憲法規定に抵触しない解釈論によって好意的に評価する向きもある。天皇や皇室に関して賛否を含めた自由な議論がなされるほど，「菊のタブー」は解消されたのだろうか。点検すべきことは多いはずである。

「日本の君主制」の実相

　多くの日本人にとって，「君主制」の用語は「共和制」と同程度に，なじみが薄い。この要因の1つには，日本語で「君主」の用語が，絶対王政や専制政治の強権性のニュアンスと結びつきやすく，天皇を「君主」と同一視できない日本語の語感にもあるだろう。日本人学生と留学生が共に学ぶ大学の授業では，日本の内と外での視点の違いが際立つ。日本の国家形態について，ほとんどの日本人学生が「君主制ではなく天皇制」と回答するが，留学生は「君主制国家」でほぼ一致する。かつて，ある憲法研究者は，君主制の問題は法制度の問題である以上に，社会の心理的問題であると指摘していた（佐藤功）。冒頭のスペイン人研究者が天皇制理解の条件とした「日本人であること」とは，いったいどのような心理的な共有を含意するのだろうか。教室でみられる光景の一例として，天皇制を自分たちの日常とはかけ離れているがゆえに，存続の必要性を感じにくい，と否定的意見を述べた学生が，「批判はあるだろうが」と繰り返し前置きをしたことがある。その理由を問うと，「日本で天皇制に批判的な発言をすることはタブーだと思うから」と答えた。同じ教室にいた在日韓国人の学生は，その「タブーの存在」はわかるとも応じた。とすると，この列島内では，公然と口にすることはなくとも，幼少期から暗黙のうちに獲得されるタブーへの心理が働いている可能性が高いのだろう。世界を見渡せば，市井の人たちと変わらぬ生活を送る国王や王室の姿は珍しくない。そこには，君主制，共和制，あるいは異なる君主制の形態など，多様な国家形態が断絶と復活を繰り返してきた歴史がある。天皇制が国民主権の下にあると言うとき，私たちは常に，日本国憲法は決して，「天を仰ぎ見るような主権者」を予定したわけではなかったことに立ち返るべきである。

10　身近な政治と私たち

◆ スタートアップ ◆

　第1部第2章で学んだとおり，日本国憲法は，国民主権原理を採用しており，国民意思に基づいて政治が行われることを求めている。しかしながら，国という大きな単位で政治が行われると，地域の実情や住民のニーズに応じた政治が難しくなり，結果的に，地域住民の意思が蔑ろにされることも起こり得る。また，国よりも小さな集団における政治の方が，住民参加がより容易になるというメリットもある。このようなことから，日本国憲法は，大日本帝国憲法にはなかった地方自治に関する諸規定を設けている（92～95条）。

　本章では，水道民営化や同性パートナーシップ制度といった地方における最近の動きを通じて，地方自治を保障する意義を具体的に考えてみたい。

憲法が定める地方自治のしくみ

地方自治の本旨　　憲法92条は，地方公共団体の組織と運営が法律で定められるべきことを規定している。したがって，地方自治は原則として法律に基づいて行われることになる。ただし，それはどんな内容の法律でもよいわけではなく，「地方自治の本旨」に基づく法律でなければならないことを92条は要求している。

　そこで問題となるのが，地方自治の本旨の意味であるが，ここには2つの要素があると考えられている。1つが，地方公共団体が国から独立して自らの事務を行うという団体自治であり，もう1つが，その地方公共団体の事務を住民の意思に基づいて行うという住民自治である。

　ただし，団体自治と住民自治の内容にはあいまいさがあり，その具体化につき立法府の裁量を否定することは難しい。たとえば，「自らの事務」が何であり，その事務が「住民の意思に基づいて」行われることをどのように確保すべきかといったことにつき，（93～95条に反しない限り）憲法から一義的な解答を引き出す

69

ことは難しく，地方自治の本旨の具体化につき立法府には裁量が認められる。

地方公共団体の組織　憲法93条は，地方公共団体の組織について規定しており，議会を設置し，地方公共団体の長と議員を直接選挙で選ぶことを要求している。したがって，大統領制に近い制度が採用されているといえるが，議会と長の関係を具体化する地方自治法は，長に議案提出権を認め（地方自治法149条1号），また，議会による長の不信任決議とそれに対抗する長の議会解散を認めており（同法178条），議院内閣制的要素もとり入れている。

地方公共団体の権限　憲法94条は，地方公共団体に対し，財産管理，事務処理および行政執行といった行政的権能を付与するとともに，自主立法権としての条例制定権を認めている。

　ただし，条例制定権は，「法律の範囲内で」認められるものであるため，「法律の範囲」をいかに解するかがしばしば問題となってきた。判例では，特定の事項の規律につき，国の法令と条例が併存する場合であっても，法令の趣旨・目的を勘案したうえで，条例が一律に法令違反にならないようにする判断枠組みが採用されている（徳島市公安条例事件・最大判1975年9月10日）。

　たとえば，公害規制法令につき，環境被害の程度に地域差があることをふまえると，環境被害に苦しむ地域において法令よりも厳しい環境基準を設定することを否定する趣旨と解することはできないため，そのような地域でこの種の条例を制定することは許される，と考えることができる。

　ただし，実際の公害規制法令は，地方公共団体による独自の環境基準の設定を明文で認めるものが多く，たとえば，大気汚染防止法4条1項は，都道府県が，同法が定める排出基準よりも厳しい排出基準を条例で定めることを認めている（愛知県では，「県民の生活環境の保全等に関する条例」が制定されている）。

　このように，憲法は，地域の実情や住民のニーズに応じた条例制定の余地を一定程度認めることにより，地方公共団体が独自に住民の利益を実現するための手段を提供している。

地方特別法の原則禁止　憲法95条は，特定の地方公共団体のみに適用される法律（地方特別法）の成立につき，その地方公共団体の住民投票において過半数の同意を必要とする旨を定めている。本条の主たる目的は，特定の地方公共団体を狙い撃ちする法律を排除し，その地方公共団体の自治

権の侵害を防ぐことにある。

　ただし，本条が適用され住民投票が実施された例は限られており，現在のところ15例のみにとどまっている（最後に適用されたのは1952年である）。というのも，形式的には一般法として制定された法律が，事実上特定の地方公共団体のみに適用される場合であっても，その法律に憲法95条は適用されないと解されているからである。在日米軍基地の用地の収用手続を簡略化する駐留軍用地特別措置法は，事実上沖縄県のみに適用されるものであったが，最高裁は，95条に違反しないと判示した（最大判1996年8月28日）。

地方政治への住民の直接参加　憲法が定めるものではないものの，地方自治法により住民の直接参加の制度が設けられている。これは，法律による住民自治の具体化ともいうべきものであり，条例の制定・改廃請求，事務監査請求，議会の解散請求，長や議員，役職員の解職請求が制度化されている。

　それとは別に，地方公共団体による住民自治具体化の試みとみなせるものとして，条例に基づく住民投票がある。特定の地方公共団体が抱える政治課題，たとえば，原子力発電所の建設や産業廃棄物処理施設の建設，在日米軍基地の建設・整理縮小等の賛否を問う住民投票が，全国各地で実施されている（資料10-1）。条例に基づく住民投票の結果は，法的拘束力を有するものではなく，諮問的なものにとどまる。ただし，住民投票がもつ政治的な意味合いは大きく，当該地方公共団体の長や議会は，住民投票の結果を尊重した行動をとることが多い。

地方自治を保障する意義

地域の実情や住民のニーズに応じる地方自治　それでは，以上で概観した日本国憲法が定める地方自治のしくみをふまえて，現実政治のなかで地方自治が有する意義を具体的に検証してみよう。

　1つは，地方自治には，地域の実情や住民のニーズに応じた政治を行いやすい，という意義がある。ここでは，その意義を，公の施設の管理，とりわけ水道施設の運営に焦点を当てて考えてみる。

　憲法94条が保障する地方公共団体の財産管理権における「財産」には，公の施設が含まれるが，公の施設の設置および管理については，地方自治法において具

体的に定められている。同法は，「住民の福祉を増進する目的」で地方公共団体が公の施設を設置することを定め（244条1項），また，「公の施設の設置及びその管理に関する事項」につき，条例で定めなければならない旨を規定している（244条の2第1項）。条例の制定を通じて，住民代表機関である議会による関与が確保されている点で，住民自治の趣旨に適合したものといえる。

　水道施設も公の施設の1つであり，事業の性格上，安全性や継続性の確保等，全国一律の規律が望ましい事項については法律（水道法）により規律されているが，それ以外の事項（利用料金の設定等）については条例により規律されている。

　ところで，水道法は，水道事業が市町村により経営されることを原則としているが（6条2項），これは，地域ごとに水源や地形などの自然的・地理的条件が多様であるため，地域の実情に詳しい市町村に水道事業を経営させることが合理的であると考えられているためである（水道法制研究会『水道法逐条解説〔第4版〕』，日本水道協会，2015年，223頁）。また，水道事業は，住民の生命に直結する公共サービスであるだけに，住民自治がより機能しやすい市町村単位で経営されることにも意義があるといえるだろう。地域の実情をふまえて，広域的な地方公共団体（都道府県や一部事務組合等）による水道経営がなされることもあるが，その場合も，水道法は，市町村の同意を必要としている（6条2項）。

　2018年に改正された水道法は，水道事業の民間事業者による経営（以下，「水道民営化」とする）を容易にするものであるが，これは，地方自治の観点からどのように評価されるべきだろうか。水道民営化の実施手続を規律する，民間資金等の活用による公共施設等の整備等の促進に関する法律（以下，「PFI法」とする）は，水道民営化の導入にあたって，あらかじめ議会の議決を必要としており（PFI法19条4項），この点は，住民自治に適合的なものといえる。

　その一方で，水道料金については，条例により上限を定めることができるものの（同法17条），地方公共団体の長への届出さえあれば，民間事業者が設定できるものと定められている（同法23条2項）。そのため，上限の中身次第では，住民（とりわけ貧困層）の生活を圧迫するほどの水道料金の引き上げがなされるおそれもあり，議会による関与の余地が狭められている点は，消極的に評価すべきものと考えられる。

　この点は，新型コロナウィルス対応とのかかわりでも重要である。なぜなら，

手洗い・うがいが感染防止に資することをふまえて，各地方公共団体が水道料金の減免措置をとったからである。手洗い・うがいを励行するには，水道利用をためらわせないほどの水道料金が望ましく，こうした動きは，地方公共団体が住民のニーズに敏感に対応した好例といえる。水道民営化が実現した場合，議会からの統制を受けにくい民間事業者がこのような対応をしてくれるかは疑わしく，コロナ禍は，図らずも，地方自治の存在意義を示す（そして，それを住民に実感させる）契機となっている。

国政の変容を促す　ための地方自治　このように，地方公共団体は，地域の実情や住民のニーズに応じた政治課題に取り組むことに第一次的な役割があるといえるが，そうした取組みが，国レベルの政治に影響を及ぼし，長期的には国の政策の変容を後押しすることもある。ここに，地方自治を保障するもう1つの意義を見出すことができる。

　情報公開法は1999年に成立したが，それに先立って地方レベルで情報公開条例が続々と制定され，その蓄積が国レベルの情報公開法の制定において一定の役割を果たした。

　近年では，同性愛者カップルの権利保護が政治課題となっているが，そのなかでも，現行の法律婚制度が異性愛者カップルにのみ利用可能であることは，最大の論争点の1つとなっている。この点については，裁判でも争われており，地方裁判所では違憲判決も出されている（第2部第9章参照）。

　その判決でも言及されている同性パートナーシップ制度は，地方公共団体が同性愛者カップルのパートナーシップを証明することにより，同性愛者カップルが一定の便益（公営住宅の入居や病院における家族としての扱い，携帯電話の家族向けサービス，勤務先における福利厚生等）を享受できるようにするものであり，100以上の地方公共団体で導入されている（その多くが要綱という行政的措置によるものであるが，条例によるものもある）。相続権等の法律婚制度に付随する法的効果を付与するものではないものの，こうした取り組みは，住民の意識を変え，長期的には国における同性婚制度の導入を後押しする可能性もあるだろう。

　同様に，国政の変容を促す効果をもつ取組みとみなせるものとして，在日米軍基地をめぐる住民投票があげられる（ここでいう住民投票は，前述の「条例に基づく住民投票」である）。在日米軍基地の存在は，その立地自治体の政策に大きな影響

を与えるため，在日米軍基地の設置・移設は，特定地域に特有の政治課題といえる。しかしながら，その政治課題は，安全保障にかかわるものでもあるため（地方自治法1条の2第2項は，国が「国際社会における国家としての存立にかかわる事務」を担うとする），究極的には，国レベルの政治的意思決定を通じてしか解決され得ず，したがって，全国的な世論喚起の成否が鍵を握ることになる。

　その観点からすると，2019年2月24日に実施された，普天間基地の辺野古移設をめぐる沖縄県民投票（賛成19%，反対72%）は，沖縄県民の政治的意思を可視化することにより，全国に向けて問題提起をしたものとみなすことができる。こうした類の住民投票は，特定地域のみにかかわるようにみえる政治課題を，他地域住民が"自分事"と捉える契機を提供してくれている（資料10-1参照）。

「充実した地方自治」を支えるもの

　以上概観したとおり，地方自治には多様な意義があるが，その意義は決して無条件に発揮されるものではない。地方公共団体が地域の実情や住民のニーズに応じた政策を実施しようとしても，財政基盤が脆弱なためにそれができない，ということも起こりうる（本章でとりあげた，コロナ禍対応の一環としての水道料金の減免措置は，その典型であり，財政基盤が脆弱な地方公共団体がそうした措置をとることは難しい）。したがって，地方自治を充実したものにするには，それを可能にする国の施策も必要である。

　くわえて，当然のことながら，地方公共団体自身が地方自治の意義を理解していることも，地方自治の意義が発揮されるためには必要である。前述した沖縄県民投票は，沖縄県が地方自治の意義を理解しているからこその動きである，とみることができよう。

　他方で，コロナ禍対応をめぐっては，地方公共団体が地方自治の意義を理解しているのかを疑わせる動きもみられた。初期のコロナ禍対応では，首相が全国の学校に向けて一斉休校を要請する一幕があったが（2020年2月27日），これは法的根拠を有するものではなく，本来は，地方公共団体がそれぞれの地域の感染状況をふまえて判断すべき事柄であった（学校保健安全法20条。当時，感染者が1人も出ていない都道府県もあった）。にもかかわらず，ほとんどの地方公共団体が"右に倣え"と言わんばかりの対応をとったことは，地方公共団体が地方自治の意義を

資料10-1　住民投票が実施された自治体（例）

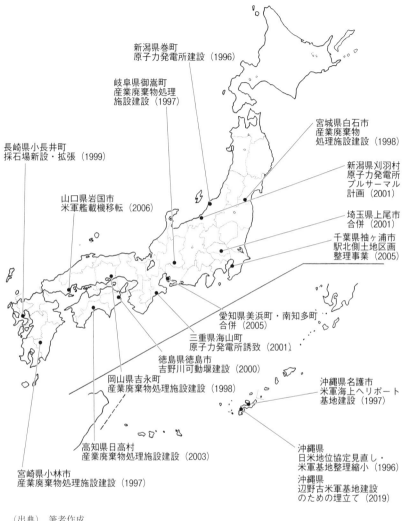

新潟県巻町
原子力発電所建設（1996）

岐阜県御嵩町
産業廃棄物処理
施設建設（1997）

宮城県白石市
産業廃棄物
処理施設建設（1998）

長崎県小長井町
採石場新設・拡張（1999）

新潟県刈羽村
原子力発電所
プルサーマル
計画（2001）

山口県岩国市
米軍艦載機移転（2006）

埼玉県上尾市
合併（2001）

千葉県袖ヶ浦市
駅北側土地区画
整理事業（2005）

愛知県美浜町・南知多町
合併（2005）

三重県海山町
原子力発電所誘致（2001）

徳島県徳島市
吉野川可動堰建設（2000）

岡山県吉永町
産業廃棄物処理施設建設（1998）

沖縄県名護市
米軍海上ヘリポート
基地建設（1997）

高知県日高村
産業廃棄物処理施設建設（2003）

沖縄県
日米地位協定見直し・
米軍基地整理縮小（1996）

宮崎県小林市
産業廃棄物処理施設建設（1997）

沖縄県
辺野古米軍基地建設
のための埋立て（2019）

（出典）　筆者作成

理解しているのかを疑わせるものであった。「充実した地方自治」を可能にするには，地方公共団体自身の地方自治への理解が（いうまでもなく，住民の地方自治への理解も）必要であることを忘れてはならないだろう。

新聞記者の眼③

沖縄，米軍基地と戦争犠牲者の尊厳

土の中に混じる骨を丹念に探し出していく。沖縄戦遺骨収集ボランティア団体「ガマフヤー」（那覇市）の具志堅隆松さん（67歳）は沖縄戦で亡くなった人たちの遺骨を40年も，こつこつと拾い集めてきた。

「沖縄の人の骨だけじゃありません。全国から送られた日本兵の骨もある。今起きていることは日本全体の問題なのですよ」。

こう語る具志堅さんの心をかきむしるような事件が，新型コロナの感染が広がるどさくさで起きた。

沖縄本島の北部，名護市辺野古の海を埋め立てて，米軍の新基地建設を強行している日本政府が，あろうことか，遺骨が混じる島南部の激戦地の土砂を工事に使う計画を出してきたのだ。

沖縄は，第二次世界大戦末期の1945年春，「この世の地獄を集めた」とたとえられた戦場となった。

それは，本土決戦を遅らせるための「捨て石」だった。島をぐるりと取り囲んだ米軍の大艦隊に砲弾を暴風のように撃ちこまれ，兵士だけでなく，多くの住民が命を落とした。その数は約15万人，県民の4人に1人が犠牲になった。

戦後，戦没者の遺骨収集が大がかりに進められた。しかし，それでも集めきれなかった遺骨が今も県内各地に埋もれている。

「まだ3000体近くはありますよ。戦没者の血が流れた土地は沖縄県民にとっては聖地なのです。その土を軍事基地建設のために海に流すなんて，とんでもないことです。二度殺されるようなものなんですよ」。具志堅さんはこう憤る。

沖縄は戦後，日本国と切り離され，米軍の支配に苦しめられた。平和と不戦を誓った日本国憲法も及ばない。1950年代の朝鮮戦争やその後のベトナム戦争などでは出撃基地となった。

訓練のため戦闘機が日常的に空を飛び回る。よその地域ではないような，人権を脅かされる状況は，今も続いている。「日本国憲法の下で暮らしたい」と願って1972年に日本に復帰しても，国土の0.6%しかない沖縄に7割以上の米軍専用施設が集中する。米兵の犯罪や米軍機の騒音，基地から出る汚染物質などへの対応も，対米追随の日本政府はまともにできない。

沖縄の人々は辺野古の新基地建設に断固反対する。度々の選挙でも，県民投票でも，その意思を示してきた。ひとたび完成すれば，恒久的に基地がもたらす被害に苦しめられ，「加害の島」としてあり続けることになるからだ。

具志堅さんは，遺骨が混じる土砂を基地建設に使うことがどれほど非人道的であるかを訴えて，沖縄県庁前などでハンガーストライキを決行した。

水と塩だけで一週間を耐えた。コロナ禍をおして東京にも足を運び，土砂使用計画の撤回を防衛省に訴えている。

「沖縄の問題」はいったい誰にとっての問題だろうか。それは，基地のない生活を送っている日本のほかの地域の人々が考えなくてはならないはずだ。

少数派の人たちに押しつけてはならない。多数派の人たちが自分事にしなければ決して解決しないことなのだ。

（佐藤直子）

第**2**部

だれの，何のための人権か

碑は岡山県早島養護学校への坂道の入口南にある。朝日訴訟の原告・朝日茂さんは早島町の国立岡山療養所（＝現南岡山医療センター）に入所していた。事件の意味については第10章を参照されたい。

1 国籍で人生を左右される人びと

◆ スタートアップ ◆

　かつて日本の法務官僚は，日韓協定によって永住権を得ることのできな
かった人たちの処遇について，「国際法上の原則から言うと，『煮て食おうと
焼いて食おうと自由』なのである」と言い放った（池上努『法的地位200の
質問』京文社，1965年）。それから半世紀以上経た2021年3月，1人のスリ
ランカ出身の女性が名古屋の入管収容施設内で，十分な医療措置を施される
ことのないまま死亡する事件が注目を浴びた。「国籍」に基づく権利の理解
か，「人間」としての共感力か。日本国憲法の権利保障の根底にある思想を，
深いところで捉えて欲しい。

憲法の基礎を学ぼう

　外国籍保持者の権利保障の問題は，日本国憲法の誕生と共に存在する。戦前か
ら戦中を通じて日本に労働力として強制的に連行されてきた朝鮮半島や中国の出
身者は，日本の敗戦後も国内に留まることを余儀なくされた。敗戦までは日本国
籍保持者とされていた朝鮮半島出身者は，1952年の「日本との平和条約」の発効
によって日本国籍を離脱したとされ，選択の自由が与えられないまま，日本国籍
を喪失した。これらの人びとに対して「特別永住者」の法的地位を保障したの
は，約40年後に制定された1991年の「日本国との平和条約に基づき日本の国籍を
離脱した者等の出入国管理に関する特例法」である。戦前から日本にいたこれら
の人びとは，自らの意思とはかけ離れた国家の都合によって，一夜にして「有国
籍者」から「外国籍者／無国籍者」へと転じ，国籍による権利の制限や現実社会
における差別的扱いにさらされてきた。

　戦前から日本にいた在日韓国・朝鮮人や中国人の「オールド・カマー」に対し
て，1980年代末から1990年代初めにかけて数多く来日した外国籍の人びとを

「ニュー・カマー」と称し，来日時期で区別することもある。後者の主な出身者は，ブラジルやペルーなど南米からの日系人労働者や，フィリピン，タイ，ベトナム，インドネシアなどのアジアからの労働者や技能実習生である。1980年代初めから顕著になる世界的な社会経済の新自由主義路線は，グローバル化の1つの特徴である労働力の越境現象を生み出した。日本で「ニュー・カマー」の出現をもたらしたのも，バブル経済による労働力不足であり，1990年の「出入国管理及び難民認定法（入管法）」の改正は，こうした現象に敏感に反応した財界の要求に応えるかたちで実現した。「オールド」と「ニュー」の形容詞の違いには，日本に来ることを選択する人びとの意思の自由度に違いがあるとはいえ，「人」を労働力として「モノ」のようにみる国家政策には，時代を貫く共通性がある。

　外国人は，①一般の旅行者や一時的な滞在者である在留外国人のほか，②上記の「特別永住者」，③一定の要件を満たして日本に永住する「（一般）永住者」に分類されるが，①の旅行者以外，日本で働き生活をする人々である。ところが，日本国憲法には外国籍の人びとの権利に関する明確な規定は存在しない。憲法の解釈が必要になる所以である。日本の憲法学では主に，「国民は」「すべて国民は」「何人も」といった権利条項の主語に拘泥するのではなく（条文の英訳では，一義的に「国」民と訳出はできない people であることにも注意したい），各条文が規定するそれぞれの「権利の性質」に応じて，外国人の人権を認める解釈を採用してきた（権利性質説）。最高裁も，外国人の政治活動の自由が争われたマクリーン事件において，「憲法第三章の諸規定による基本的人権の保障は，権利の性質上日本国民のみをその対象としていると解されるものを除き，わが国に在留する外国人に対しても等しく及ぶものと解すべき」と判断した（最大判1978年10月4日）。

入国の自由　　出入国は外国人の人権をめぐるいわば議論空間の始まりと終わりをかたちづくる場面である。国際慣習法上，外国人に入国の自由は認められていない。国境によって仕切られた主権国家から成る世界が前提である。出国の自由については，憲法22条に基づいて認められるが，これは当然に，再入国の自由までも意味するものではないとされる。しかし忘れてはならないことは，不法入国であれ非正規滞在であれ，憲法31条以下に定める身体の自由は国籍を超えて，すべての人びとに絶対に保障されなければならない点である。

参政権　　代表的なものは選挙権と被選挙権であるが（狭義の参政権），広い意味では公務就任権も参政権に含めて理解されることがある。国民が自国の政治に参加する権利という性質上，法律では国民にのみ選挙権と被選挙権を認めている（公職選挙法 9 条・10 条，地方自治法 18 条）。ここで参政権は国籍に基づく国民主権によって，「公権力の行使または公の意思の形成に参画することによって直接的に統治作用に関わる」（東京高判 1997 年 11 月 26 日）ものと理解されていることから，外国籍保持者の参加は国民主権に反することになる。公務就任権については，現在ではほとんどの自治体が，医療職や技術職など一定の職種について国籍条項を外し，地方公務員採用への道を開いている。国（当時自治省）も 1996 年に，国籍条項の条件つきの撤廃を認めた。

　現在では学説も判例も，場面を「国政」と「地方」と切り分けて，生活実態や納税義務の側面を重視し，「地方」における外国籍住民（定住者）の参政権を説く見解もある。最高裁は 1995 年に，「我が国に在留する外国人のうちでも永住者等であってその居住する区域の地方公共団体と特段に緊密な関係を持つに至ったと認められるものについて，その意思を日常生活に密接な関連を有する地方公共団体の公共的事務の処理に反映させるべく，法律をもって，地方公共団体の長，その議会の議員等に対する選挙権を付与する措置を講ずることは，憲法上禁止されているものではない」と述べた（最判 1995 年 2 月 28 日）。しかし同時に，「専ら国の立法政策にかかわる事柄」であることを理由に，この措置を講じないことは必ずしも違憲にはならないと付け加えてもいた。結局，「国籍」に基づく「国民」の概念の理解から脱することができるかどうかが鍵となる。権利性質説に拠っても，参政権の性格を自分が居住する地における「公権力の行使または公の意思の形成」への参画だと理解すれば，「国籍」を基礎とする「国民」に限定しなければならない必然性はない。生活実態がある地にこそ生存に関わる権利や義務があるとすれば，権利性質説には「主権者」の概念を柔軟に再構成する可能性が含まれているとも言えるのである。

社会権（生存権）　　判例や学説は文言の抽象性を理由に，憲法 25 条は国民に具体的な権利を直接付与する規定ではなく，国政を運営する際のあるべき方向性を示す「プログラム規定」だと説明してきた。それゆえに裁判所も多くの場合，25 条を具体化する立法や命令における「裁量権の逸脱」の有

無に審理の対象をしぼってきた（朝日訴訟や堀木訴訟については第2部第10章を参照）。外国人の生存権についてもこの解釈枠組みが維持され，塩見訴訟では最高裁が元韓国籍で帰化して日本国籍を取得した訴訟提起人に対し，回復困難な疾患（廃疾）が認定された時点では未だ日本国籍保持者ではなかったことを理由に，障害福祉年金が受給されないことは合理性を欠くものではないと判示した（最判1989年3月2日）。この判決は25条をプログラム規定と解し，立法府の裁量権を大幅に認めた堀木訴訟を引用して，年金受給ができないことの合理性を根拠づけた。外国人に対する社会保障政策を問題にした塩見訴訟とは別に，外国人に対する生活保護についても，裁判所は立法裁量を根拠に否定的な判断を示してきた（たとえば，生活保護法上の指導違反の保護廃止の取り消しを求めた足立区外国人生活保護訴訟に関する東京地判1978年3月31日，不法残留者の生活保護の利用の当否が争われた中野区外国人生活保護訴訟に関する最判2001年9月25日）。この点で注目されるのは，一定の理由に基づき（生活保護法4条3項の急迫事由），外国人の生活保護に関する国の義務を認めた例である（福岡高判2011年11月15日）。なお，国際人権規約（社会権規約2条2項）や難民条約（4章）は，さまざまな社会権や福祉における内外人平等の原則を謳うが，これらの条約を批准した日本は1981年に，社会保障関係法令の国籍要件を原則として撤廃している。

具体的な人権状況を知ろう

**外国人労働者をめぐる
入管法改正と実態**　ひとくちに「外国人労働者」と言っても，在留資格には大きく分けて2種類ある。専門性や技術性を問わない技能実習制度と，それらを必要とする在留資格である。技能実習制度は元々，技能移転によって，低開発の国々の経済発展を担う人材育成に協力する国際貢献の意味が込められており，だからこそ，景気変動に左右される労働力需給の調整手段ではないとされてきた。しかし実際の実習現場では，劣悪な環境の下で低賃金の労働を強いられるなど，人権侵害の1つの温床とみなされてもきた。2016年の法改正で技能実習の監督機能の強化が図られたが，その後も実習生の失踪や死亡の事案は後を絶たない。把握しきれていない実態があるにもかかわらず，2019年4月1日には，14の「特定産業分野」に限られた2種類の新たな「特定技能」の在留資格を新設する改正入管法が施行された（資料1-1参照）。これまで政府

資料 1-1　特定技能実習制度の内容

○　特定技能 1 号：特定産業分野に属する相当程度の知識又は経験を必要とする技能を要する業務に従事する外国人向けの在留資格
○　特定技能 2 号：特定産業分野に属する熟練した技能を要する業務に従事する外国人向けの在留資格
特定産業分野：介護，ビルクリーニング，素形材産業，産業機械製造業，電気・電子情報関連産業，
（14分野）　　建設，造船・舶用工業，自動車整備，航空，宿泊，農業，漁業，飲食料品製造業，
　　　　　　　外食業（特定技能 2 号は下線部の 2 分野のみ受入れ可）

特定技能 1 号のポイント
○　在留期間：1 年，6 か月又は 4 か月ごとの更新，通算で上限 5 年まで
○　技能水準：試験等で確認（技能実習 2 号を修了した外国人は試験等免除）
○　日本語能力水準：生活や業務に必要な日本語能力を試験等で確認（技能実習 2 号を修了した外国人は試験等免除）
○　家族の帯同：基本的に認めない
○　受入れ機関又は登録支援機関による支援の対象

特定技能 2 号のポイント
○　在留期間：3 年，1 年又は 6 か月ごとの更新
○　技能水準：試験等で確認
○　日本語能力水準：試験等での確認は不要
○　家族の帯同：要件を満たせば可能（配偶者，子）
○　受入れ機関又は登録支援機関による支援の対象外

専門的・技術的分野

非専門的・非技術的分野

【就労が認められる在留資格の技能水準】

これまでの在留資格
「高度専門職（1 号・2 号）」
「教授」
「技術・人文知識・国際業務」
「介護」
「技能」等

新たに創設する在留資格
特定技能 2 号

特定技能 1 号

「技能実習」

（出典）「制度概要　①在留資格について」（出入国在留管理庁ホームページ）
（https://www.moj.go.jp/isa/content/001335263.pdf）をもとに筆者作成

が否定してきた単純労働へ外国人材の参入を認める大転換であるが，その背景には，自国経済優先で人手不足を「外国人材の活用」で補おうとする財界からの強い意向がある。2017年の「未来投資戦略」でこの方向性が示され，経済財政諮問会議やタスクフォースの設置を経て，2018年の「骨太の方針」で明確な構想が打ち出されると，2018年12月8日未明に，たった38時間の審議の後に強行採決された。法案可決から数日後の2018年12月13日に実施された野党合同ヒアリングで，法務省は2010年からの 8 年間で少なくとも174名の外国人技能実習生の死亡事案が存在することを明らかにした（そのうち68％が20代であり，全体の38人が溺死・自死・凍死によるものだった）。

　人の移動が活発かつ容易になった時代において，自国外からの労働者の受け入

れを一概に否定することはできないだろう。それらの人びとの生存や生活の改善
や，移住先の地で異文化間の相互理解や共生が生み出される可能性もある。ただ
し問題は，受け入れが「自国経済優先」の観点に立ち，「外国人材」がどこまで
も「異国のモノ」のように扱われる点にある。安倍晋三元首相は福島原発事故後
の状況を「アンダーコントロール（統御されている）」と述べ，2013年に「復興五
輪」として東京オリンピックを誘致したが，放射能汚染処理水の海洋放出の問題
1つをとっても，「コントロール」からは今なお遠い。被曝を伴う廃炉作業には
法外の報酬が提示され，決して少なくはない数の外国籍の労働者が駆り出され
る。生命や生存を賭して差別産業へ身を投じ，日本社会を下支えする外国籍労働
者への日本の人びとの感覚は，それでもなお「身近ではない」ままである。

国籍を相対化する
生命・生存・生活の視点　日本における外国籍の人びとの権利保障にとって，
国籍の壁は依然として高い。日本社会の無関心が国
籍の違いに起因しているとすれば，それは結局，「煮て食おうと焼いて食おうと
自由」という国家の裁量を認めることに加担する。国民経済が自国民と外国籍労
働者によって担われるとき，前者には格差が存在せず，後者のみに生じることな
どありえず，生命や生存にかかわる苦難は国籍を超えるのである。その意味で，
外国籍の労働者に対する国家の姿勢は自国民への向き合い方を映し出す鏡とな
る。生存権については，そもそも国民に対してさえ，25条の規定は直ちに裁判で
保障を要求できる根拠とはならず，裁判所は常に立法や行政の大幅な裁量権を認
め，人びとに「待ったなし」であるはずの生存権が法律によって具体化されるの
を「待つ」ことを求めてきた。そうした法律の不在が立法不作為と認定されるこ
ともなく，たびたび「財政事情」や「多方面にわたる複雑多様な考察とそれに基
づいた政策的判断」が引き合いに出される。生存権に関する学説や裁判所の認識
と現実社会における人びとの意識には，大きな隔たりを認めないわけにはいかな
い。NHKが5年ごとに実施する「日本人の意識調査」の2018年の結果でも，人
びとが憲法上の「国民の権利」として最もよく理解するのは「人間らしい暮らし
をする」ことであり，1973年の調査開始以来，生存権が70%以上で最上位を占め
る。2019年末から始まった新型感染症の世界的流行によって，私たちは「人間ら
しい暮らし」の困難さが，国境をものともせずに迫ってくる現実を見せつけられ
ている。

資料 1 - 2　日本の難民認定率

年	認定申請者数	認定者数	認定率	人道的配慮による許可数
2010	1,202	39	3.2%	363
2011	1,867	21	1.1%	248
2012	2,545	18	0.7%	112
2013	3,260	6	0.2%	151
2014	5,000	11	0.2%	110
2015	7,586	27	0.4%	79
2016	10,901	28	0.3%	97
2017	19,629	20	0.1%	45
2018	10,493	42	0.4%	40
2019	10,375	44	0.4%	37
2020	3,936	47	1.2%	44

（出典）　法務省のデータをもとに筆者作成。

グローバル化と「＃難民鎖国ニッポン」　グローバル化は労働者の移動ばかりをもたらしたわけではない。国内の政治経済の混乱で生命が危機に晒され，自国を脱出せざるを得ない多くの難民をも生み出した。難民の受入数を制限して対応する国々もあれば，「壁」を建設して受け入れを拒む国もある。

　資料 1 - 2 は，「外国人材の活用」を「移民政策ではない」と強調してきた日本の難民認定率を2010年から2020年まで示している。近年，入管施設内での非正規滞在者に対する非人道的処遇が明らかになり，他国と比較してあまりにも低すぎる日本の難民認定率がクローズアップされてきた。難民条約の批准国でありながら，「難民鎖国」を続ける日本の姿である。ある時には「外国人材」として雇用の調整弁として，ある時には「テロの脅威」として共謀罪の根拠に，外国籍の人びとを引き合いに出す。それでも，希望の兆しはある。2021年 9 月23日，東京高裁は一審である東京地裁の判断を覆し，難民認定申請も法務大臣による不認定の処分に対する不服申立ても棄却された 2 人のスリランカ出身の男性が，提訴に必要な期間を与えられないまま強制送還されたことに対し，彼らの「裁判を受ける権利」を認めたからである。

　明確な憲法規定がなければ，憲法前文に立ち返って考えればよい。私たちは世界の人びとが，「ひとしく恐怖と欠乏から免かれ，平和のうちに生存する権利を

有する」と宣言した。国境・国籍によって区切られた世界において，国籍を自明視する思考からの脱却は容易ではない。そして，人は住み慣れた土地を理由もなく離れたりはしない。ならば，越境しなければならなかった人びとの歴史や背景事情を自覚的に知ろうとする意識が出発点になるだろう。これは，私たちが「自国のことのみに専念して他国を無視してはならない」と憲法前文で誓ったように，人権の根底に据えられるべき思想である。それこそ，人間としての「共感力」による，「国籍」に基づく権利理解という固定観念からの解放にほかならない。

課題を探求しよう

　難民はどのようにして生じるのかを考えたうえで，ヨーロッパとアジアにおける難民政策の地域的な異同や傾向があるかを調べて，日本の実態と突き合わせてみよう。

新聞記者の眼④

朝鮮青年は何のために戦場へ

「日本人の死刑囚は『天皇陛下万歳』と叫んで死刑台に向かったんです。朝鮮人は何のために，誰のだめに刑死させられたのでしょうか」

2021年，96歳で亡くなった在日韓国人の李鶴来（イ・ハンネ）さんはずっとこう問い続けていた。元「BC級戦犯」。日本の戦争に翻弄された生涯だった。

1925年，日本が植民地支配した朝鮮に生まれた。名前は創氏改名により「広村鶴来」と名乗った。

太平洋戦争中の1942年，多くの朝鮮の青年とともに日本軍の軍属としてタイに渡り，捕虜監視員となる。配属されたミャンマー国境の泰緬（たいめん）鉄道の建設現場では食糧も薬も足りない。灼熱の現場で外国人の捕虜たちは続々と命を落としていった。

その捕虜に対する扱いが戦後，問題になった。戦勝国による軍事裁判で戦犯とされたのだ。日本が戦争に負けて祖国に帰れると李さんらが喜んだのはつかの間，帰国どころか，捕虜虐待の罪で裁かれた。

23人の朝鮮出身者が処刑された。「上官の命令に逆らえるはずもない，軍の末端にいたわれわれ朝鮮の青年が，日本人として裁かれたのです」

李さん自身は一度死刑判決を受けたものの減刑となり，シンガポールの刑務所に収監された。それから1948年に東京の巣鴨プリズンに移されたのが，皮肉なことに，日本の土を踏んだ始まりだ。釈放は戦後10年余が過ぎた1957年のことだった。

だが理不尽な仕打ちに不遇が重なった。戦後体制を決めたサンフランシスコ条約の下で，朝鮮出身者は日本国籍から一方的に除外された。一転して「外国人」となってしまった李さんらには，日本人の元軍人らには支給される恩給など生活を保障するものは何もなかった。

その後の李さんの人生は，この差別との闘いに費やされた。元戦犯の同胞たちと民間団体「同進会」を結成した。日本政府を相手に，日本人の元軍人・軍属と差別しない保障を求めた。

「日本の戦争に協力した」と非難されるのをおそれ，肉親が待つ祖国に帰ることもできなかった。仲間と身を寄せ合い，タクシー会社を始めると「戦犯タクシー」と陰口もいわれた。どれほど悔しかったことか。

韓国・朝鮮人の元BC級戦犯の名誉回復のための特別立法を求め，国会議員や政府に粘り強く働きかける李さんと私は何度かお会いしたことがある。その姿には「人格者」という言葉しか思い浮かばない。いつも柔らかな物腰で，静かに諭すような口ぶりだったのが心に残っている。

日本政府は，そんな悔しさに耐えて日本社会で生き抜いた李さんたちに，一度として謝罪や償いをしていない。

日本の戦後は戦争被害を与えたアジアの人たちを何度も傷つけた時間でもあった。元戦犯の名誉回復という李さんが残した「宿題」こそ，いま，日本人が全力で片付けなければならないことではないか。

（佐藤直子）

2 人格をもつ子どもたちと学校

◆ スタートアップ ◆

　子どもにとって，１日のうち大半を過ごす「学校」は，人格の形成や人間
関係の構築はもちろん，「自己実現」や「自己決定」を体験するための重要
な場である。だが，理不尽な校則や体罰，いじめやハラスメント，貧困や障
がいを理由とする差別など，憲法で保障される諸権利が侵害される事件が後
を絶たない。「子ども」だから認められる権利があれば，「子ども」ゆえに制
約を受ける人権もある。それは，どのような理由によるのだろうか。本章で
は，学校現場で問題となった事例を手がかりに考察を深めるとともに，子ど
もたちとかかわる教師の人権にもスポットを当ててみたい。

憲法の基礎を学ぼう

子どもの権利の確立——
世界史的視点から

　　1900年，スウェーデンの思想家エレン・ケイは「20
世紀は子どもの世紀である」と主張したが，子ども
が権利の主体としてその地位を得るまでには長い年月と犠牲が必要であった。イ
ギリスのエグランティン・ジェブが第一次世界大戦後に親を亡くした子どもたち
を救済する組織を設立し，国際社会に子どもの権利の必要性を訴える。これを
きっかけに，1924年国際連盟で「子どもの権利に関するジュネーブ宣言」が採択
されたが，当時はまだ「保護を受ける権利」が中心であった。第二次世界大戦後
の1959年，国際連合で「児童の権利宣言」が採択され，子どもが人権主体として
位置付けられる。そこには，子どもの発達に必要な遊びも注目され，レクリエー
ション権が初めて保障される。

　しかし，子どもの権利を包括的に保障し法的拘束力をもつ条約は，1989年の
「子どもの権利条約」まで待たねばならなかった。ポーランド政府のイニシアチ
ブにより，全会一致で採択されたこの条約の背景には，ナチスドイツの迫害を受

け，トレブリンカ強制収容所で亡くなったユダヤの子どもたち，そして，その子どもたちに最後までに寄り添った，医師で作家のヤヌシュ・コルチャックの存在があった。条約は，子どもの生存・保護・発達・参加という包括的権利を保障するが，最も多く登場する文言が「子どもの最善の利益」（Children's best interests）である。また，意見表明権（12条），表現の自由（13条），思想・良心・宗教の自由（14条），集会・結社の自由（15条）など市民的自由条項が盛り込まれていることから，子どもたちは，集まってグループをつくったり，家族や地域の一員としてルールを守りながら行動したりする「参加する権利」を行使することができる。日本は1994年にこの条約を批准している。

日本国憲法上の子ども　日本国憲法上，子どもは人権享有主体として認められる。だが，ひとくちに「子ども」といっても，生活すべての面で他人の手が必要な乳児から，成年年齢を間近にひかえた17歳までその対象は広範である（民法改正により2022年から18歳成年）。代表的な見解によれば，子どもの特質としては心身の未成熟性，依存性，成長可能性が挙げられる。そのため，子どもには成人と異なる人権の制約原理がはたらくと考えられてきた。しかし，そのことで，過度な公権力による保護主義（パターナリズム）が無批判に適用されるべきではない。子どもの人格的自律権＝自己決定権に対する制約の可否と範囲は，個々の子どもの発達段階や，当該行為の価値，そして「より制限的でない他の選びうる手段」の有無などの基準に照らし，慎重に判断する必要があるだろう。

　なお，日本において子どもの権利が制限される諸規定には，選挙権（公職選挙法9条），婚姻適齢（民法731条），所有権（民法824，859条），職業選択の自由（憲法22条1項。憲法27条3項の児童酷使の禁止も）等がある。

具体的な人権状況を知ろう

水面下で増えるいじめ問題　学校において，子どもの人権が侵害される問題群は増加し複雑性を帯びている。校則による人格権の否定，教師による懲戒権の濫用（体罰や「指導死」も含む）にくわえ，貧困による差別，生徒間でのいじめやハラスメントなど，インターネットやSNSが普及したことで，ますます問題が表面化しにくくなっている。

資料2−1　いじめの認知件数の推移

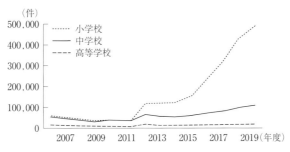

（出典）　NHK NEWS WEB のサイトに基づき筆者作成
https://www3.nhk.or.jp/news/html/20201022/k100126760
31000.html

　いじめについては，大津市中2いじめ自殺事件がきっかけとなり，2013年6月いじめ防止対策推進法が制定された。これにより，いじめを受けた児童生徒の「心身の苦痛」が可視化されるようになっている。2019年度の文科省の調査によれば，全国の学校におけるいじめ件数は初めて60万件を超え，暴力行為を含め過去最多となった（資料2−1参照）。特に注目されるのが，小学校の数値の上昇である（5年間で4倍：48万4545件）。昨今のコロナ禍によるストレスが原因の一端だとする専門家もいるが，被害を受けた子どもの心理的ケア，加害側の子どもへの適切な指導とともに，いじめを生み出さず，また放置しない体制づくりが急務となろう。

児童生徒の信教の自由　近年，グローバル化の進展とともに学校のなかにも多様な文化や宗教が同居するようになった。少し古い判例だが，「神戸高専剣道実技拒否事件」は，信仰上の理由により剣道実技の履修を拒否した学生に対し，校長による処分が裁量権の範囲を超えるかが争われた事件である。エホバの証人の信者であった神戸高専の学生（原告）が，卒業必修であった剣道授業を，自らの宗教的信条により履修することはできないと考え，担当教員らにレポート提出等の代替措置を認めてほしいと申し入れた。その根拠が，「彼らはその剣をすきの刃に，その槍を刈り込みばさみに打ち変えなければならなくなる。国民は国民に向かって剣を上げず，彼らはもはや戦いを学ばない」（イザヤ2:4）という聖句である。だが，すぐに拒否されてしまい，学生は2年続けて留年となった結果，学則に基づき退学処分となった。そこで，処分を受

けた学生が，退学処分とその前提となる原級留置処分の取消しを求めて提訴した。

　最高裁は，剣道実技の履修が体育科目の教育目的の達成にとって必須であったかに着目したうえで，性質上，「他の体育種目の履修などの代替的方法」でも可能だと判断した。また，学生が剣道実技を拒否した理由は，「信仰の核心部分と密接に関係する真しなもの」だと捉え，代替措置をとっても「特定の宗教を援助，助長，促進する効果を有する」とはいえないとした。したがって，学校側の措置は「社会観念上著しく妥当を欠く処分」であり，校長の裁量権を超える違法なものだと判断した（最判1996年3月8日）。最高裁の立場は，個人の権利である宗教的行為への制約が必要最小限かどうか判断したものであろう。

校則のパターナリズム　校則のなかには，髪型や服装，友人関係に対する規制や，バイクの乗車規制など児童生徒の個性や私生活にまで介入するものが多い。最近では，黒染め校則をめぐる判決が注目される。生まれつき茶色の髪を黒く染めるよう教師らから強要され，不登校になった府立高校の元女子生徒が損害賠償を求めて争った事件である。2021年2月16日の大阪地裁は，「生徒の髪色が黒色だと合理的な根拠に基づいて指導をした」として，教員らに裁量の逸脱はないと判断した。その一方で，元生徒が進級したのに，教室に席を置かなかったり名列表に氏名を記載しなかったりしたことは違法だとして，府に賠償を命じた。

　最近では，校則の決定について新たな動きもみられる。たとえば，性的マイノリティの児童生徒を配慮し制服選択制を導入する学校である。これは，文部科学省2015年通知「性同一性障害に係る児童生徒に対するきめ細やかな対応の実施等について」の存在が大きい。また，変更に向けた決定が生徒の声を反映する例も徐々に増えている。性自認に悩み苦しむ当事者のための措置の1つだが，既存の学校の制度を見直す契機ともなっている。

教師と思想・信条の自由　教員は，教育公務員として権力の側に位置づけられる一方，個人として憲法上の権利が保障される主体でもある。また，教師の憲法上の権利の実現は，子どもたちの人権の実現に大きな影響を与える。

　現在日本では，入学式や卒業式などに代表される学校のセレモニーで，「国旗

の掲揚」と「国家の斉唱」がセットで行われる。しかし，1999年8月13日に国旗及び国家に関する法律が公布施行されたとき，戦時中の日本の軍国主義とそれに伴うアジア侵略を彷彿とさせ，日本国憲法の平和主義や国民主権の原則に反するとした人びとが強く抗議した。こうした考えに立つ公立高校教諭が，卒業式の国歌斉唱でピアノ伴奏をするよう校長から命じられたが，本番でこれに従わなかったため懲戒処分を受けた（君が代ピアノ伴奏事件）。最高裁は，原告教員の主張は「自身の歴史観ないし世界観及びこれに由来する社会生活上の信念等」だとし，憲法19条の保護領域にかかわるとした。だが，入学式の際の「君が代」のピアノ伴奏という行為自体は，「客観的に見て……音楽専科の教諭等にとって通常想定され期待されるものであって，上記伴奏を行う教諭等が特定の思想を有するということを外部に表明する行為であると評価することは困難なもの」だとする。したがって，本件職務命令は，原告教員に対して「特定の思想を持つことを強制したり，あるいはこれを禁止したりするものではな」いとした（最判2007年2月27日）。最高裁の多数意見に対して，藤田宙靖裁判官の反対意見が注目される。それによれば，「本件における真の問題」は，入学式におけるピアノ伴奏が教員の信条に照らし「極めて苦痛なこと」であったにもかかわらず，「これを強制することが許されるかどうか」だとした。また，ピアノ伴奏拒否という行為が教員の「思想・良心の直接的な表現」であるならば，そのとき参列者に与える「一種の違和感」が，「これを制約するのに十分な公共の福祉ないし公共の利益であるといえるか」という疑問も示されている。

　高校教員が卒業式における国歌斉唱の際，起立斉唱の職務命令に従わなかったため，都の教育委員会から戒告処分を受けるとともに，再雇用のための採用選考で不合格とされた事件もある（君が代起立斉唱事件）。最高裁は，起立斉唱行為を拒否する原告教員の考えを「歴史観ないし世界観から生ずる社会生活上ないし教育上の信念」だと認めながら，学校の儀式的行事での起立斉唱行為は，「慣例上の儀式的な所作としての性質を有するもの」であるから，本件職務命令も「個人の思想及び良心の自由を直ちに制約するものと認めることはできない」とした（最判2011年5月30日）。

　ただし，上記の原告が不起立を重ねるごとにどんどん処分が重くなり，最終的に停職6か月の懲戒処分を受けたことについて，2021年2月17日最高裁は，この

処分を取り消した高裁判決を維持している。最高裁はその理由を，「停職 6 月処分は……これにより教師としての身分を争うことになるとの警告を与え，……心理的圧迫は強い」と述べる。

道徳の教科化を受けて　憲法が保障する個人の思想・信条の自由は，公権力が押し付けようとする特定の価値観からの自由をも意味する。グローバル化が進展し，学校にも多様な人種や信仰，そしてアイデンティティをもつ児童生徒が集まるようになると，道徳を通じた価値教育のあり方が問われてくる。

　2015年 3 月告示の小・中学校学習指導要領の一部改訂等（小学校は2018年度，中学校は2019年度より全面実施）で，「特別の教科　道徳」の導入が決定した。道徳は，1958年に特設されたが，戦前における「修身」の復活ではないかという批判や，特定の価値観の押しつけに反対する声が上がった。しかし，2013年教育再生実行会議の第一次提言にあるように，学校の内外で生じるいじめ問題の解消や防止に対応できる資質・能力が期待され，次第にその重要性が説かれるようになっていく。

　2017年 7 月，文科省『中学校学習指導要領（平成29年告示）解説　特別の教科　道徳』に，次のような表現がみられる。「今後グローバル化が進展する中で，様々な文化や価値観を背景とする人々と相互に尊重し合いながら生きること……が一層重要な課題になる。こうした課題に対応していくためには，社会を構成する主体である一人一人が，……時に対立がある場面も含めて，多様な価値観の存在を認識しつつ，自ら感じ，考え，他者と対話し協働しながら，よりよい方向を目指す資質・能力を備えることがこれまで以上に重要」だとされる。いわゆる「主体的・対話的で深い学び」を示す一文だが，文字どおりの意味で，子どもたちが積極的に自ら課題をみつけ，それに対して自由な発想を繰り広げ，仲間と議論ができる場が保障されなければならない。

課題を探求しよう

　5 年に 1 度，OECD による国際教員指導環境調査（TALIS）が実施・報告されている。これは，教員および校長の勤務環境や学校の学習環境に焦点を当てた国際比較であるが，48か国・地域が参加した2018年報告書からは，日本の教員の 1

週間当たりの仕事時間の合計が参加国中最長であるという深刻な結果が浮き彫りにされた。具体的には，参加国の1週間の仕事時間の合計平均が38.3時間であるのに対し，日本の中学校では56.0時間，小学校では54.4時間である。「モンスターペアレンツ」「ヘリコプターペアレンツ」と称される保護者への対応や，休日における部活動の監督業務のため，教員本来の指導力や職能開発のために費やせる時間や資源が足りないという理由によるだろう。

　また，調査結果からは，教員の自己効力感の低さも窺える。「児童生徒を教室の決まりに従わせる」や「学級内の秩序を乱す行動を抑える」という項目では6割以上「効力がある」とされたのに対し，「児童生徒の批判的思考を促す」ことについては，参加国平均が82.2%であるのに，日本の小・中学校は25%に満たない。このように，教員の低い自己評価は，「文化的に多様な学級における指導」を問う項目でも同様にみられる。

　学級を構成する生徒児童の多様性は，文化的，宗教的な側面だけでなく，性的にも指摘される。2017年学習指導要領の改訂の際，性的指向・性自認に関する項目を盛り込むよう求める動きがあった。だが，政府は「個々の児童生徒の発達の段階に応じた指導，保護者や国民の理解，教員の適切な指導の確保などを考慮すると難しい」という後ろ向きの答弁に終始した。今後，学校のなかで，子どもたちが多様な性の存在を知り受け止めていく機会を，どのように用意していったらよいだろうか。

3 働く者の尊厳

「ブラック企業」という言葉が流通して久しい。過重労働を強いたり，賃金を支払わなかったりする企業のことだ。学生のアルバイト先が「ブラック」である場合，学生生活に支障をきたすようになる。しかし，これは「ブラック」なことをする企業が全面的に悪いと決めつけるのではなく，そのような企業を生む日本社会全体の問題として捉えるべきである。貧困を取り除き，すべての人々が人間らしい生活を営むことができるようにと願って日本国憲法は設計されている（第2部第10章参照）はずなのに，近時の労働政策がそれをじゃましている。

憲法の基礎を学ぼう

勤労の権利　　近代憲法における人権保障の中心は，経済活動の自由を絶対的に保障することにあり，資本主義経済が発展するにつれて貧富の格差が拡大し，労働者を中心に貧困にあえぐ者が爆発的に増加した。それに対応して労働運動などが進展するなかで人権保障のあり方は大きく変容した（第1部第3章参照）。その1つの表れが，労働を権利として捉え，労働者の権利を保障することであり，代表的な例が，生存権と同時に労働権についても保障した1919年ワイマール憲法であった。

　日本国憲法では，27条1項が勤労の権利（労働権）について定めている。勤労の機会がすべての労働者に確保されていればよいが，それは現実的に難しい。そのため，国民の側から国に対し，勤労の機会を与えるよう請求することが憲法上の権利として位置づけられたわけである。これを受け，国は労働者に勤労の機会を与えるか，それがかなわない場合，失業中の者に対し，憲法25条1項で定められている生存権を実現することが求められる。労働者の勤務条件は，憲法27条2

項により法律で定めることになる（勤務条件法定主義）。とはいえ，元来，賃金や労働時間といった勤務条件は，労使間の私的自治によるものであり，国が関与できるものとは考えられていなかった。しかし，それでは，使用者に対し立場の弱い労働者の勤務条件は悪くなるばかりであり（低賃金・長時間労働の常態化），労働者の生存が危ぶまれることになる。そこで，労働者の人間らしい最低限度の生活を確保するために，国が立法を通じて，最低賃金や最長労働時間を定め，使用者に義務づけることとしたのである。労働基準法や最低賃金法はそのための法律である。

労働三権 もっとも，労働基準法や最低賃金法は，労使間で結ばれる労働契約がそれを下回ってはならないという最低限の勤務条件を定めたにすぎず，それを上回る労働条件を確保するには，労使間の交渉によるところとなる。しかし，個々の労働者が使用者と交渉したとしても，よりよい勤務条件を勝ち取ることは難しい。そこで，使用者と事実上対等な関係に立ち，労使間での対等な交渉力を労働者にもたせるために，労働三権（団結権，団体交渉権，団体行動権）を憲法28条で保障することとしたのである。団結権とは労働組合を結成する権利である。もし使用者が労働者の労働組合結成を妨害するなど，いわゆる労働組合つぶしをすれば，労働組合法7条で禁じられている不当労働行為となる。団体交渉権とは，労働組合が使用者と交渉する権利のことであり，交渉の結果合意したことを文書化する労働協約の締結権を含む。使用者が正当な理由なく団体交渉を拒否すれば，これも不当労働行為となる。団体行動権とは交渉が決裂したときのストライキを含む「正当な争議行為」で対抗する権利のことである。

具体的な人権状況を知ろう

過重労働 憲法27条2項を具体化する労働基準法では，最長労働時間について1日あたり8時間，1週間あたり40時間と定められている（32条）。しかし，同法は同時に労使間での協定を結び行政官庁に届け出さえすれば，労働時間を延長できることを定めている（36条）。このような協定を，労働基準法36条に基づくものなので「三六協定」と呼び，使用者が労働者に残業させることができる抜け道を用意したものである。しかも，残業代が支払われなかったり（サービス残業），自宅に持ち帰り仕事をしているのに残業として扱われなかった

りする（風呂敷残業）ことも多く，タダ働きが強要されているのが実態だ。

　残業に関したびたび指摘されるのが，過重労働を原因とする，うつ病などの精神疾患の発症，自殺，過労死といった，労働者の生命・身体・健康への深刻な危機である。居酒屋チェーン「ワタミ」子会社の社員が過労自殺したのは会社側の責任であるとして遺族が提訴したケースでは，和解が成立し（2015年12月8日），会社側が約1億3千万円を支払い謝罪している。また，大手広告代理店「電通」の社員が過労自殺したのは，直前の残業が大幅に増加したことが原因であるとして，労働基準監督署が労災認定し，厚生労働省東京労働局も電通本社などを労働基準法違反の容疑で強制捜査，上司と会社を書類送検している。電通の社長は引責辞任し，遺族と会社の間で解決金の支払いや再発防止策を取ることで合意した（2017年1月20日）。

　過重労働の背景には，バブル経済の崩壊やリーマン・ショックを契機とする日本経済の長期にわたる低迷（「失われた30年」），グローバル経済時代における企業間競争の激化，それらへの対応策としての労働政策の転換があり，その大きな渦のなかに労働者が巻き込まれているのが現状である。

貧困の増大と労働者　資料3-1をみると分かるように，生活保護受給世帯数は1992年度に58万世帯で最少となった後増加に転じ2017年度に164万世帯とピークを迎え，その後若干の減少がみられるものの高止まりしている。生活保護受給者数もほぼ同じ傾向で，1995年度に88万人で最少となった後増加に転じ2014年度に216万人で最多となり，その後減少しているが依然高止まりしている。生活保護受給世帯数・受給者数の増加と高止まりには，生活保護を受給する高齢者世帯の数が多くなっていることも関係しているが，2009年度以降，「その他の世帯」（高齢者世帯，母子世帯，傷病・障害者世帯以外の世帯）の数が急増し（2008年111千世帯，2009年度172千世帯，2013年度288千世帯，2018年度248千世帯），これも高止まりしている。

　また，資料3-2からも分かるように，非正規雇用（パートやアルバイト，派遣社員や契約社員，嘱託社員のような，雇用期間を定めた短期契約の雇用形態）の労働者の割合が増加傾向にある。この背景の1つに，労働者派遣法の問題がある。同法により，職業安定法で違法とされていた労働者派遣が1985年に合法化されたのだが，1986年の施行当時は専門性の高い13の業務にその対象が限られていた。しか

資料 3 - 1　被保護人員・保護率・被保護世帯数の年次推移

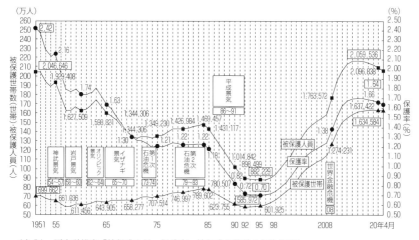

（出典）　厚生労働省「被保護人員・保護率・被保護世帯数の年次推移」
　　　　https://www.mhlw.go.jp/wp/hakusyo/kousei/19/backdata/images/02-04-03-01.gif

し，1996年には対象業務が26に拡大し，1999年には製造業などを除き原則自由化
された。2004年には製造業でも派遣が解禁され，2008年のリーマン・ショックを
機に製造業を中心に「派遣切り」という深刻な問題を引き起こすことになった。

　2008年には，労働契約の締結，変更，終了などについての基本的なルールを定
めた労働契約法が施行され，2012年に改正されている。同改正法では，同じ職場
で有期労働契約（有期雇用）が繰り返し更新され，その通算期間が 5 年を超えた
とき，労働者の申込みにより，期間の定めのない労働契約（無期雇用）に転換で
きるというルールが設けられた（18条）。「無期転換ルール」や「 5 年転換ルー
ル」と呼ばれるこのルールは，契約期間満了による雇い止めなどへの不安から非
正規雇用労働者を解放し，その雇用を安定させる目的で設けられたものである。
しかし，使用者側が，無期雇用への転換を嫌がり 5 年を超える前に契約を打ち切
るという悪用が生じている。これでは，非正規雇用労働者の雇用は不安定なまま
だ。また，同ルールは，無期雇用転換後の賃金や労働時間など，労働条件の改
善・向上まで求めるものではないことから，無期雇用に転換されたとしても，有
期雇用を繰り返した場合と比べて，生涯賃金が下がるということも現に起きてい
る。

資料3-2　非正規の職員・従業員の割合の推移

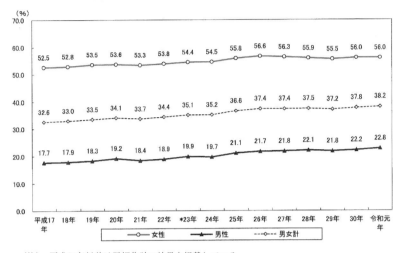

(注)　平成24年以前は詳細集計の結果を掲載している。
※　平成23年は補完推計値
(出典)　厚生労働省雇用環境・均等局「令和元年版　働く女性の実情」

女性の労働者　非正規雇用は，もともと女性を中心に広まってきたものである。しかも近年は男女とも非正規雇用の割合が上昇するなかにあって，依然として女性は男性に比べ，非正規雇用の割合が高い（資料3-2参照）。また，この問題だけでなく，女性労働者は，性別による差別を禁ずる憲法14条1項の下にあっても，雇用の場でさまざまな差別に苦しめられてきた。そうした差別に対する女性労働者による裁判を通じた闘いは，解雇の無効を争うことから始められたのである。たとえば，住友セメント事件では，女性労働者採用の際に「結婚したら退職する」との労働条件を定める企業の結婚退職制の無効判決を初めて勝ち取る（東京地判1966年12月20日）。また，日産自動車事件では，「就業規則中女子の定年年齢を男子より低く定めた部分は，専ら女子であることのみを理由として差別したことに帰着する」という最高裁判決を引き出した（最判1981年3月24日）。

　その後，女性差別撤廃条約批准との関係で，1985年，男女雇用機会均等法が制定されたが，同法は，募集・採用・配置・昇進について差別を禁止するのではなく，差別しないように「努めなければならない」として努力義務を規定するにと

資料3‐3　一般労働者の正社員・正職員の所定内給与額及び男女間賃金格差の推移

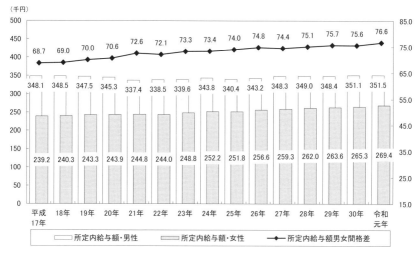

（出典）　厚生労働省雇用環境・均等局「令和元年版　働く女性の実情」

どめるなど欠陥もあった。そこで，1997年に同法が改正され，募集・採用・配置・昇進について努力義務規定を差別禁止規定に改めるなど規制を強化した。

　しかしながら，同じ正規雇用労働者の場合でも男女間には賃金格差がある。その要因の１つが「コース別雇用管理制度」である。男女雇用機会均等法制定以後，企業は，従来の男女別人事政策はできなくなったため，それに代えて「コース別雇用管理制度」を導入するようになり，「企画的業務に従事し，全国的規模の転居あるコース」（総合職）と「定型の業務に従事し，転勤のないコース」（一般職）とに分け，採用の段階で男性の多数は「総合職」に女性の多数は「一般職」に振り分けるなどした。これが，昇進・昇格に影響し賃金格差にもつながることになる。こうした現状に対し，男女雇用機会均等法をより実効性のあるものにしようと改正を目指した運動が展開され，間接差別の禁止やセクシュアル・ハラスメントに関する雇用管理上の必要な措置の義務づけ，ポジティヴ・アクションに対する一定の援助などを定めた2006年の改正へとつながっていく。しかし，同改正後も，正規雇用労働者における男女間の賃金格差は拡大傾向にあり（資料3‐3参照），上述した非正規雇用労働者の女性割合と合わせてみると，女性労働者は依然として差別的に扱われていることが分かる。

貧困化の原因　労働者の貧困化には2つの原因が考えられる。第1は，労働力の流動化や柔軟化といった，日本国憲法の予定していない形での労働権の解体である。1995年に日本経済団体連合会は「新時代の『日本的経営』」を発表し，将来の雇用システムの方向性を示している。そこでは，従来の年功序列正社員の労働形態を変更し，労働者を，常勤型労働者（長期蓄積能力活用型），任期型労働者（高度専門能力活用型），派遣型パート労働者（雇用柔軟型）の3つに分け，常勤型の正規雇用に対する成果主義の採用と非正規雇用の拡大が計画された。これにより，常勤型は管理職のみに限定し，任期型は研究職専門職に用い，肉体労働および事務労働は派遣型パート職員にするという計画が打ち立てられた。この影響を受け，労働者派遣法およびパート労働法等により労働者の生活から安定性は失われ，非正規雇用の任期型や派遣型は労働者の使い捨てにつながり，正規社員にあっても成果主義による目標管理型の一種の出来高賃金制という過労死的労働が強いられたのである。

　第2は，福祉の解体である。すなわち，第1の原因とも関連するが，必要な労働者だけは最小限の賃金で最大限に能力を使い切り，不必要になったらすぐに解雇するという構図がそこでは想定されている。しかも，社会保障にとって必要な原資となる失業保険などは，なるべく労働者自身の賃金から天引きすれば企業負担分が少なくて済む。また，カネのかかる医療や介護，養育，教育は労働者の自己責任で対処させようと，自己負担率を高めてきた。

課題を探求しよう

　私たちは何のために働くのだろうか。もちろん自分の生活を守るためなのだが，それ以外に答えはあるだろうか。1つヒントを出そう。最高裁判所は，ある有名な判決（最大判1975年4月30日）のなかで，職業を人間成長の機会と位置づけている。今，労働者を取り巻く過酷な状況は，最高裁の見識にかなっているだろうか。

女性と貧困「彼女は私だ！」

その夜，彼女はいつものようにバス停のベンチに１人腰掛け，晩秋の凍える寒さのなかで朝を待っていた。その頭に突然，重たいものが振り落とされたのは午前４時ごろ。倒れていた彼女を近所の人が見つけ，救急隊が駆けつけたときにはすでに意識はなかった。死因は外傷性くも膜下出血だった。

2020年11月16日。東京・渋谷のバス停で，路上生活を続けていた64歳の大林三佐子さんが暴行を受けて死亡した事件は，新型コロナの感染拡大によって生活を脅かされていた女性たちに大きな衝撃を与えた。

亡くなった時，所持金はわずか８円だった。しかしコロナ禍が広がるまで大林さんは，都内の派遣会社に登録し，首都圏のスーパーで試食販売を担当していた。数年前までは都内のアパートに住んでいたが，家賃を滞納して出ていた。

事件当日の気温は10度。最終バスの運行が終わったバス停のベンチで体を休めていた大林さんに，石を詰めた袋を手にした男が襲いかかったのはなぜなのか。

逮捕されたのは近くに住む40代の男だった。家業を手伝いながら，町のごみ拾いのボランティアをしていた。警察の取り調べに対し「バス停に居座る女性が邪魔だった。痛い思いをさせればいなくなると思った」と語ったという。

なんて冷酷かと思う。行き場をなくした彼女を町の異物，排除すべきものとしかみていなかったのだろうか。貧しさと女性に対する二重の差別を感じる。

総務省の労働力調査によると，緊急事態宣言が最初に出された2020年４月の女性雇用者の数は，前月から約74万人減った。その数は男性の２倍に上る。

営業自粛を強いられた飲食店で働く従業員の多くは，パートやアルバイトなど非正規で働く女性たちだ。彼女たちは雇い止めやシフト減などに遭って一気に困窮した。

非正規で働くシングルの女性が賃貸住宅で生活している場合には，さらに痛手が大きい。ギリギリの収入のなかから家賃をねん出しているため，仕事を失うと同時に住まいまで失う恐れがある。

だが女性たちは，コロナ禍だけが理由で貧困に陥ったのではないはずだ。以前から抱えていた貧困のリスクが，コロナ禍ではっきり見えるようになったにすぎない。女性の貧困は社会の構造や慣習によって，ずっとずっと前から生み出され，そしてないことのように放置されてきたのだ。

もともと女性の非正規雇用の割合は男性よりも高い。「結婚すれば夫が養ってくれる。だから仕事は半人前でもいい」，といわんばかりに女性を「結婚予備軍」としかみていない。そんな差別的な国では，困窮したシングル女性への支援はないに等しい。

「彼女は私だ！」。追い詰められた女性たちは，大林さんの死に自らを重ね合わせる。その叫びの声は聞こうとしなければ聞こえてこない声でもある。

（佐藤直子）

4 犯罪・刑罰と人権

　2014年，袴田巌さんは，事件発生から死刑判決を経て48年経ってようやく再審（裁判のやり直し）が認められ釈放された（袴田事件）。しかし，冤罪から無罪を勝ち取っても，一度失われた人生は元には戻らない。このように冤罪は，もっともあってはならない人権侵害であるが，科学の進歩により精密で正確な捜査が可能になったはずの現代においても，冤罪がなくならないのはなぜだろうか。

　2016年5月，刑事訴訟法が改正され，取調べの可視化の一部義務化と，捜査方法としての通信傍受（メール・電話の傍受）の拡大などが実現した。また近年警察では，捜査対象者の車両にGPS装置を取り付け，位置情報を把握する捜査手法がとられている。さらに2017年5月，殺人や誘拐から窃盗まで277の犯罪を「計画段階」から処罰の対象とする，共謀罪（テロ等準備罪）が刑法で新設された。このように犯罪や捜査方法をめぐる法制度の改正や，実際の運用には，憲法の原則からみてどのような問題が指摘できるだろうか。

憲法の基礎を学ぼう

国家の刑罰権と適正手続の保障　日本国憲法は，基本的人権の章の3分の1を占める31条から40条まで，犯罪や刑罰に関する権力作用について詳細な規定を置いているが，この背景には，戦前の日本における警察・検察権力の暴走への反省が込められている。たとえば治安維持法のように「国体（≒天皇を中心とした国家体制）」を守るために，時には死刑をもって人間の自由な表現活動を弾圧したり，小林多喜二のように暴行・拷問により対象者を死なせてしまうような過酷な「取調べ」が行われたりしていた。こうして日本国憲法は，罪になる行為を定める法律の内容や犯罪捜査の手段・裁判手続が適正であることを，「人権」として保障するに至った。これらを「適正手続の保障」と呼び，31条で定められ

資料4-1　逮捕後の手続と身柄の拘束（概略）

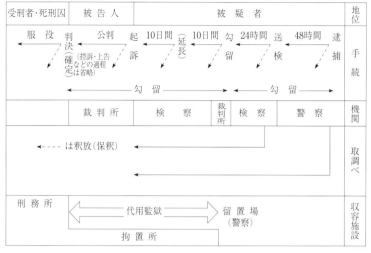

（出典）坂本修ほか編『警察拘禁二法のすべて』学習の友社，1988年

ているとされるが，「法律の定める手続によらなければ……刑罰を科せられない」をそのまま読むと，犯罪に関し「法律の定める」「手続」がありさえすればそれでよいとも読める。しかし31条が定める適正手続の保障は，①犯罪捜査や裁判に関する手続が法律で定められるべきことに加え，②その手続の内容が適正であるべきこと，③何が刑罰を科せられる犯罪にあたるかを法律で定めるべきこと，④その法律の内容が適正であるべきこと，までを要求するものと理解され，③は特に罪刑法定主義と呼ばれている。

　つまり，国家の刑罰権は，法律に書いてあれば何をしてもよいわけではない。実体・手続ともにその内容も適正であることが要求され，権力行使は二重に抑制されている。そうすることで憲法は，不当な捜査や処罰を受けない権利を保障した。そしてこれを受けた刑事訴訟法も1条で，「公共の福祉の維持と個人の基本的人権の保障とを全うしつつ事案の真相を明らかに」すると定め，人権を尊重した「適正な」手続きのなかでのみ，真実が発見されていくという考え方をとっている。以上を前提に，基本的人権を保障したうえで真実の発見の追究を目指す「適正手続」を，被疑者，被告人の地位に即して具体的にみていきたい（資料4-1参照）。

被疑者の権利（捜査段階）　法律で定められた罪を犯したと疑われ，捜査の対象となっている人を被疑者（容疑者はマスコミ用語）という。被疑者には逮捕，取調べにおいて権利が与えられており，捜査機関には数々のルールが課せられる。まず，逮捕，捜索・押収のような，国民の基本的人権を強制的に制約する捜査方法（これを強制処分・強制捜査という）は，裁判官による令状がなければ行えない（33条・35条：令状主義）。これは，人権を強く制約する捜査方法が濫用されず適正に行われているかを，第三者である裁判所がチェックするためである。なお，令状は容疑事実ごとに必要で，さらに逮捕の後にさらに身柄を拘束し続けるときは，逮捕状のほかに勾留状が必要となる。逮捕状は，罪を犯したことを疑うに足る相当な理由があり（刑事訴訟法199条），またその場合でも，逃亡や証拠隠滅のおそれがある場合でなければ（刑事訴訟規則143条の3）発せられない。

次に，自白の強要が問題とされ，冤罪の温床といわれているのがいわゆる代用監獄である。逮捕後送検され勾留が決定すると，被疑者は警察から独立した拘置所（監獄）に収容される。しかし，旧監獄法1条3項「警察官署ニ附属スル留置場ハ之ヲ監獄ニ代用スルコトヲ得」（現在は，刑事収容施設及び被収容者等の処遇に関する法律15条）により，拘置所の代用としてそのまま留置場を使うことができる。これを代用監獄というが，法務省管轄の拘置所と異なり，留置場では，被疑者は24時間食事や排泄まで警察の監視下に置かれる。最大23日間の身柄拘束が捜査機関の中で行われると，まともに睡眠や食事も与えない長時間の取調べも可能となり，やってもいないことを「自白」してしまう。

捜査機関が客観的な証拠集めより，自白の取得に力を入れがちになること（自白偏重主義）を，日本国憲法は強く戒めている。まず被疑者には自己に不利益な供述を強要されない黙秘権が保障される（38条1項）とともに，拷問による自白や，不当に長い拘留の後の自白の証拠能力を否定（同2項），さらに自白のみによって有罪とすることはできず（同3項）自白以外の補強証拠を必要とする。当然のことながら，拷問は絶対的に禁止されている（36条）。

法律の知識がない一般市民が不当な取調べに抵抗するのは難しい。また身柄拘束により突然社会から隔離された被疑者は，精神的にも孤立しがちである。その被疑者を支援するのが弁護人の役割であり，弁護人を依頼することは憲法上の権

利として保障されている（34条）。さらに被告人については依頼権だけでなく，経済的理由で依頼が難しいときに国の責任で弁護人を附すことも保障されている（37条）。しかし，最も重要なのは不当な取調べを受けたり，自白を採られたりしてしまう被疑者の段階で弁護人の支援を受けることである。そこで弁護士会によって，身柄拘束された被疑者が初回無料で弁護士に相談できる当番弁護士制度が始まり，その後，2004年の刑事訴訟法改正により，3年以上の刑の罪で逮捕された被疑者にも国選弁護制度が設けられ（刑事訴訟法37条の2），2016年改正では，被疑者が勾留されている全事件へと対象が拡大された（刑事訴訟法37条の2，37条の4）。もっとも，弁護人と立会人なしに面会し，書類・物を授受することのできる権利（接見交通権）は，捜査機関により日時場所を一方的に指定され事実上制限されている，取調べ過程における弁護人立会い権は認められていないなど，なお被疑者が捜査機関のなかで孤立しやすい状況の改善が求められている。

被告人の権利（裁判段階）　警察・検察の取調べを経て，刑事裁判にかけることを起訴といい，起訴された被疑者を被告人と呼ぶ。被告人の権利は裁判における権利が主な内容となる。憲法37条1項は，刑事被告人に「公平な裁判所の迅速な公開裁判を受ける権利」を保障する。公平な裁判所とは，公開の法廷において，当事者から独立し中立的な立場にある裁判官が，事件に予断を抱かないような訴訟手続（例：起訴状一本主義：刑事訴訟法256条6項）により，法廷に出された証拠のみに基づき有罪か無罪かを判断すること（証拠裁判主義）により実現される。裁判が「迅速に」行われるべき理由は，裁判が長期に渡れば証拠も散逸し被告人が反論しにくくなる，被告人を長く不安定な地位に置き続けることを防止するためである。すなわち，被告人に十分な主張・反論の機会を与えない「拙速な」裁判は，「迅速な裁判」の意味するところではない。

　刑事裁判のもっとも重要な基本原則として，被告人は無罪が推定されており，裁判で有罪が確定するまでは無罪として扱わなければならないという原則（無罪推定の原則）が挙げられる。刑事裁判では被告人が無罪を立証するのではなく，有罪の立証責任を検察官が負い，「合理的疑いを超えた証明」がなされない限り，裁判官は被告人を有罪としてはならない。原則無罪という前提を被告人が有するべきなのは，組織的で強大な捜査権限をもつ捜査権力（警察・検察）と，（たとえば自己に有利な証拠を集めるような）権力をもたない一私人とでは，力の差が歴然

としてあることから，捜査機関の権力の濫用を戒めることにある。この諸原則
は，裁判員も遵守することが求められる。

具体的な人権状況を知ろう

令状主義の実態　令状主義の理念にもかかわらず，裁判所にもち込まれる令
状申請は，ほとんど却下されることなく発行されてきた。
裁判員制度の導入とともに，勾留については裁判所が却下する例が増えたといわ
れる（2019年は最多6.24％，2020年は速報値で5.30％）がなお数％前後にとどまる。
犯罪事実を否認していると身柄拘束が長引くという「人質司法」の実態を真摯に
受け止めるならば，なお逮捕など他の令状も含めた却下率（0.05％前後）を注視
していく必要があるだろう。

　「逃亡や証拠隠滅のおそれ」が存在しないにもかかわらず，現実には軽微な
「犯罪」を理由に逮捕・勾留がなされる事例も多数ある。たとえば立川反戦ビラ
事件（第2部第5章参照）では，警察は，自衛隊イラク派遣反対のビラを投函した
3名を，「住居侵入」の疑いで捜査するのに必要性の疑わしい，逮捕，勾留，家
宅捜索という強制捜査を行っており，逮捕後の長時間にわたる取調べも問題と
なった。裁判所は本当に強制捜査が必要なのかを冷静に見極めることが求められ
よう。

　なお，冒頭の例でみた令状なしのGPS捜査につき，最高裁は本人の了解なく
プライバシーを侵害するGPS捜査は強制処分（刑訴法197条1項ただし書）にあた
り，令状が必要であると判断した（最大判2017年3月15日）。1999年に通信傍受令
状が創設され，2016年に対象が拡大されたことについても，プライバシー権（憲
法13条）や通信の秘密（同21条2項）という重大な人権の制約を安易に認めること
は，強大な捜査権力に歯止めをかける令状主義の趣旨に照らして再度，その運用
の実態が検証されるべきである。令状がありさえすればなんでもできる，では，
権力の歯止めという憲法の趣旨を形骸化させることになりかねない。

取調べの可視化　自白の強要と冤罪の温床が問題視される代用監獄制度は，
国際機関からの批判も根強い。国際人権（自由権）規約委員
会（直近では2014年の第6回委員会）でも，刑事事件で身柄拘束を受けた者は，す
みやかに捜査機関の管轄下から引き離すよう勧告が出されている。他方，国内で

も厚労省局長だった村木厚子さんが逮捕され無罪となった事件で，大阪地検特捜部が筋書きに合わせて証拠を改ざんしていたことが判明したことや，再審無罪となった足利事件（2010年）などを受け，ようやく2016年，一部事件について，身体拘束を受けている被疑者取調べの全過程の録音・録画を義務づける改正刑事訴訟法が成立した。しかし，対象となるのは裁判員裁判対象事件等に限られ，全事件の約３％にとどまること，身柄拘束されていない被疑者や参考人の取調べは対象外であること，録音・録画義務に例外が設けられていること（例：被疑者が供述しにくいと判断される場合）などに批判が出されており，専門家や弁護士会などからはなお改善を求められている。警察・検察は，捜査に支障があるとの理由で従来可視化には消極的であったが，自白の任意性が問題となった際に後から検証する必要性，捜査機関への行き過ぎた取調べを抑制する効果の点から，対象を限定しない全過程の録音録画が望まれる。

共謀罪　2017年６月，改正組織的犯罪処罰法が成立したが，新たに設けられたいわゆる「共謀罪」（テロ等準備罪）にも重大な問題が指摘されている。これは，犯罪の計画・準備段階での取締りをめざすものだが，本来刑事法の原則は，法的に罪に問えるのは，他人の生命や財産等の利益（法益という）が実際に侵害される危険を伴う行為が実行された場合とされる。これは国家刑罰権の濫用を抑制するために，警察・検察権力が発動される時点を原則具体的な犯罪発生時とし，準備・予備行為の処罰を例外とするものだが，共謀罪はこの原則と例外を逆転させる意味をもつ。もっとも，テロを未然に防ぐ目的であれば仕方がないと考えるかもしれない。しかし，どれだけ目的が正当であっても，その目的のためだけに権力の行使が限定できるだろうか。たとえば，同法では共謀罪の主体が「組織的犯罪集団」とされているが（組織的犯罪処罰法６条の２），この団体に当たるかどうかを判断するのは捜査機関側である。政府の政策を批判する市民団体，報道機関，労働組合等が対象団体に認定されない保証はどこにもない。さらに，通信傍受やGPS捜査とも連動し，実際に犯罪が起きるかどうかわからない段階で捜査の対象となり，つねに権力に監視される可能性が誰にも起こりうる。そもそもテロの防止を真に考えるのであれば，テロの原因を考え根本的な解決に取り組むことなく，安易に捜査機関の活動の拡大・前倒しを容認してしまうことは，憲法の視点からは極めて危険なことではないだろうか。

犯罪や犯罪に苦しむ人をなくすには　2021年 5 月，適用年齢を20歳から18歳に引き下げる改正少年法が可決・成立，この改正で，18歳・19歳は「特定少年」としてより成人に近い手続きに付されることになった。この厳罰化の傾向は，たとえば飲酒運転やあおり運転に関する悲惨な事故をきっかけにした，刑法の危険運転致死傷罪の新設や，自動車運転処罰法の新設・改正など，一般の刑法規定においてもみられる。しかし専門家からは，厳罰化の根拠の欠如や，強い非難を受けるべき行為の厳罰化による，被害者・遺族感情の慰謝や犯罪抑止効果は限定的であること等が指摘されている。犯罪の背景に照らした加害者の更生プログラムや危険な運転を防ぐ自動車技術の向上など，厳罰化以外の諸政策を総合的に検討しなければ，社会から犯罪および犯罪に苦しむ人をなくすことにはつながらない点に注意が必要だろう。

課題を探求しよう

　昨今，犯罪抑止のために厳罰化や犯罪の新設が行われたり，「テロ対策」などを理由に捜査方法が拡大されたりしている。しかし，警察や検察がもつ捜査権力は 1 つ間違えば罪もない人を犯罪者にしたり，私たち一般の市民がつねに監視される恐怖を感じ，社会全体が萎縮したりしかねない。こうした法制度の改正の動きや，事件報道に接する時には，刑罰の運用による犯罪抑止効果の有無や，捜査権力の濫用がないかをチェックしてみよう。

黒髪と人権

ある講演会で話し終えたばかりの男性に向かって私は質問をした。

「どうしてそんなに髪が黒いのですか」。あまりにも唐突な質問に，司会者は面食らった顔をした。だが，男性は「そうですね」というような顔をして，かみしめるように語りはじめた。

「わたしはですね，妻や子を養ったりね，子どもの教育はどうしようかと悩んだりね，人並みの苦労ばしなかったからですね，髪はこう黒かとですよ」

30年以上も前の話である。九州地方の抑揚を含んだ語りのその人は，免田栄さん（故人）だった。

戦後まもない1948年，熊本県人吉市で起きた殺人事件の犯人とされ，裁判では無罪を主張したが退けられて死刑が確定した。後に死刑囚として国内で初めて再審無罪判決が言い渡されるまで，なんと30年以上も獄につながれた。言葉に尽くせない経験を背負わされた人だった。

83年の判決の日，免田さんの「冤罪」を伝える新聞がわが家の居間にも置かれていた。学校から帰って何げなく手にした高校生の私の目は，記事のなかに吸い込まれた。免田さんに起きた出来事が，私の日常とあまりにもかけ離れていたからだ。

20代から獄中にいた免田さんに「青春」と呼べる時間はあったのだろうか。無実を訴え続ける青年の絶望と孤独を想像して涙が止まらなかった。

その日のことが忘れられず大学生になってから人権団体が免田さんの講演会を企画していることを新聞記事で知ったときは迷わず，「会いにいこう」と決めた。

けれど，講演会の会場は私の住む町から遠かった。道に迷い，到着したときには免田さんの話は終わっていた。それでも若かった私は，当時60代の免田さんに聞きたいと思うことをそのままぶつけた。

髪が黒いのはなぜですか，と。それは人は苦労すると髪が白くなると思い込んでいたからだ。ぶしつけで浅はかな質問だったと今なら思うが，そんな質問にも免田さんは嫌な顔をせずに答えられたのだ。「人並みの苦労」がなかったからですよ，と。

私ははっとした。人生に苦労はつきものだというけれど，人並みの苦労さえ許されなかったら，そのことのほうが実はもっと悲しいことなのだと，免田さんはそう教えてくださったように思えた。

免田さんは無罪となった後，人権を軽視した日本の捜査の問題などを海外にも出かけて訴えていた。国連でスピーチもした。けれど，無実となった後も一度はられた犯罪者のレッテルはなかなかぬぐいきれず，偏見に苦しめられたという。

免田さんは2020年12月，95歳でこの世を去った。いばらの道だったその人生が語るのは自分らしく生きる時間を奪われないことこそ，わたしたちの大切な権利だということ。免田さんとの出会いが，新聞記者となった私の「人権」とは何かを考える原点になった。

（佐藤直子）

5 市民が表現しようとすると

◆ スタートアップ ◆

　近年，インターネットの発達により，市民が気軽に表現活動を行えるようになっている。このこと自体は歓迎されるべきだが，街頭演説やビラの配布，ポスターの掲示といったリアル空間における表現活動は，他者との直接的なコミュニケーションが可能である点で，特有のメリットを有している。

　また，インターネット空間においては，情報の選別が可能であるため，自分にとって"心地よい"言説にしかふれないことが多々あるが，リアル空間では，自分にとって"不快"な言説に予期せず出会うこともあり，それが新たな発見となり，思索を深めるきっかけになることもあるだろう。

　他方で，"不快"な言説との突然の出会いは，そうした言説を，国家権力を用いてでも抑え込みたいという衝動をもたらす。果たして，"不快"な表現活動であれば規制してよい，ということになるのだろうか。近年起きている政治的な文書の投函をめぐる事件を通して考えてみよう。

憲法の基礎を学ぼう

表現の自由の意義　憲法21条が保障する表現の自由は，憲法が保障する人権のなかでも特に重要なものと考えられている。表現の自由の重要性は，それが個人の人格的な発展に資すること，および，民主政治の維持・発展に役立つことによって根拠づけられる。

　後者につき，民主政治への直接の参加の機会という意味では，選挙権こそが「議会制民主主義の根幹を成すもの」（在外国民選挙権事件・最大判2005年9月14日）といえるが，選挙権をまともに行使するには，とりわけ政治に関する情報の自由な流通が確保されていなければならない。

　また，自らの政治的主張を他者に訴えかけ，また，訴えかけられる機会が確保されていなければ，国政の基礎となる民意が適正に形成されると考えることはで

きない。最高裁も、「主権が国民に属する民主制国家は、その構成員である国民がおよそ一切の主義主張等を表明するとともにこれらの情報を相互に受領することができ、その中から自由な意思をもつて自己が正当と信ずるものを採用することにより多数意見が形成され、かかる過程を通じて国政が決定されることをその存立の基礎としている」ことから、表現の自由の重要性を根拠づけている（北方ジャーナル事件・最大判1986年6月11日）。

表現の自由の保障範囲　表現の自由が表現の送り手の自由を保障していることはいうまでもないが、通常、表現行為は受け手の存在を想定して行われるものであるから、表現の自由は、送り手の自由のみならず、受け手の自由も保障されると解されなければならない。また、表現行為を行う前提として、情報収集活動が自由に行えることも必要である。したがって、表現の自由は、情報収集―情報提供―情報受領といった情報流通過程全体を保障するものと解すべきである。

表現の自由に対する規制と思想の自由市場論　前述のとおり、表現の自由は憲法が保障する人権のなかでも特に重要であるから、それに対する規制は原則として許されない。他方で、世の中には"問題のある"言論が氾濫しており、国家による積極的な規制が必要であると感じられることもあるかもしれない。しかしながら、何が"問題のある"言論であるかは、国家が決めることではなく、言論空間における自由な競争に委ねられるべきである、という思想の自由市場論の考え方からすれば、"問題のある"と感じられる言論があっても、まずは言論で対抗するのが筋であり（これを「対抗言論の原則」という）、言論による対抗が困難な事情があってはじめて、国家による規制が認められる、ということになる。

事前抑制　表現の自由に対する規制にはどのようなものがあるのか。1つは、表現行為がなされる前に加えられる規制である事前抑制である。これは、表現が言論空間に登場すること自体を妨げるため、思想の自由市場論を基盤とする表現の自由に対する脅威となる。

事前抑制の典型は、憲法21条2項が禁止する「検閲」であるが、最高裁は、「検閲」を極めて限定的に定義しており（札幌税関検査事件・最大判1984年12月12日）、その結果、実際にこれに当たるものは想定できないともいわれている。その他の事前抑制として、名誉毀損やプライバシー侵害を理由とする裁判所による

出版差止めがあり，名誉毀損に基づく出版差止めの合憲性が争われた事件において，最高裁は，出版差止めが原則として許されないとしつつ，「その表現内容が真実でなく，又はそれが専ら公益を図る目的のものではないことが明白であつて，かつ，被害者が重大にして著しく回復困難な損害を被る虞があるとき」には，例外的に許されると判示した（前掲・北方ジャーナル事件）。

表現内容規制　さらに，表現の内容が害悪をもたらすがゆえに加えられる規制である表現内容規制と，表現の方法がもたらす弊害を除去するために加えられる規制である表現内容中立規制がある。前者は，害悪をもたらす表現内容を国家が選別するものであるため，言論空間における自由な競争を歪めるおそれがあり，思想の自由市場論を基盤とする表現の自由に対する脅威となる。したがって，表現内容規制は原則として許されないが，例外的にいくつかのカテゴリーで認められている。

　たとえば，犯罪行為のせん動（犯罪行為をそそのかすこと）（破壊活動防止法39条，40条等），わいせつ物の頒布（刑法175条），名誉毀損（刑法230条1項，民法710条），プライバシー侵害等に対する規制がある。このなかでも学説からの批判が特に強いのが，犯罪行為のせん動に対する規制である。せん動罪は，せん動を受けた者による犯罪行為の実行なくして成立するため，犯罪行為との結びつきの弱い表現活動まで規制対象となるおそれがある。

　最高裁は，破壊活動防止法のせん動罪規定の合憲性が問われた事件において，せん動が「重大犯罪をひき起こす可能性のある社会的に危険な行為であるから，公共の福祉に反し，表現の自由の保護を受けるに値しないものとして，制限を受けるのはやむを得ない」と述べ，処罰対象を限定することなく，せん動罪規定が合憲であると判示した（最判1990年9月28日）。前述した思想の自由市場論に照らせば，言論による対抗の余地がないほどの，犯罪行為が引き起こされる明白性と切迫性が要求されるはずだが，本件で問題とされた行為が犯罪行為を引き起こす危険性のあるものかを具体的に問う姿勢は，本判決からはうかがえない。

表現内容中立規制　表現内容中立規制は，表現の方法が何らかの弊害をもたらすことを理由とした規制であり，たとえば，ビラ貼りを規制する屋外広告物条例や軽犯罪法（1条33号），路上での演説やビラ配布を規制する道路交通法（77条1項4号）等がある。

　これらの規制は，（建前としては）国家による特定の表現内容の選別を許すものではないから，言論空間における自由な競争を歪めるおそれは小さいといえる。とはいえ，特定の方法による表現活動の機会が奪われることに変わりはなく，また，その方法がある表現の伝達をより効果的にすることもあるだろう。さらには，表現内容中立規制が特定の表現内容を狙い撃ちするように適用されることもあり，その場合には，その規制は，表現内容規制と同等の機能を果たしていると評価されなければならない。

　最高裁は，屋外広告物条例の合憲性が問われた事件において，都市の美観風致の維持という条例の目的の正当性からストレートに，当該条例の規制対象に該当する表現行為に対する処罰を合憲と判断した（大阪市屋外広告物条例事件・最大判1968年12月18日，大分県屋外広告物条例事件・最判1987年3月3日）。そこでは，規制対象とされた表現方法のもつ意義に注意が払われることなく，また，当該条例の適用実態（狙い撃ち的な適用がなされていないか）が問われることもなく合憲判断が下されており，学説からは批判を受けている。

具体的な人権状況を知ろう

堀越事件・世田谷事件　　国家公務員法（以下，「国公法」とする）101条1項は，一般職の国家公務員に対して，「選挙権の行使を除く外，人事院規則で定める政治的行為」を行うことを禁止し，同規定の委任を受けた人事院規則14-7第6項は，17の「政治的行為」の行為類型を列挙している。そのなかには，政治的団体の刊行物や政治的目的を有する文書の配布が含まれており，これらにあたる行為を行えば，刑事罰に処せられる可能性がある。この規定は，刊行物や文書の配布という方法ではなく，その配布対象物の政治性に着目したものであるから，表現内容規制にあたる。

　政党機関紙を他人の住宅の郵便受けに投函した国家公務員が，国公法違反により逮捕・起訴された2つの事件において，最高裁は，同日に，一方で無罪判決（堀越事件）を，もう一方で有罪判決（世田谷事件）を下した（最判2012年12月7日）。

　最高裁は，国公法が禁止する「政治的行為」を，「公務員の職務の遂行の政治的中立性を損なうおそれが，観念的なものにとどまらず，現実的に起こり得るものとして実質的に認められるもの」と限定的に解したうえで，当該公務員の地位

や職務，当該行為の性質や態様等を考慮して，「公務員の職務の政治的中立性を損なうおそれ」が「実質的に認められる」か否かを判断するとした。

　そのうえで，勤務時間外である休日に，職場の施設を利用せずに，公務員としての地位を利用せずに行われた行為であって，それが公務員により組織された団体としての活動でなく，また，公務員であることが明かされずに行われたものであるという2つの事件の共通性にもかかわらず，世田谷事件においては，被告人が管理職の地位にあったために，指揮命令や指揮監督を通じて，他の職員の職務の遂行にその政治的傾向に沿った影響を及ぼすことになりかねず，「職務の政治的中立性を損なうおそれが実質的に生ずる」と判断された。

　最高裁は，この判決の30年以上前に，労働組合協議会事務局長である郵便局職員が，同協議会の決定に従って選挙用ポスターの掲示や配布を行ったことにつき，国公法違反を問われた事件において，公務員の地位や職務，行為の性質や態様等を考慮することなく，有罪判決を下していた（猿払事件・最大判1974年11月6日）。事例ごとの検討を行わない，したがって公務員が「市民」であることを（選挙権の行使の場面を除いて）許さないとも読める判決から30年以上の時を経て，非管理職の公務員は，ようやく「市民」であることが可能になった。

　とはいえ，管理職の公務員は依然として「市民」であることを許されていないし，さらには，いかなる条件で公務員が「市民」でいられるかが不明確であるという問題もある。自らの行おうとする政治的行為が適法かどうかの見通しがなければ，仮に適法な行為であっても安全を期してやめておこうと考える公務員が出てきても不思議ではない（これを「萎縮効果」という）。国公法による政治的行為の禁止は，「市民が表現しようとする」以前に，公務員が「市民」であろうとすることを妨げている。

防衛庁立川宿舎ビラ投函事件

　他方，「市民が表現しようとする」ことを妨げたのが，防衛庁（当時）立川宿舎ビラ投函事件であり，次のような事例であった。反戦平和運動行う団体「立川自衛隊監視テント村」のメンバー3名（本件被告人ら）は，防衛庁立川宿舎の共用部分に立ち入り，各室ドアの新聞受けに，自衛官に向けてイラク派遣に反対するように促す内容のビラ（資料5-1参照）を，2003年10月から12月にかけて，月に1回のペースで投函していた。これを受けて，立川宿舎の管理業務担当者は，管理権者の意を

資料5-1　2004年1月17日に投函されたビラ

自衛官・ご家族の皆さんへ　　　　　　　　（2004.01.17）

自衛隊のイラク派兵反対！
いっしょに考え、反対の声をあげよう！

イラク戦争の大義とされた大量破壊兵器は結局みつからず、フセイン元大統領の身柄が拘束されてもなお、占領軍への攻撃は止む気配をみせない。

それでも米国は、イラク復興事業受注の入札にかんする権限と油田の権利だけはしっかり握り、日本政府も開発援助予算を投資するための皮算用を隠しもせずに進めている。大義など、最初からどうでも良かったのだと思わざるをえない。

■他人の「危険」で得をするのは誰か

こうしたなか、陸上自衛隊の先遣隊が昨日、クウェートへ向けて出発した。多くの「派兵反対」の声を蹴散らしながら進められる「復興」。そこまでして手にしたい「国益」とは、いったい誰のためのものなのだろうか。

米国国防総省は14日、イラク駐留米兵の「非戦闘中」の死者153人のうち、少なくとも21人（14％）以上が自殺であると発表した。また、「ストレス」などを理由にイラクから離れた米兵は400人に上るという。

また、同日にイラク中部のカザンラクに駐留するブルガリアの国軍は、将校クラス2人を含む62人がイラク行きを拒否したことを明らかにした。同軍は先月の27日に5人の死者を出し、それに伴ってイラク駐留部隊の特別手当を1日あたり最大25％アップしたにもかかわらずだ。

計算機を片手に命令を下す者はいつでも安全で、命令を下されるものや、さらにその標的になるものは、いつでも身の危険におびえ、激しいストレスにさらされ、時には金で横っ面をたたかれる。それが戦争の本質ではないのだろうか。

■自分で考え、一緒に声をあげよう！

テレビの討論番組で、石破防衛庁長官は「現地で、正体不明の自動車が近づいてきたら、攻撃するんですか」という問いに対して「攻撃します」と即答をしていた。

私たちと同じように、基地に申し入れに訪れる近所の住民がイラクにもきっといるだろう。石破長官の発言は、そういう住民を「即座に殺せ」と、警衛の自衛官に対して命令しているようなものである。

自衛官の皆さんは、「命令だから」という前に、その命令が何を意味するのかいちいち考えるべきだ。そして、納得のいかない派兵には、反対の声を一緒にあげよう！

自衛官の命と権利を守る「米兵・自衛官人権ホットライン」連絡センター
TEL
E-MAIL

立川自衛隊監視テント村　　　　　　　　／

受けて，宿舎敷地を囲むフェンスの出入口部分付近に，「関係者以外，地域内に立ち入ること」や「ビラ貼り・配り等の宣伝活動」を禁止事項に含む，禁止事項表示板を設置した。本件被告人らは，2004年1月と2月に，上記と同様にビラの投函を行ったが，それぞれにつき，立川宿舎の管理業務担当者は，管理権者の意を受けて，住居侵入の被害届を提出した。その後，被告人らは，刑法130条前段の罪（住居侵入罪）にあたるとして逮捕・起訴された。

　最高裁は，「表現の自由は，民主主義社会において特に重要な権利として尊重されなければなら」ないとしつつ，「憲法21条1項も，表現の自由を絶対無制限に保障したものではなく，公共の福祉のため必要かつ合理的な制限を是認するものであって，たとえ思想を外部に発表するための手段であっても，その手段が他人の権利を不当に害するようなものは許されない」と述べる。そして，「他人の権利を不当に害する」か否かにつき，「本件で被告人らが立ち入った場所は，防衛庁の職員及びその家族が私的生活を営む場所である集合住宅の共用部分及びその敷地であり，自衛隊・防衛庁当局がそのような場所として管理していたもので，一般に人が自由に出入りすることのできる場所ではない」から，「たとえ表現の自由の行使のためとはいっても，このような場所に管理権者の意思に反して立ち入ることは，管理権者の管理権を侵害するのみならず，そこで私的生活を営む者の私生活の平穏を侵害するものといわざるを得ない」と述べ，「本件被告人らの行為をもって刑法130条前段の罪に問うことは，憲法21条1項に違反するものではない」と判示した（最判2008年4月11日）。

　本判決に対して，どのように考えるべきか。表現の自由といえども，「他人の権利を不当に害する」ことは許されないとの一般論は，否定されるべきものではないだろう。そうすると，立川宿舎の管理権者の意思が禁止事項表示板と被害届の提出によって示されている本件では，被告人らを有罪とすることもやむを得ない，ということになるのだろうか。

　そうした考えに至る前に，本章で学んだ「憲法の基礎」を思い出してほしい。表現の自由は民主政治にとって欠かすことのできない重要な権利だったはずである。そうであれば，刑罰法規の適用に際しても，表現の自由の重要性が十分にふまえられなければならない。

　本件で問題になった刑法130条前段は，明らかに表現内容中立的な規定である。

とはいえ，その適用のありようは，事実関係に即して丁寧に検証される必要がある。たとえば，禁止事項表示板は被告人らによるビラの投函をきっかけに設置されており，そのことは，本件のビラが狙い撃ちされていることを疑わせるし，また，月に1回程度の，しかも居住者への応答を求めることもなく単にビラを投函するだけの行為に対して被害届を提出したということも，それが本件のビラの内容への不快感を理由にしたものであることを推測させる（第2部第4章で示されている本件における警察の捜査実態からは，政府批判としての性格をもつ本件のビラに対する国家権力の敵意を読み取ることもできよう）。

さらに，表現の自由の保障範囲の観点からも，本判決に対して疑問を呈することができる。というのも，本件では，管理権者の意思に基づいて被害届が提出されており，また，その提出にあたって，居住者の総意が確認されていたわけでもないからである。居住者のなかには，ビラを受け取りたくないと思う者もいたかもしれないが，そのような者ばかりともいえないだろう（少なくとも，そのような事実認定はなされていない）。管理権者の独断で送り手による情報提供行為を遮断することを認めれば，それは受け手の自由を侵害することにもなる，ということに注意が払われるべきである。

本件のような穏当な表現活動に対して，受け手の不快感という送り手にとって予測困難な事情を理由に刑罰法規を適用することが許されるならば，表現行為を行おうとする者に強い萎縮効果を発生させることになるだろう。その意味で，本判決は，その出発点において，表現の自由が「民主主義社会において特に重要な権利」であるという極めてまっとうな認識を示していたこととは裏腹に，「市民が表現しようとする」ことへの大きなハードルを課すものである，と評価されなければならない。

課題を探求しよう

防衛庁立川宿舎ビラ投函事件の一審判決は，本件被告人らを無罪としている（東京地八王子支判2004年12月16日）。そこでは，禁止事項表示板設置以降であっても，商業的宣伝ビラへの取り締まりがなされていなかったことが考慮要素の1つとされている。この事実が，本章で学んだ「憲法の基礎」とどのようにかかわるのかを考えてみよう。

6 知る権利とメディアの役割

◆ スタートアップ ◆

　2015年９月，自衛隊の海外での米軍支援を正面から認める安全保障関連法案に批判の声が上がるなか，報道番組「NEWS23」においてアンカーの岸井成格氏が「メディアとしても廃案に向けて声をずっと上げ続けるべきだ」と発言。これに反発したある団体の質問に答える形で，高市総務大臣（当時）は，番組内容が放送法の「番組編集準則」の１つ「政治的に公平であること」に反する場合は，電波法76条に基づき放送事業者に電波停止を命じることもありうると発言した。この発言は，報道の自由からみて問題はないだろうか。

　インターネットや SNS を用いることで容易に多様な情報に接することができる反面，そこに信頼性の疑わしい情報が入る可能性や，自身にとって心地よい情報だけに浸る危険性（エコーチェンバー現象）が問題視されている。そのような時代の民主主義社会において，マスメディアが果たす役割とはなんだろうか。

憲法の基礎を学ぼう

表現の自由の意義と
マスメディアの自由

政府が自分たちの政策を批判する意見を封じ込めるために，思想弾圧や情報統制・報道規制を行う例はいつの時代にもみられる。戦前の日本でも，治安維持法，新聞紙法，出版法等の法律によって，政府にとって都合の悪い情報が出回らないよう報道や出版物の内容を規制しており，事実上表現の自由は保障されていなかった。そうした歴史を踏まえて，日本国憲法21条に表現の自由が書き込まれたことの意義を，まずは確認しておく必要がある（21条は特にその２項において検閲の絶対的な禁止，通信の秘密の絶対的保障を定めていることも，戦前の歴史の反省の表れである）。

　表現の自由が重要な人権であり手厚く保護されなければならない理由として，

①個人が言論活動を通じて自己の人格を発展させるという自己実現の価値（個人主義的意義），②言論活動によって国民が政治的意思決定に関与するという自己統治の価値（民主主義的意義）が挙げられる。くわえて③さまざまな見解が自由に交わされ，そのなかで自ずと真理が明らかになる（思想の自由市場論）という説明もなされる。これらの表現の自由の意義の説明の仕方は，基本的に表現の自由を純然たる個人の人権として考えた場合である。

　しかしマスメディアの時代になって，コミュニケーションは一方向的なものとなり，情報の送り手と受け手とが分離するようになり，表現の自由を受け手の立場から再構成することが必要になった。そこで発信する自由のみならず，多様かつ必要な情報を受けとる権利もまた，日本国憲法21条の下で保障されるべきだという考え方が定着した。これを「知る権利」と呼び，日本国憲法21条は，情報を収集し，自身の意見を形成し，それを外に発信し，受け手に受領される情報流通過程すべてを保障したものと解されている。個人ではない放送局や出版社というマスメディアは，私たちの知る権利を実現するための重要な機関として，公権力から隠された事実を引き出し，公権力の活動を監視する役割が期待されている。

　近年，インターネットやSNSの発達によって，個人でも世界中に情報を発信できる社会になり，メディアの役割は減少したといわれることがある。しかしインターネットには，匿名であることからフェイクニュースなどの事実に反した情報や，他者を傷つけるヘイト・スピーチに当たるものも少なくない。その意味でマスメディアには，組織的取材力と真実に基づく情報発信により，丁寧な検証に裏付けられた情報の伝達を果たす役割がこれまで以上に期待されよう。

慎重であるべき表現の自由の制約　表現の自由も，絶対無制約ではないが，表現の自由を含む精神的自由権は，歴史的にみても国家権力の弾圧の対象となりやすいことから，その規制は極めて慎重でなければならない。たとえば，憲法学では，精神的自由権を制約する立法や政策に対しては，経済的自由に比べてより厳しく違憲性をチェックすべきという「二重の基準論」が提唱されてきた。精神的自由の1つである集会の自由への制約が問題となった泉佐野市民会館事件において最高裁も「集会の自由の制約は，……精神的自由を制約するものであるから，経済的自由の制約における以上に厳格な基準の下」で判断されるべき（最判1995年3月7日）と述べている。

　次に，公表の差止め等の事前規制は原則的に禁止される（事前抑制の禁止），表現内容に対する直接的な規制は原則的に禁止される（表現内容規制の禁止）等の原則もある。事前抑制が許されない理由として，事前抑制は表現行為がなされる前に行うため判断が抽象的になり，事後抑制と比べ規制の範囲が広くなりやすい。どのような表現が規制されたのか自体私たちは知りえないため，公権力にとって不都合な表現が規制されるような事例を防げない。仮に後に表現が許されたとしても，時宜性を要する情報においては手遅れとなる，等が挙げられる。

　表現内容に対する直接的規制は，公権力が社会に存在する意見や表現を「評価」することにつながり，公権力に都合の悪い表現を規制するために悪用されやすいことから原則的に禁止されるが，重要な公共的利益や他人の権利・利益を守る等必要不可欠な場合には例外的に許されることがある。たとえば名誉やプライバシーを侵害する表現行為に対して民事・刑事責任を問う場合，他人の尊厳を傷つけ精神的苦痛をもたらした発言に損害賠償を認める場合などが挙げられる。

取材の自由　取材の自由も憲法上の保護を受ける。最高裁も「報道のための取材の自由も，憲法21条の精神に照らし，十分尊重に値する」（博多駅事件・最大決1969年11月26日）と述べる。取材の自由の重要性が問われたのが，外務省秘密漏えい事件である。外務省女性職員から個人的関係を利用して外交上の秘密情報を入手した記者を，最高裁は，取材の方法が社会通念上是認できるものではないとして，公務員に秘密を漏洩させたそそのかし罪（国家公務員法111条，109条12号）で有罪とした（最判1978年5月31日）。しかし，日本政府が国民の知らないところでアメリカ政府と沖縄返還交渉に関する重大な密約を結んでいたことを明らかにしたこの事件は，取材方法の是非の問題以上に，国民の知る権利に応えるマスメディアの報道の自由の重要性を考慮する必要があっただろう。

　なお2013年12月に成立した特定秘密保護法は，防衛・外交・特定有害活動の防止・テロリズム防止の4分野の情報のうち特に秘匿が必要なものを行政機関の長が「特定秘密」に指定し，この秘密を業務上取り扱う公務員等が漏らすことを教唆し，または扇動等行った者を処罰することを定める。報道配慮規定（22条）はあるものの，ジャーナリストの取材活動を萎縮させ，報道の自由を不当に侵害する危険性は否定できない。国民が知るべき，公権力にとって不都合な真実が「秘密」とされ，それを取材して引き出すことも罰せられる社会において，知る権利

は保障されているといえるだろうか。

放送の中立・公正性　マスメディアのなかでも放送事業者は，放送に関する諸法律により規律を受けるとされる。放送法は，放送による表現の自由の保障を根幹とし（放送法1条），何者にも干渉されることのない放送番組編集の自由の確保を定める（同3条）。一方で同法は，番組編集にあたっては「政治的に公平であること」（同4条1項2号：政治的公平性），「報道は真実をまげないですること」（同4条1項3号：番組内容の真実性），「意見が対立している問題についてはできるだけ多くの角度から論点を明らかにすること」（同4条1項4号：論点の多角的解明）と，番組編集の内容に一定の規律を求める（番組編集準則）。

　番組編集準則は，表現の内容に対する規制であって，先に述べた表現内容規制の原則的禁止にあたることから，憲法違反であるとする学説も有力であるが，憲法学の通説は，周波数の希少性と放送の社会的影響力からこれを合憲としてきた。もっとも合憲説も，番組編集準則に適合的な内容の番組を放送しているかのチェックは，公権力ではなく放送事業者の自律に任せるべきと考えており，実際に放送事業者は，学識経験者などで構成される番組審議機関を設置し番組内容の適正を図ることとされ（放送法6条など），定期的に審議内容を視聴者（国民）に公開している。番組編集準則に違反したことを理由に，総務大臣が厳重注意などの行政指導を行ったり，放送免許を取消したりすることは，憲法に照らして許されない。放送法にも罰則や不利益処分の規定は存在せず，放送の自由の重要性から，番組内容については視聴者の意見や，自ら設置する番組審議機関のチェックにより放送事業者が自律的にその質を担保することが期待されている。

具体的な人権状況を知ろう

権力によるメディア介入　冒頭の総務大臣の電波停止発言についてみてみよう。上述した放送の自由とその規律としての番組編集準則は，放送事業者自らを律する法的拘束力のない「倫理規範」と考えられ，放送事業を管轄する郵政省（現総務省）も，長らく同じ見解をとってきた。ところが2000年代に入り，放送事業者が番組編集準則に違反しているとして，厳重注意や警告などの行政指導が繰り返されるようになり，現在の総務省見解として，電波法76条により電波停止を命じることもありうるとしている。

　考えてみてほしい。ある番組内容が「政治的に公平」か否かを政府・公権力が判断できるとしたらどうなるか。政府に批判的な番組を，総務大臣が放送免許の取消しをちらつかせながら「政治的公平原則に反する」と厳重注意すれば，放送事業者は今後，番組内容を政府に批判的ではないものに変更するだろう。憲法学ではこれを，表現する者を萎縮させ多様な意見を出しにくくするという意味で「萎縮効果（chilling effect）」と呼び，厳しく批判する。表現の萎縮効果が生じる社会では，マスメディアは，政府・公権力を厳しく監視し，国民の知る権利に応える責務をおよそ果たせない。冒頭の事例は，政府が成立を進めていた法案に対し，批判的な報道を行った場合であった。「政治的公平性」，「政治的中立性」が政府にとって都合の悪い意見を排除する道具として悪用され，結果マスメディアが政府の公式見解だけを伝える社会を，健全な民主主義社会と呼べるだろうか。

SNS・ネットメディアの台頭とマスメディアの役割　2016年アメリカの大統領選挙では，主要メディアが報じない情報こそが真実であるかのように，フェイクニュースがSNSで拡散し，たとえば「ローマ法王がトランプ氏を支持している」などの偽の情報が，選挙運動を左右する現象すらみられるようになった。また，トランプ氏自ら，自身を批判するCNNのような主要メディアを批判する際に「フェイクニュース」という言葉を頻繁に用いるようになり，SNSよりもむしろ主要メディアの方が偽の情報を発信しているかのような，「逆転現象」が生じている。

　この，マスメディアの地位が低下し，SNSによって民主主義が揺らぐ現象は，日本も例外ではない。特に第二次安倍政権下では，メディアの政府批判を「安倍ガー」と雑音視する表現がネットで出回った。安倍首相（当時）自身も「メディアは政府を評価する声を取り上げてくれない」と，自身に好意的なネットテレビの番組に積極的に出演したり，ネット上の支持者を背景にしてか，森友・加計問題や桜を見る会の問題で，国会での質問に正面から答えず論点をずらしたりするような姿勢（「ご飯論法」とも呼ばれる）もみられるようになった。そのようななかで，放送と通信の境目を撤廃し，ネットテレビなどの参入を促し，既存のメディアに対抗できるよう，放送法4条1項2号の政治的公平性をはじめとする，番組編集準則までも廃止しようという動きもみられる。

　先にみたように，マスメディアの役割は，政治的権力を批判的に監視し，事実

に基づいた客観的な検証を経て，私たちが政治的な判断をする際に必要な信頼性の高い情報を提供することである。しかし，マスメディア自身がフェイクニュースに加担する事例もみられるようになった。2020年日本学術会議が推薦した会員候補者を首相が任命拒否した事例で，テレビ局の上席解説委員が「学術会議で6年働いたら全員学士院に行って年間250万年金がもらえる」などと発言，誤りであることが判明してもそれを認めず，訂正も十分ではなかった。また2017年，東京MXテレビの情報バラエティー番組「ニュース女子」で，沖縄の米軍基地反対運動が取り上げられ，その際「過激な反対運動」の実態を放送するとしつつ，十分な裏付けがないままに放送されたことがBPO（放送倫理・番組向上機構）の審議で認定され，重大な放送倫理違反があったと判断された（2017年12月14日第27号委員会決定）。また同番組のなかで，反対運動では暴力や犯罪行為が横行しており，それをあおり，経済的にも支援していると実名を挙げて報道された市民団体代表の女性が，番組製作会社に対し名誉毀損による損害賠償を求めた裁判で，裏付け取材がなかったことや番組内容について誤りがあったことが認められ，高額の損害賠償と謝罪文の掲載が命じられた（東京地判2021年9月1日）。報道が事実に基づかないとあっては，マスメディアの報道の自由の意義は根底から覆されるだろう。

　本来マスメディアのもつ，正確な根拠ある情報に基づく報道力，民主主義の健全な機能にとって果たす重要な役割は，知る権利の担い手である視聴者自身によって育てていかなければならない。ネット情報の無条件の受け入れや，安易なメディアへの権力介入は，かえって民主主義を後退させる。

課題を探求しよう

　数年前，「マスコミを懲らしめるには，広告料収入がなくなるのが一番」と発言した国会議員がいた。報道内容に関して，与党が報道機関の幹部を聴取したり，文書で申し入れをしたりするなどの事例も起きている。ちなみに，2017年4月，国際NGO「国境なき記者団」が発表した報道の自由度ランキングで，日本は72位とG7の中で最下位であった。国民の知る権利に応えるため，マスメディアの報道の自由が萎縮することなく十分に機能する社会を実現するにはどうすべきか，さまざまな事例を通して考えてみよう。

新聞記者の眼⑦

見えない悪意と闘う

　顔が見えない敵との戦い。この苦痛と恐怖は味わったものにしか分からないかもしれない。だが，ツイッターやニュースサイトにコメントを投稿することが日常となった今，悪意をもった匿名の投稿によって攻撃される恐れはだれの身にも起こりうることだ。

　2021年6月，1人の若い女性が東京・霞が関の記者クラブでこう訴えた。

　「どうか想像してみてください。自分に関連づけられた憎悪の言葉が，ネット上にあふれ返るのを。それがどこの誰によるものなのか，分からないままに生活しなくてはならない気味の悪さを」。

　女性は2015年9月に成立した安全保障関連法に反対した学生団体「SEALDs（シールズ）」の元メンバーだった。

　当時，国会前で連日マイクを握っていた女性に対し，ツイッターでは名指しする誹謗中傷の投稿がみるみるうちに増えていった。

　「反日売国奴」「平成の慰安婦」「レイプさせろ」。政治的な内容よりも，性的に侮辱する内容の方が多かったという。

　女性は眠れなくなった。体に症状も出た。町に出られず，電車にも怖くて乗れない。投稿した人がそばにいるかもしれないと思うからだ。やむをえず海外に避難した時期もあった。

　ある日，女性は気づいた。投稿は「物言う女」を黙らせるために行われているのだ，と。

　ツイッター社や接続業者に開示請求した情報をもとにして，執拗に投稿していた人物を突き止めた。その人の投稿はたとえば，「誰の金でパリでごちそうにあやかれるのか。冗談か知らないが自分を売春婦と呼び……」などという支離滅裂なものだった。

　陰謀めいてまるで秘密の資金源があるかのように書いているが，すべて根拠のないデマだ。女性は同じように被害を受けた元メンバーと一緒に，投稿者に対して1000万円の慰謝料を求める損害賠償請求訴訟を東京地裁に起こした。一審は勝訴した。

　判決は「真実性がなく憶測で攻撃した」と投稿の悪質さを認め，投稿者に約100万円の支払いを命じた。

　だが，女性たちが心や傷に受けた大きなダメージが，これで償えるというのだろうか。

　SNS上の匿名に隠れた誹謗中傷は深刻だ。それは人の命をも奪う。2020年，民放の人気番組に出演していたプロレスラーの木村花さんには「お前が早くいなくなれば幸せ」などと書かれた大量の投稿が投げ付けられ，木村さんは自ら命を絶った。性暴力の被害を告発したジャーナリストの伊藤詩織さんにも人格を傷つける投稿が大量に投げつけられた。

　こうした卑劣な投稿に対し，「嫌なら見なければいい」と思う人もいるだろう。

　しかし，ネットの悪意の問題は被害者の側が遮断するだけではすまないからやっかいなのだ。拡散された投稿は放置していても消えない。顔が見えない悪意の投稿は周りの人の心もむしばむ。そこに待っているのは社会の腐敗だ。

　　　　　　　　　　　　　　（佐藤直子）

7 よりよい環境とくらし

◆ スタートアップ ◆

　ダム・道路建設などの政府企業の開発による環境破壊は，日本国憲法制定当時，まだあまり問題になっておらず，環境権という概念も存在せず，憲法に明記されることもなかった。しかし，公害列島と化した高度経済成長期に日本では公害問題が深刻となり，四大公害訴訟も提起される中で，公害から住民を救うべく環境権が「新しい人権」として提起された。さらに現在では，地球温暖化などの地球規模での環境破壊が進み，環境権を予防原則の観点から整理し直すことが求められている。

憲法の基礎を学ぼう

環境権の憲法上の根拠　「環境権」という言葉は広く知られているが，日本国憲法に明記されているわけではない。しかし，たとえばアメリカ合衆国憲法修正9条が「この憲法に一定の権利を列挙したことをもって，人民の保有する他の諸権利を否定しまたは軽視したものと解釈してはならない」と定めるように，自由や権利は，国家誕生の前から個人に生まれながらに備わっているものであり，憲法に明記されていなくても，必要ならば，憲法解釈によって保障されなければならない。

　環境権は「良好な環境を享受する権利」とされ，憲法13条，25条から導かれる。環境権は，国や企業の開発による環境破壊によって「生命，自由，幸福追求に対する国民の権利」（13条）が奪われるなら，良好な環境の享受を妨げられない権利として，国や企業に賠償や差止を求める権利となる。さらに「健康で文化的な最低限度の生活を営む」（25条）ためには良好な環境が不可欠なので，国に対し良好な環境を享受できる立法や具体的な施策を要求する権利としてとらえられる。

予防原則　　水俣病などの四大公害訴訟でも明らかになったように，ひとたび環境が破壊されると取り返しのつかない事態になる。被害は将来世代にも及ぶ。水俣病患者は魚を食べる限り発生し続ける。現在熊本の患者は50万人を数え，今も次々に訴訟が起きている。このような深刻な被害を防止するには，従来の市民法的な権利の保障だけでは不十分である。なぜなら従来の権利では被害が発生してからの事後的な救済しか期待できないからである。何万人も死んでからでは遅い。水銀の垂れ流しや海の汚染が発覚した段階でなぜ止められなかったのか。この問題を克服し，被害が発生する前に，事前の予防措置をとる権利として，1970年に大阪弁護士会によって提起されたのが「環境権」である。

　この環境権の考え方は，地球温暖化問題に直面する今日，予防原則として国際法の標準的な原則となった。予防原則とは，地球温暖化の主たる原因とされる産業 CO_2 の排出を規制し，劇的な温暖化を防止し，地球環境の保全を図ろうとするものであった。これは，劇的な環境破壊へのリスク排除のために予防的な措置をとる義務を国家に課すものであり，環境破壊への予防措置を各国に要求する全地球人の権利としても構成される。予防原則は，1982年の世界自然憲章や1992年の地球サミット・リオ宣言15条で明示され，1992年のマーストリヒト条約や2002年の EU 食品法に関する一般原則でも具体化されている。

予防原則と現代法　　予防原則は近代法の原理を修正した現代法の原理に基づく。近代市民法は，①人格の自由②私的所有③契約自由④過失責任の4つの原理から成り立つ（レオン・デュギー〔西島弥太郎・訳〕『私法変遷論』弘文堂書房，1925年）。それらのうち，「過失責任」とは，過失なく合法的になされた行為の結果には責任を負う必要がないという原理である。したがって違法な結果を生んだ原因者に賠償や差止の責任を負わせるには，原因と結果の間に相当因果関係があることを被害者が立証しなくてはならない。しかし，公害の被害者住民に立証責任を課しても，加害者の国や企業と違って科学的立証能力がほとんどないから，裁判は通常，被害者住民の泣き寝入りで終わる。この不合理を解決するために，四大公害訴訟で無過失責任の原理が認められ立証責任の転換がはかられた。近代法の限界が乗り越えられ，現代法的な無過失責任の原理，すなわち立証責任を加害企業側に転換する実体的環境権が認められた瞬間である。

　現代法的な無過失責任の原理とは何か。近代市民法で放任された資本主義経済

活動が環境破壊や貧困，恐慌さらには戦争や社会主義革命を引き起こし，資本主義を危機に陥れたので，近代市民法は福祉国家原理により修正された。それは，①私的所有の制限，②契約自由の制限，③無過失責任の原理による修正である。そのうち，「無過失責任」の原理とは，無過失の合法的行為であっても，放置できない利益侵害がもたらされた場合，原因者は責任を負うという一種の結果責任原理である。環境法でいう「汚染者負担の原則」（Polluter-Pays Principle: PPP）はこれに当たる。

戦前の日本でも，田中正造が帝国議会で問題にした足尾鉱毒事件（資料7-1参

資料7-1　田中正造と足尾鉱毒事件

　明治維新ではじまった日本の近代は，資本主義の発展とともに公害をも生み出した。典型が1885年ころ発覚した足尾銅山鉱毒事件である。足尾は，古河鉱業によれば1550年に銅が発見されて以来，銅山として開発されてきたが，1877年に古河鉱業が銅山を買収して財を成し，銅山上流部松木村には亜硫酸ガスなどにより林野が枯れ，銅山下流部の渡良瀬川流域の毛里田村には広範囲に稲が銅汚染され，枯死した。1890年以来開設された帝国議会の議員であった田中正造と汚水貯水地にされ廃村にされることになった谷中村の住民は古河鉱業を相手に鉱毒反対を訴えたが，官憲による弾圧を受けたり，わずかな補償金で済まされたりした。結局，この事件も戦前では解決せず，賠償も公害防止対策も，戦後の1974年まで待たねばならなかった。ここには軍事優先，経済優先がもたらした環境問題と悲劇の帰結が典型的に示されている。

照）を経て1939年の改正鉱業法109条により，無過失責任の原理が導入されていた。四大公害訴訟で富山イタイイタイ病訴訟が近代法の過失責任原理の壁を突破して最初に住民勝訴を勝ち取ることができたのは，鉱業法109条の無過失責任原理が適用され，立証責任が三井金属神岡鉱山側に転換されたからであった。四大公害訴訟を通じて，1972年に，大気汚染防止法，水質汚濁防止法の改正により無過失責任原理が両法に導入されることになった。今日では保険業法，原子力損害賠償法など広く無過失責任原理が採用されている。

具体的な人権状況を知ろう

四大公害訴訟　　1960年代の高度経済成長で日本は公害列島と化した。四大公害訴訟は住民の勝訴となった（資料7-2参照）。四大公害訴訟の中で提唱された環境権は，環境侵害リスクを回避する予防的権利であるが，四大公害訴訟の判決では，実際，無過失責任原理による立証責任の転換を中心とする実体的環境権が認められた点において画期的であった。

四大公害訴訟では，まず①1973年3月20日熊本地裁水俣病判決において，「実

資料7-2　四大公害訴訟

	四日市ぜんそく	イタイイタイ病	新潟水俣病	熊本水俣病
原　告	公害病認定患者・遺族12人	イタイイタイ病患者・遺族34人	水俣病患者家族・遺族77人	水俣病患者家族・遺族138人
被　告	昭和四日市石油・三菱油化・三菱化成・三菱モンサント・中部電力・石原産業	三井金属鉱業	昭和電工	チッソ
提　訴	1967年9月1日	1968年3月9日	1967年6月12日	1969年6月14日
根拠法規	民法709条,719条(不法行為,共同不法行為)	鉱業法109条(無過失責任規定)	民法709条(不法行為)	民法709条(不法行為)
訴　因	大気汚染亜硫酸ガス	水質汚濁カドミウム	水質汚濁水銀	水質汚濁水銀
請求額	2億58万6,300円	1億5,119万9,900円	5億2,267万4,000円	15億8,855万円
おもな争点	因果関係,共同不法行為,故意・過失責任,損害算定法	因果関係	因果関係,故意・過失責任	過失責任
判　決	1972年7月24日,津地裁四日市支部で患者側全面勝訴	1971年6月30日,原告勝訴で被告控訴。72年8月9日,名古屋高裁で被告敗訴	1971年9月29日,原告勝訴	1973年3月20日,熊本地裁で患者側全面勝訴
判決額	8,821万円	1億4,820万円	2億7,779万円	9億3,730万円

（出典）　『それぞれの人権〔第3版〕』法律文化社，1996年，77頁〔2〕

質的な無過失責任」（企業に故意過失がなくても公害原因になれば損害賠償義務が生ずる）が認められた。次に②1971年9月29日新潟地裁水俣病判決では，「事実的因果関係」（経験則上事実から公害源と蓋然的に推定されれば損害賠償責任が生ずる）が認められ，そして③1971年6月30日富山イタイイタイ病富山地裁判決，1972年8月9日年名古屋高裁金沢支部判決では「疫学的因果関係」（加害企業が公害病原だと疫学的に証明されれば損害賠償責任が生ずる）が認められ，④1972年7月24日津地裁四日市ぜんそく判決では，「共同不法行為」（公害源の加害企業が複数である場合には共同して損害賠償責任を負う）が認められた。これら四大公害訴訟が確定した諸判決の因果関係の法理は，近代法原理に基づく「相当因果関係」論を超えるものであり，実質的に無過失責任の原理を認めることによって立証責任の転換を果たし，結果として公害の原因と疑われた段階で企業の廃棄物垂れ流しへの差止や損害賠償を課すことを容認するものであって，実質的に予防原則を認めたのと同じ画期的な判決であった。

公害問題の「今」と地球環境破壊

公害の被害に遭った人々は，国による救済を受けたとしても，身体や健康が元に戻るわけではない。また救済の

範囲が居住地や症状などの面で限定され，救済の対象外となる人も多い。2004
年，水俣病関西訴訟において最高裁判所は「水俣病による健康被害の深刻さにか
んがみると」，「工場排水についての処理方法の改善，当該特定施設の使用の一時
停止その他必要な措置を命ずる等の規制権限」を直ちに行使すべきであったの
に，そのようにしなかったために「被害が拡大する結果となった」として国の責
任を指摘した（最判2004年10月15日）。この判決を受け，2009年には「水俣病被害
者の救済及び水俣病問題の解決に関する特別措置法」が成立，施行され，救済対
象者は増えたが，それでもなお救済されない人々がいる。

　予防原則の観点から見ると，水銀および水銀化合物の人為的な排出から人の健
康および環境を保護することを目的とする「水銀に関する水俣条約」が2017年に
発効したことが注目される。また，水俣病のことで忘れてはならないのは，写真
集『水俣』を世に問うた世界的な写真家ユージン・スミスである。「入浴する智
子と母」は最も象徴的な1枚だ。ユージンを名優ジョニー・デップが演ずる映画
『MINAMATA』が，2021年9月全国公開されている。

　公害問題以外にも，二酸化炭素の排出による地球温暖化，プラスチックごみの
廃棄による海洋汚染など，地球規模での深刻な環境破壊が進んでいる。環境破壊
は，生命，身体，健康への深刻な危害をもたらすことから，私たち1人ひとりの
「人権」を損なう行為にほかならない。その意味で，環境の問題は「人権」にか
かわる問題であることを強く意識することが大切である。

手続的環境権　環境権は，生命，身体への被害が生じる前に，公害を防ぐ憲
　　　　　　　　法上の権利であるから，行政に対し公害防止の手続的参加や
環境アセスメントを求める手続的権利であるだけでなく，人間に被害が及ぶ前に
海，川，山への環境破壊のリスクが生じた段階で国や企業に賠償や差止請求をで
きる実体的権利でなくてはならない。環境権は，手続的権利としても実体的権利
としても，公権力に対しては憲法上保障される人権であるが，私企業に対しても
民法90条を通じて間接的に適用される憲法上の人権である。環境権は，国会によ
る立法を待って初めて実定法的権利となる。しかし，立法がなくても，裁判で認
められれば，プライバシーの権利や知る権利と同様に，判例で認められた「新し
い人権」となる。

　環境権は，計画段階でまたは人間に被害が及ぶ前に開発を差止める事前差止請

求権として機能するがゆえに，被害が起きてから発動される事後的措置における開発側に有利な利益衡量の余地は縮小する。もし環境基本法や環境アセスメント法などに，この後紹介するニュージーランドと同様，費用便益計算義務や政策および計画アセス義務，あるいはゼロ・オプション義務などが導入されるなら，住民の行政参加の段階で事前の利益衡量が中心となり，開発側の既成事実に引きずられる事後的利益衡量の場面は大きく縮減されよう。

　環境権にとって本質的な問題は危険な開発を計画段階でいかに阻止し，いかにして被害を事前に予防するかであり，その意味で，環境権の最も重要な本質は，開発を巡る事前手続きにおける行政法上の住民の予防的権利である。この問題に最も先進的に取り組んでいるのが，1991年のニュージーランドの資源管理法や1998年のオーフス条約（資料7‐3参照）である。この手続的環境権は日本ではまだほとんど実現していない。

　ニュージーランドの資源管理法によれば，「手続的環境権」とは，5つの特徴をもっている。第1に環境開発情報に対する知る権利である。政府・自治体の情報公開義務のみならず「情報通知義務」をともなう権利である。第2に，全住民の環境開発に対する発言権の保障である。1人でも住民の要望があれば，それにともなう政府自治体による公聴会開催が義務づけられる。第3に，住民の開発同意権である。「同意なくして開発なし」の原理に基づき，政府・自治体は与野党の同意に基づく独立委員会において住民からの同意調達が義務づけられる。第4に，第三者機関による環境アセスメントの権利である。それにともなって全開発計画に対する①開発申請時の業者による簡易アセスおよび第三者機関による政策アセス・計画アセスの義務づけ，②費用便益計算義務，③環境負荷のより少ない開発計画に関する代替案や計画中止というゼロ・オプションの義務づけ，④リスク・アセスメントとしては，たとえば外来種対策や危険薬品を指定して輸入禁止

するブラック・リスト（ネガティブ・リスト）方式のみならず，安全な生物種や薬品のみを輸入許可するホワイト・リスト（ポジティブ・リスト）方式の採用，⑤「時のアセス」としては，開発認可が下りてから着工するまでに2年以上過ぎたら計画を中止するように義務づける「サンセット法」が不可欠の要素となっている。第5に，環境問題の迅速な解決のために独立の環境苦情処理機関として専門的な調査権と勧告権を持った環境オンブズマンが議会の環境監視機関として設置されている。環境問題が告発され，オンブズマンの差止勧告が聞き入れられないときは聞き入れられるまで，繰り返し企業名公表が国会においてなされる。最後に2017年3月にニュージーランドの自然の権利法が成立した。自然自体の権利がみとめられ，川に原告適格が認められた。ワンガヌイ川は，先住民マオリ族の委員会および国を法定代理人として，何らかの汚染があれば，川の名において，個人や法人を相手に裁判を起こすことができる（資料7-4参照）。日本においても，このような手続的環境法の制定が環境権の実現にとって不可欠である。

　オーフス条約とは，1998年デンマークのオーフス市で開催された国連環境閣僚会議で採択された「環境に関する，情報へのアクセス，意思決定における市民参加，司法へのアクセスに関する条約」のことである。環境保護のために手続的民主主義を促進する条約で，2001年に発効し，現在約50か国が参加しているが，日本は未加盟である。

改憲論議の中の環境権　　長く政権の座にあった政党は，環境権の立法化を拒み，その言い訳に，環境権を実現するには改憲が必要だというのである（資料7-5参照）。このような「改憲なくして環境権なし」という主張を「環境権改憲論」というが，環境権は，いくら憲法に明記しても，ニュージーランドの資源管理法のような環境法を制定しない限り実現しない。結局，「環境権改憲論」は，聞き心地の良い環境権を口実に改憲機運を盛り上げ，あわよくば，9条改憲に持ち込みたいという撒き餌である。しかも自民党改憲案では，「国は国民と協力して環境の保全に努めなければならない」とするが，法律家の目からすれば，まず権利の文字がない。次に国の努力義務に過ぎない。最後に，国民の協力が得られれば，つまり国民が環境税などを払うなら環境を守ってやらんでもないというのである。結局これは国民の環境権（国の義務）ではなく，国の義務の免除を定めているのである。

資料7-4　「樹木に原告適格はあるか」

　クリストファー・ストーン（Christopher D. Stone バークレー大学・憲法）の論文「Should Trees Have Standing？ Toward Legal Rights for Natural Objects（1972年）」（邦訳，畠山武道ほか「樹木の原告適格（自然物の法的権利について）」現代思想1990年11月号）は，山や湖や海などの個人の私有の及ばない自然公物を，裁判により，環境破壊から救うために，樹木（あるいは山，海，湖，川，魚，鳥）に原告適格を与えるという手法を提起した。この論文が世界の法律家に与えた衝撃は大きく，アメリカの裁判で次々に山，海，川，魚，鳥が裁判原告となり勝訴し，法律が改正されて，環境保護は前進した。それによりアメリカやドイツなどでは，環境団体が自然自体の法定代理人となることが認められた。2017年ニュージーランドでも，自然の権利法が成立した。日本でも1990年代後半にアマミノクロウサギ訴訟やオオヒシクイ訴訟が始まり，「自然の権利訴訟」として今も全国に広がっている。日本の裁判では敗訴しつづけているにしても，オオヒシクイ訴訟の控訴審判決は，法律が改正されれば，オオヒシクイにも原告適格が認められうる，と判示した。「鳥のオオヒシクイが裁判所に原告となって訴える」というセンセーショナルな問題提起は，日本の環境運動の覚醒に貢献した。

資料7-5　自民党「日本国憲法改正草案（2012年）」

　25条の2「国は，国民と協力して，国民が良好な環境を享受することができるようにその保全に努めなければならない。」

課題を探求しよう

　2011年3月11日に発生した東日本大震災は東京電力福島第一原子力発電所事故につながり，多くの人々を被ばくさせ，地球全体を汚染した。そのうえ現在放射能処理水も海に放出するという。4つの地裁で原発差止判決が出たが，それらは控訴審や最高裁では敗訴した。最高裁の理由は，それらの原発は政府の安全基準を満たしているので合法だという。それでも2021年1月21日に広島高裁で伊方原発の差止判決が出たように原発反対の圧倒的な国民世論に従う裁判所も出てくる。今や原発建設の決定権が住民にないことが問題なのである。ニュージーランド資源管理法の手続的環境権の重要性が理解できよう。これらについてもっと調べてみよう。

分断に苦しむ原発被災者

「復興五輪」という当初のかけ声を忘れたような冷淡な仕打ちだった。2021年夏, コロナ禍の緊急事態宣言発令中に開催された東京五輪の真っただ中, 福島第一原発の炉心溶融事故で首都圏に避難していた被災者たちが, 住まいを追われようとしていた。

東日本大震災によってもたらされた2011年３月の原発事故では災害救助法が適用され, 福島県は避難者に応急的な住まいを無償で提供した。

だが, 同法による住宅支援は, 原発被災からの長期の避難を想定していない。避難者を待ち受けていたのは, 段階的な支援の打ち切りだった。

2017年に国指定の「避難指示区域」の外から避難した「自主避難者」への提供が終了。2020年３月末には, 放射能汚染度が高い「帰還困難区域」からの避難者への提供も一部で打ち切られた。

避難者は, 新たな住まいを自力で見つけるしかない。それは原発事故で人生を狂わされてしまった者にとって, 簡単にできることではなかった。

首都圏の国家公務員宿舎に避難し, 支援期間後も退去せずにいた「自主避難」の世帯に対して, 県は家賃の２倍相当の損害金を請求。４世帯に退去を求めて提訴した。事実上の追い出しのようなものだ。

復興庁によると, 福島県から県外に避難している人は2021年３月時点で約２万8000人いる。その半数は自主避難者と推測される。

だが「自主避難」という呼び方自体がおかしくないだろうか。「勝手に判断し, 避難した」という響きを感じる。被ばくから逃れるために避難したのは同じなのに, 家が国の線引きした「避難指示区域」や「帰宅困難区域」から外れていると, こう呼ばれてしまう。

「子どもだけでも守りたい」という一心で母子だけで避難した世帯も多かったが, この場合も避難指示区域にあるような賠償はないのだ。夫は福島に残って働き妻子に仕送りをする。そんな二重生活を続ける家族も少なくない。事故から11年の間に経済的に行き詰まり, 地元に帰った人も大勢いる。

そもそも原子力ムラの人々が唱える安全神話の中で, なぜ未曾有の事故が起きたのか, 国も県も忘れてしまったのか。もう一度思い出したい。

原発事故は国の施策の過ちが引き起こした「人災」だった。避難せざるを得なかった人々が各地で起こした損害倍賞請求訴訟では, 高裁レベルでも, 国の責任を認める判決が積み重ねられている。(2021年10月現在)

国には避難者に安全な住まいを提供する責任がある。応急的な災害救助法では被災者支援に限界があると分かっていたからこそ, 原発事故に対応した「子ども・被災者支援法」が2012年に議員立法によってつくられたのではなかったか。

この法律は「被ばくを避ける権利」とそのための選択の尊重が明記された画期的な内容だった。けれど, 被災者を欺くように骨抜きにされた。守るべき被災者と, そうでない被災者により分けられてしまった。この"分断"こそが被災者を最も傷つけたことだった。

(佐藤直子)

8 個人として尊重され差別されずに生きる

資料 8-1　京王井の頭線渋谷駅前のオブジェ

（出典）　東北大学大学院・五十嵐太郎教授撮影

近年，ホームレスを襲撃する事件が増えるなか，2020年3月に起きた，複数の少年らによるホームレス投石殺害事件の裁判では，少年らはホームレスであった被害者を「見下したり，馬鹿にしたりする意識があった」と語っている。一方，近年街中に「排除ベンチ」や「排除アート」と呼ばれるものが増えている（資料 8-1）。公園のベンチにあえて仕切りを設けたり，高架下のようなホームレスが寝泊まりしやすい公共スペースに突起の多いアート作品を設置したりするものである。街中に面白いアート作品ができて，殺風景な都市が美しくなったと感じる人がいるかもしれない。また一見すると，ホームレスの事件とアート作品は無関係だと思われるかもしれない。しかし，「ホームレスは目に付く公共の場所からいなくなってほしい」という排除意識から見ればどうだろうか（生活保護の問題については第 2 部第10章参照）。本章では個人として尊重され，差別されずに生きるという基本的人権の前提について考えてみよう。

憲法の基礎を学ぼう

　日本国憲法13条は個人の尊重をうたっているが，ここでいう「個人の尊重」は，他人のことを考えず，自己の利益だけを主張・追求する利己主義とは異なる。戦前の日本は，国家（天皇）への絶対的な忠誠を軸とした全体主義国家であ

り，個人の生き方よりも国家や公の利益が優位すべきとされていた。日本国憲法の個人主義はこうした戦前の国家のあり方を否定し，個人が尊厳をもちながら生きることを尊重せよと国家に命ずるものである。くわえて，24条2項は特に，「家制度」から個人を解放する意図で，家族制度における「個人の尊厳」を要請する（詳しくは第2部第9章参照）。

13条は個人の尊重原理と同時に，具体的な権利を保障したものとも理解されている。13条後段の「生命，自由及び幸福追求に対する国民の権利」は，14条の平等原則とともに人権の根本理念を表したものであるが，1人ひとりが尊厳ある個人として生きるために必要な諸権利を導き出す規定としても機能するとされ，「新しい人権」の根拠となる（第1部第3章も参照）。これまでに裁判等で主張されてきたものとしては，プライバシー権や自己決定権などがある。どのようなものが13条を根拠に人権として主張しうるのかについて明確な基準があるわけではないが，人間のより根本的な自由や価値，個人の尊厳やアイデンティティなど人格の根底が脅かされている場合であって，個別の人権規定ではくみ取れないような事例においてはこの13条が特に意味をもちうる。

次に14条は，人は人種，性別のような個人の属性に基づいて差別されないとする平等原則を定める。「あなたは女性だから政治に参加する権利はない」，「あなたは特定の思想のもち主だから公務に就くことはできない」のように，本人が後天的に努力しても変更できない，あるいは個人の人格に密接にかかわる事柄によって不当な取扱いを行うことを憲法は禁じている。14条1項に掲げられた5つの事柄「人種，信条，性別，社会的身分又は門地」は，特に国家が歴史上差別の根拠として用いてきたことの多いものであり，憲法はこれらの事柄を根拠とする差別を特に禁じているが，国籍や障がい，年齢のように，5つの事柄以外を理由とする別異取扱いも，場合によっては14条1項違反となることがある。

では「平等」・「差別されない」とはどういう状態を指すのか。憲法は，いかなる場合においても別異に扱うことを禁じているわけではない。たとえば，産前産後休業（労働基準法65条1項2項）は妊産婦の「女性」のみが取得できるが，それは男女の身体的特性の違いに基づいた正当な理由ある区別といえる。このように合理的な理由に基づいて別異に扱うことは，合理的な区別であるとされ，憲法違反とはならない。憲法が禁じているのは，合理的な理由のない区別，すなわち，

不合理な差別であると考えられている。なお，妊娠・出産と異なり育児は父親で
ある男性も担うことができるし，むしろすべきなのだから，育児休業は働く女性
だけではなく男性も取得できる（育児・介護休業法5条）（なお，実際には男性の育休
取得率が極端に低い問題については第2部第9章参照）。

　また差別は，法制度や公権力の活動が誰かを誰かと区別することにより，具体
的な不利益や実害を生じさせる場合だけとは限らない。「区別すること自体の差
別的メッセージ」に着目することもまた重要である。たとえば，子どもの教育を
白人と黒人とで分けて行う場合，教育内容の質や教育設備が同じであれば差別に
当たらないとする考え方（これを「分離すれども平等」といい，かつてアメリカの人種
差別政策について唱えられたことがあった）は正しいだろうか。たしかに受けられる
教育に違いはないのだから，「実害」はないようにもみえる。しかし，内容に違
いがないのに「あえて分ける」ということは，黒人を白人よりも劣位に置き，両
者は本質的に異なる存在であるというメッセージ（スティグマ）を発している。
そしてそれは，社会のなかでの黒人に対する差別感情を正当化し，時に暴力を伴
うような差別行為を後押しする効果をもつ。このように，差別を考える際には，
社会のなかで一般の市民がもつ差別感情と，公権力の差別的メッセージとの関係
にも目を配る必要がある。

具体的な人権状況を知ろう

**婚外子差別——制度が
うみだす「異端」の存在**　法律上婚姻関係にない両親から生まれた子（婚外子）
を，法律の呼び方では「非嫡出子」というが，2013年
に改正される前の民法では婚外子の法定相続分を婚内子（法律では「嫡出子」とい
う）の2分の1としており（900条4号ただし書前段），この区別の合憲性が問題と
なってきた。従来最高裁は，法律婚（配偶者と婚内子）の尊重と，婚外子への多少
の配慮を両立させたものとして合憲判断を示してきた（最大決1995年7月5日）。
しかしそもそも私たちは，親が婚姻関係にあるかどうかを生まれるときに選択す
ることができない。それなのに法律が「婚姻の尊重・保護」という目的を設定
し，本人が後天的に努力しても変更できない「生まれ」とそれに基づく「社会的
身分」によって，婚外子を差別することに合理性があるとはいいがたく，憲法14
条1項が禁ずる不合理な差別に当たる。この件につき最高裁は，2013年，家族形

態の多様化，国民の意識の変
化，婚外子相続分に関する諸
外国の立法動向や，自由権規
約・子どもの権利条約等の条
約機関からの是正勧告などを
総合し，「子を個人として尊
重し，その権利を保障すべき
であるという考えが確立され

資料8-2　出生届（非嫡出子の記載欄）

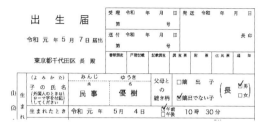

（出典）　法務省ホームページより一部抜粋

てきて」おり，「嫡出子と嫡出でない子の法定相続分を区別する合理的根拠は失
われて」いるとして，同規定を憲法14条１項に反し無効とした（最大決2013年９月
４日，同年12月，同規定は改正された。）。

　この決定は当然といえるが，婚外子差別に対する国の対応としては，遅きに失
したといわざるをえない。また，憲法の理念に照らした純粋な違憲判断ではな
く，家族形態や国民の意識等の社会の変化を理由とした違憲判断でしかない。そ
もそも，本当に「国民の意識」は変化しているのだろうか？　もう１つの例をみ
てみよう。

　現在でも子の出生届において，嫡出か嫡出でないかを記載させる項目が残され
ている（資料8-2参照）。この戸籍実務が差別にあたるのではないかが争われた
事例で，最高裁は，法令上の表現の問題にすぎないとして合憲としている（最判
2013年９月26日）。確かに，出生届の「嫡出でない子」にチェックを入れたからと
いって，具体的に相続分の違いのような不利益が生じるわけではない。しかし，
「嫡出子」という言葉は明治民法の家制度に由来し，「本妻から生まれた正統な出
自の子」を意味し，「庶子」や「私生子」などの婚外子を劣るものとする観念を
正当化してきた。つまり嫡出子・非嫡出子はその言葉自体，子の生まれについて
正統・異端を区別し，社会に差別的なメッセージを発信しているといえる。それ
でもなお，法律上の用語が残り続けているだけだ，といえるだろうか。

　さらに掘り下げると，日本の戸籍制度は，１組の夫婦とその子どもを単位とす
る登録制度であるが，この戸籍制度の下では，婚姻した夫婦とそれと氏を同じく
した子どもという家族のあり方が「正統」であり，未婚の親と子は常に「異端」
とみなされる。実際，日本社会において「子どもができたら結婚するべきだ」と

資料 8 - 3　　婚外子の割合の比較（2006年）

	日　本	英　国	フランス	ドイツ	スウェーデン	アメリカ
婚外子の割合	2.11%	43.66%	49.51%	29.96%	55.47%	38.50%

（出典）　平成27年版厚生労働白書より図「婚外子の割合の比較」を一部改変

いう道徳観はいまも根強く，未婚の親と子が受ける社会的な風当たりは強い（全出生数に対する婚外子の割合は，増えてきているとはいえまだ約 2 ％にすぎない：資料 8 - 3 参照）。親が婚姻関係にあるかどうかによって，子ども個人の価値が変わるわけではないのに，「親が結婚できない複雑な事情がある子ども」というレッテルによって，肩身の狭い思いをしたり自尊心を傷つけられたりすることもある。ことは，差別の問題であると同時に，子ども個人の尊厳の問題でもある。他にも，別姓を選択した事実婚カップルや，同性カップルの家族のもとに育つ子どもにも同じことがいえるのであって，婚外子差別は今もなお，戸籍制度自体によって生み出され続けているとみることができる。現行の戸籍制度そのものを，憲法13条の個人の尊重や24条 2 項の個人の尊厳，14条の平等原則から見直す必要があろう。

**官民一体となって
行われたハンセン病差別**　新型コロナ感染症やエイズのように，未知の病に対する恐れからくる差別の問題は何も新しいことではない。ハンセン病は，らい（癩）病とも呼ばれ，らい菌に感染することで発症する感染症である。全盲になったり手足などの目に見える部位に強い麻痺や障がいが残ることがあり，かつては遺伝性の不治の病とされていた。明治時代の終わりごろ，ハンセン病と疑われる者・患者を療養所に強制的に入所させる，隔離・絶滅政策が始まる（1907年「癩予防ニ関スル件」では放浪患者が，1931年「癩予防法」ですべての患者が強制隔離の対象しなった）。また患者を出した家族もまた隔離政策の対象となり，たとえば親が隔離された子どもは，「未感染児童」として療養所併設の保育施設へ隔離され，発症の可能性のある者として定期的に検査，監視の対象となった。こうした隔離政策は患者とその家族から人間性を剥奪し，地域や学校において壮絶な差別・排除をもたらす。

　当時，患者に対する隔離政策は，患者を治療するためではなく，ハンセン病を撲滅し社会を守るために行われた。患者は死ぬまでその身体を丸ごと徹底的に管

資料 8 - 4　ハンセン病関連年表

1873年	ノルウェーの医師ハンセンが，らい菌を発見
1907年	法律「癩予防ニ関スル件」制定
1929年	「無らい県運動」が愛知県で始まる
1930年	国立療養所（岡山・長島愛生園）が開設，患者隔離が本格化
1931年	「癩予防法」（旧法）制定
1943年	化学療法薬「プロミン」による治療効果がアメリカで報告
1947年	「プロミン」が日本に導入され治験開始
1948年	優生保護法制定（ハンセン病患者を断種，中絶対象に）
1953年	患者らの法改正要求に反し，「らい予防法」（新法）制定（隔離政策継続）
1996年	らい予防法廃止，優生保護法が母体保護法に改正（強制手術規定の削除）

（出典）　山田隆司「『ハンセン病』と国賠訴訟熊本地裁判決」法学セミナー723号（2015年）をもとに筆者作成

理統制され，そこに人間性という発想はかけらもみられない。しかも，ハンセン病の治療薬が発見され，遺伝しないことが科学的にあきらかになってもなお，政策は見直されることなく続行された。さらに戦後日本国憲法制定後の1948年，「不良な子孫の出生を防止する」目的によって，優生保護法が制定され，そのなかでハンセン病患者や障がい者に対する強制不妊・中絶手術が正当化された。このように，信じられないことだが，日本国憲法下において個人の尊重原理や平等原則に真っ向から反する政策が堂々と作られ，1996年に廃止されるまで合法的に存在していたのである（資料 8 - 4 参照）。

　こうした国の隔離・断種政策と連動して起きたのが，患者やその家族に対する地域社会からの徹底した排除である。隔離政策と同時に日本中で起こった「無らい県運動」（隔離政策を推進し，県内からハンセン病患者をなくそうとする官民一体の運動）の下で，隣人のハンセン病患者の告発，誹謗中傷が公然とエスカレートしていった。患者は故郷を追われ，その家族も地域のなかで交流を断たれ，就職や結婚を諦めなければならないこともあった。学校では，療養所の入所者の子どもを地元の学校に通わせない運動も起きた。もっとも悲惨なものとしては，患者を出した家族が将来を悲観し，一家心中する事例まで起きている。このように，ハンセン病患者や家族に対する差別には，地域住民がこぞって患者や家族を社会から排除し，国の隔離政策に協力するだけでなく，市民自らが国の政策を超えて暴走

していったという特徴がある。

　官民一体となって行われていた差別・排除のもとで，患者やその家族が声を上げることは難しかったし，その声が真摯に受け止められることもなかった。差別政策が廃止されるまでに時間がこれほどかかったのには，当事者たちが社会から存在を丸ごと消されていたからにほかならない。また政策が廃止された後も，患者やその家族に対する差別偏見はなくならず，今もなお故郷に帰れず，ひっそりと声を潜めて暮らすことを余儀なくされている者が少なくない。そのようななか，1998年，国に謝罪と賠償を求める訴訟が起こされ，その声は初めて司法の場にもち込まれた。裁判所は，隔離政策について「人として当然に持っているはずの人生のありとあらゆる発展可能性が大きく損なわれ」，「憲法13条に根拠を有する人格権そのもの」が侵害されたことを認めた（熊本地判2001年5月11日）。また家族に対しても，憲法13条を根拠に「社会的差別を受けることなく」，また「家族関係の形成が阻害」されないという意味において「社会内において平穏に生活する」権利の侵害があったことを認めた（熊本地判2019年6月28日）。そしてこれらの裁判を受けて，患者やその家族に対する補償を定めた法律が制定されるに至った。強制不妊・中絶についても「子を生み育てる意思を有していたものにとってその幸福の可能性を一方的に奪い去り，個人の尊厳を踏みにじるもの」として，同じく13条を根拠にリプロダクティブ権の侵害を認め（仙台地判2019年5月28日），国会では一時金を支給する法律が成立している。

　しかしながら，それで国の責任が果たされたということにはならない。裁判所が言及しているように，原告らは人生の発展可能性，個人の尊厳を剥奪されたのであって，それを回復することは不可能である。そうであれば，国の責任は，社会のなかの差別や偏見を取り除き，今もなお社会のなかで同じ人間として認められていない患者とその家族の尊厳を取り戻すことではないのか。またこの問題は，国の政策と一体となって排除に加担し，あるいは傍観者となった私たち市民1人ひとりの問題でもあることを忘れてはならないだろう。福島原発事故の避難者，新型コロナウィルスの感染者，医療従事者やその家族への差別や偏見が後を絶たない今の日本において，ハンセン病の問題は決して「昔の話」などではない。

課題を探求しよう

　近年，差別問題を考える視点として，「マジョリティの特権」という見方がある。これは，たとえば大学に進学できることが当たり前の人（マジョリティ）は，経済的な理由などで通いたくても通えない人（マイノリティ）に比べて，苦労することなく大学進学ができるという「特権」を受けている，とみる見方である。私たちはこのように，積極的に差別をしていなくても，無意識のうちに自分の受けている「特権」に気づかず，苦しい立場に置かれた人の存在を不可視化していないだろうか。考えてみよう。

9 ジェンダーを越えて生きる

◆ スタートアップ ◆

　2018年，東京医科大学の入試で，点数操作により女性受験生に対して差別が行われていた。出産・育児によって仕事との両立が難しくなる女性では医療現場が回らないと差別を容認する声もあるが，育児と仕事の両立は，父親である男性の問題でもあるはずだ。2015年，一橋大学の学生が転落死した事件では，学生がゲイ（男性同性愛者）であることを同級生に暴露（アウティング）され，心身ともに追い詰められていたという。一方で，国会議員が「LGBT は生産性がない」「種の保存に背く」などと発言する例が後を絶たない。

　いずれも，人は全て男か女のどちらかだとされ，その性別に伴う「役割」や「らしさ」によって，行動や時には人生さえも左右される例といえる。本章では，性（性差・セクシャリティ）に基づく固定観念に囚われず，自分らしく生きる社会とはどのようなものか，憲法の視点から考えてみよう。

憲法の基礎を学ぼう

平等・人権思想のなかった憲法下での女性

日本国憲法の特徴は，徹底した「個人の尊重」とその「平等」であるが，それが特に意識されなければならないのは，平等原則をもたず，生まれながらの人権という思想もなかった大日本帝国憲法の下，あらゆる面で人間としての扱いを受けてこなかった女性の存在である。とりわけ特徴的なのは，公的領域（政治）での女性排除と，私的領域（家庭）における女性差別である。順にみていこう。

　戦前の大日本帝国憲法の下で，女性は選挙権をもたず，政治的な集会に参加し，政治団体を結成する自由も法律で厳しく禁止されていた。しかし，平塚らいてうや市川房枝に代表されるように，厳しい制約のなかでも女性の権利獲得のための運動が続けられ，政治集会への女性参加を禁ずる治安警察法の改正（1922年）

のように，一部ではあるが女性の政治参加の道が開かれた例もあった。戦後
GHQ の民主化政策によってではあるがようやく選挙権を獲得し，最初の選挙で
39人もの女性議員が誕生したのは，こうした戦前の女性の闘いが女性の政治参加
の土台を作っていたからである。

　次に，家庭のなかで女性は妻・子として，戸主（家長）である男性（夫・父親）
による支配に一方的に従属させられていた。戦前の家父長制的な家族制度を「家
（イエ）制度」と呼ぶが，たとえば，財産に関する管理処分については夫の許可
を必要とし（旧民法14条），戸主の同意がなければ婚姻の自由も存在しなかった
（旧民法750条）。また旧刑法183条では，妻が姦通（不貞行為）をすれば処罰される
が，夫が不貞行為をしても処罰されなかった。妻は夫の所有物であるという男性
支配の発想の表れである。

　戦前の女性が人間として扱われなかった最たる例は，妊娠・出産の管理統制で
ある。国民優生法（1940年）は悪質な遺伝性疾患をもつ子孫を減らし，健全な子
孫を増やすこと（優生思想）を目的として制定され，特に日本の軍国主義化に必
要な人口増加のため，優生的理由以外の中絶の規制が強化された。このように，
より多くの国民を創出し国家の繁栄を支える役割から，妊娠・出産は国家的義務
であり，女性はその身体の自由まで剥奪されていたのである。

**日本国憲法による女性
の地位の大転換**
　これに対し，女性が公的にも私的にも1人の人間とし
て尊重され，平等な存在であるという社会の在り方の
大前提が，日本国憲法によって初めて示された。日本国憲法はまず13条で個人の
尊重原則を，14条で平等原則を定め，歴史的に差別の理由となってきた事柄とし
て，「性別」を明示することで，一般的にあらゆる面での女性差別を禁じたが
（第2部第8章），それにくわえて44条で選挙権に関する「性別」による差別を禁
止し，24条によって家族制度における「個人の尊厳と両性の本質的平等」を要請
している。

　なかでも24条は家制度から個人を解放し，女性を人権の主体として登場させる
重要な意味をもったが，この規定の誕生の背景には，第二次世界大戦後，GHQ
民生局のメンバーで日本国憲法制定過程にかかわった，ベアテ・シロタ・ゴード
ンの尽力がある。彼女は，幼い頃日本で暮らし，戦前の日本の女性や子どもの置
かれていた社会的地位をよく知っていたため，ワイマール憲法など各国の憲法を

資料9-1　ベアテ草案

18条　①家族は，人類社会の基礎であり，その伝統は，善きにつけ悪しきにつけ国全体に浸透する。それ故，婚姻と家族とは，法の保護を受ける。婚姻と家族とは，両性が法律的にも社会的にも平等であることは当然であるとの考えに基礎をおき，親の強制ではなく相互の合意に基づき，かつ男性の支配ではなく両性の協力に基づくべきことを，ここに定める。②これらの原理に反する法律は廃止され，それに代わって，配偶者の選択，財産権，相続，本居の選択，離婚並びに婚姻および家族に関するその他の事項を，個人の尊厳と両性の本質的平等の見地に立って定める法律が制定されるべきである。

19条　①妊婦と乳児の保育にあたっている母親は，既婚，未婚とを問わず，国から守られる。彼女たちが必要とする公的援助が受けられるものとする。②嫡出でない子どもは法的に差別を受けず，法的に認められた子ども同様に，身体的，知的，社会的に成長することにおいて機会を与えられる。

20条　養子にする場合には，その夫と妻，両者の合意なしに，家族にすることはできない。養子になった子どもによって，家族の他のメンバーが，不利な立場になるような偏愛が起こってはならない。……

24条　公立，私立を問わず，国の児童には，医療，歯科，眼科の治療を無料で受けさせなければならない。

25条　①学齢の児童，ならびに子どもは，賃金のためにフルタイムの雇用をすることはできない。児童の搾取は，いかなるかたちであれ，これを禁止する。②国際連合ならびに国際労働機関の基準によって，日本は最低賃金を満たさなければならない。

26条　①すべての日本の成人は，生活のために仕事につく権利がある。その人にあった仕事がなければ，その人の生活に必要な最低の生活保護が与えられる。②女性は専門職業および公職を含むどのような職業にもつく権利を持つ。その権利には，政治的な地位につくことも含まれる。同じ仕事に対して，男性と同じ賃金を受ける権利を持つ。

29条　①老齢年金，扶養家族手当，母性の手当，事故保険，健康保険，障害者保険，失業保険，社会保険などの十分な社会保険システムは，法律によって与えられる。②国際連合の組織，国際労働機関の基準によって，最低の賃金を満たさなければならない。③女性と子供，恵まれないグループの人々は，特別な保護が与えられる。④国家は，個人が自ら望んだ不利益や欠乏でない限り，そこから国民を守る義務がある。

（出典　中里見博『憲法24条＋9条』（かもがわ出版，2005年）をもとに一部改訳

　参考に，女性や妊婦，子どもの権利を盛り込んだ草案を作った（資料9-1）。この「ベアテ草案」の多くはGHQ草案段階で削除されたが，基本的な骨格は現行日本国憲法の14条と24条に残されている。

　女性が自分の人生をどう生きるかを自由に決められる前提には，身体の自由が不可欠である。家庭の内であれ外であれ，同意なく性的な関係を強要されず，子どもを産むか産まないかの選択が，彼女自身に委ねられるべきことは，性的自己決定権，リプロダクティブライツとして保障されると考えられている。この女性の身体に対する自由権は，憲法上明記されていないものの，日本国憲法のもとでは13条の幸福追求権において保障されると考えられている（強制不妊手術の問題として第2部第8章参照）。

　ジェンダーという視点　女性が政治的権利を獲得し，法律上家制度が廃止されたということは，「女性」であることを理由に権利を剥奪されず，男性と同じ人間として生きるスタートラインに立つことを意味す

る。しかし実際には，夫婦間で家事・育児の実施時間に差がある，家事育児との両立のため働く時間をセーブするのは女性が多いなど，実質的な男女間格差は今なお存在している。これは，無意識のうちに「家事や子育ては女性の役割，外で働き家族を養うのは男性の役割」という固定観念（性別役割分業観）が個人の意識を左右しているからである。生物学的な性差（セックス）ではなく，社会的文化的につくられた性差のことをジェンダー（gender）と呼ぶが，性別役割分業観もジェンダーに基づく固定観念の1つである。実質的な男女平等を実現するためには，あらゆる面で性別役割分業観が染み込んでいる社会の仕組み全体を，ジェンダーの視点から見直す必要がある。

多様な性のあり方　ジェンダーに基づいて構成される社会は，女性だけでなく，いわゆるセクシャル・マイノリティ（性的少数者）をも抑圧する。「男性は女性を，女性は男性を愛する」，「人はすべて男女のいずれかであり，自己の性別に違和は感じない」ことが当然とされるが，このような異性愛主義や性別二元論は，1つの主義・考え方にすぎず，実際の性のあり方は実に多様である。セクシャル・マイノリティの総称としてLGBTという語が使われることが多いが，これはレズビアン（女性同性愛者），ゲイ（男性同性愛者），バイセクシャル（両性愛者），トランスジェンダー（性別に違和を感じる者）の頭文字を取ったものである。しかしセクシャル・マイノリティはこの4つに限られるわけではないため，近年ではLGBTQ（Queer＝性的少数者を包括する用語，クィアと単独でも用いられる。Questioning＝性のあり方がわからない，特定のあり方に当てはまらないの意）が使われたり，マジョリティとされる異性愛者（ヘテロセクシャル），自己の性別に違和を感じない人（シスジェンダー）もまた，多様な性のあり方の1つであることから，マイノリティとの境界を設けない概念としてSOGI（Sexual Orientation＝性的指向とGender Identity＝性自認の頭文字・ソジ）も用いられている。

　性的指向や性自認に基づく差別を憲法に照らしてみると，13条の個人の尊重，14条の平等原則にかかわる。2018年，ある国会議員が同性愛を「趣味みたいなもの」と発言したことが問題となったが，性的指向や性自認は，自分の意思で変えられるものでも病気でもない。自分自身を貫く芯・アイデンティティであり，まさに自分らしく生きる前提を形づくる。この意味において，性的指向と性自認の尊重は，その人らしさ・アイデンティティといった，重要な人格的価値を新しい

人権として保障しているとされる憲法13条の理念と響き合う。

　また，性的指向や性自認は「性別」のように14条で列挙されている差別禁止事由ではないが，生来的事由，個人の人格に密接にかかわるものによる差別は禁止され（第2部第8章参照），性自認や性的指向もこれに当てはまると考えられる。たとえば，「府中青年の家事件」（東京高判1997年9月16日）でも，東京都の宿泊施設による同性愛者に対する無理解と「不当な差別的な取扱い」が認定されている。

具体的な人権状況を知ろう

実質的な男女平等の実現に立ちはだかるジェンダー規範

　氏名は自分を周囲に示すと同時に，私が私であると実感できる最も重要な標識である。男性であれ女性であれ，婚姻したければ夫婦どちらかがこれまでの姓を捨てろと求められることは，アイデンティティの強制的放棄ともいえ，個人の尊厳や人格の否定の問題（13条，24条2項）にかかわる。くわえて，この姓の変更は，主に女性がすることがほとんどだ。たとえば女性が結婚を周囲に報告すると，「なんていう姓に変わったの？」と聞かれるが，この質問を男性が聞かれることはまずない。それは「結婚したら，女性が姓を変えるのが当たり前」という意識が社会に浸透しているからだ。実は，民法750条は結婚後の夫婦の姓（法律上は氏）について，「夫又は妻の氏」と定めていて，夫が妻の氏に変更することもできる。そのため，この夫婦同氏制を定める規定の合憲性について最高裁は，民法750条は夫婦の氏の選択を夫婦間の話し合いに委ねており，女性だけに氏の変更を命じているわけではないから女性差別ではなく憲法に違反しないとした（最大判2015年12月16日。ちなみに最大決2021年6月23日も再び合憲と判示）。だが，実際には96％もの夫婦が夫の氏を選択している。これはどう読み解けばよいのだろうか？

　そもそも氏は，戦前の旧民法の家制度における「家」の呼称であり，女性にとって婚姻は，その家の家長（男性）の支配下に入ることを意味していた。だからこそ，妻（女性）は結婚すれば夫の家に入り（旧民法788条）その家の氏を名乗るものとされたのだが，家制度が廃止され戦後75年以上たった今もその「常識」だけが残っている。また，夫婦で話し合いをして決めればよいといっても，女性の社会的経済的な地位の低さや，事実上の圧力があるなかで，まったくの対等平

　等な話し合いは想定しにくく，96％が夫の氏という結果はこの影響によるものと考えられる（この指摘は，2015年最大判で女性裁判官3名が違憲とした理由でもある）。

　このような女性に抑圧的に働くジェンダー規範は，他の分野にもみられる。たとえば労働者としての女性は男性に比べ賃金が低い，管理職が少ない，非正規雇用が多い等の特徴があり，その他職場でのさまざまな女性差別的慣習（事務仕事，お茶汲みなどの雑用は女性の仕事など）にさらされてもきたが（女性の労働者について第2部第3章参照），それらの原因にも，ジェンダー規範が影響している。たとえば，育休の取得率は女性が8〜9割であるのに対し，男性は1割にも満たない状況が長く続いてきた。この背景には，「家事・育児は主として女性の役割」という家庭内役割が前提とされているだろうし，「男性が主たる家計支持者で，女性は家計補助的な労働にとどめる」という固定観念が，女性が産後も働き続ける場合は時短や非正規雇用でという選択を誘導しているとみることができるだろう。

　ここで考えておくべきは，現行の法制度を維持することが，かえって社会のなかの女性差別的なジェンダー規範を固定化させてしまうことである。夫婦の氏にしても，「妻の氏も選択できる」としたところで，「結婚したら夫の氏」という固定観念がある以上，実質的には女性差別的に機能しうる（そもそも，夫婦のどちらかが必ず氏を変えなければならない理由に説得力は見出しにくく，個人を尊重した制度とも言い難い）。育休にしても，「育休は男性も取れますよ」といったところで，育児と仕事の両立は男性自身の問題でもあるという考えが浸透しない限り，取得率は変わらないだろう。さらには，年金や健康保険のように，給与収入が130万を超えない，世帯主の扶養枠内での働き方であれば保険料の負担を免除される制度の下では，夫が稼ぎ，妻が家庭を支えることをむしろ制度が奨励しているともいえる。そうすると，法制度の側が変わる必要性がみえてくるが，その実現の責務を担う議会の意識はどうだろうか？　女性の議員割合は，世界と比べてみても相当低く，国会（衆議院）では約1割にとどまる。被選挙権があっても立候補する女性が少ないのには「女性は政治に口出しすべきではない」という戦前から続く固定観念も影響しているだろうし，政治家の「セクハラが嫌ならその場から帰ればいい」だとか，「子どもを1人も産まなかった女性が老後に税金で面倒をみろというのはおかしい」などの発言のように，種々の社会問題が女性個人の問題にすぎないという意識が変わらない限り，法制度が変わるはずがない。もちろん最

後は議員としての資質が重要で，ジェンダー規範に囚われない男性議員もいるが，現実の女性差別をなくすには，ほぼ男性だけで構成される議会の女性比率を上げることも必要との考えは，世界でスタンダードになってきている。このように，積極的な差別解消措置のことをアファーマティブ・アクションと呼ぶが，日本でも一部導入が始まっており，今後より積極的な検討が必要になるだろう。

婚姻制度からの同性カップルの排除　「愛するパートナーとともに人生をあゆみたい」。これは，異性カップルでも同性カップルでも同じ気持ちだろう。しかし今の婚姻制度は，パートナー同士が異性でないと利用できない。法律上婚姻できるということは，夫婦としての社会的認知のベースとしても，さまざまな法的な効果（相続，税の控除，子の共同親権など）が発生する点でも重要な意味をもつ。それなのにパートナーの性別が同じだというだけで，婚姻ができないのは差別ではないのか，個人の尊厳に反するのではないのか。これを問うための，「結婚の自由をすべての人に」訴訟が2019年2月，全国で一斉に提訴された（詳しくは公益財団法人 Marriage For All Japan のホームページ https://www.marriageforall.jp/ を参照）。

　同性婚は憲法24条を改正しなければ実現できないという意見がある。果たしてそうだろうか。たしかに24条には「婚姻は，両性の合意のみに基いて成立し」とあり，男性と女性であることが婚姻の条件であるかのように読める。しかし先にみたように24条は戦前の家制度を廃止し，人間として扱われてこなかった女性を解放する意図で制定された。この趣旨からすれば，条文の重要な意義は異性間ということではなく，2人の「合意のみ」という箇所にある。婚姻するかしないかは，親の意思によってではなく，当事者である2人だけの意思で決められること，また後半の「夫婦が同等の権利を有すること」にも，妻を夫の支配から解放する意図が込められている。そしても日本国憲法制定当時，同性婚は意識されておらず，憲法24条には同性婚禁止の意図は読み取れないと解するのが一般的である。むしろここで憲法に照らして問題となるべきは，婚姻制度から同性カップルを排除していることであろう。この点につき2021年，先の「結婚の自由をすべての人に」訴訟において，札幌地裁は「性的指向は人の意思によって選択・変更できるものではないこと」に言及し，民法・戸籍法が，同性愛者に対し婚姻の法的効果の一部ですらも享受できるよう手段を講じていないことは憲法14条1項に反

すると述べた（札幌地判2021年3月17日）。

　さらに考えてみると，2015年の東京都渋谷区・世田谷区を皮切りに，婚姻に相当する関係であることを証明するパートナーシップ制度が，全国の自治体で広がりつつある。これにより，同性愛者の存在が可視化され，社会のなかの偏見を取り除く効果が期待される。しかしこれに甘んじて，国が婚姻制度を異性愛者に限定し続けることは許されるだろうか。パートナーシップ制度は，婚姻とまったく同じ法的効果が得られるわけではない。また，法制化により仮に同じ効果が得られるようになるならば，なぜ婚姻制度を同性カップルにも開放しないのか，その説明が求められるはずだ。婚姻とパートナーシップ制度を区別すること自体，「あくまで婚姻は異性カップルだけのもので，同性パートナーシップは正統な婚姻ではないのだ」というメッセージを発し続ける効果をもち，同性愛に対する社会の差別意識を温存することにもなるだろう（差別的メッセージについて詳しくは第2部第8章参照）。このように，同性カップルの婚姻が法的に承認されることの意義は，単なる法的効果の享受にとどまらない。むしろ，性的指向の違いにかかわらず婚姻の保護を受けられることが，憲法24条2項の「個人の尊厳」から要請されるともいえ，同性愛に対する社会的偏見や差別を否定し，同性愛も異性愛と同様，人を愛する1つの形であり，同性愛者が尊厳をもつ1人の人間であると社会的に承認すること。この意義は決して小さくないはずだ。

課題を探求しよう

　戸籍上性別を変更することを可能にする性同一性障害特例法の要件には，性別適合手術によって元の生殖機能をすべて失わせること等が求められる。またトランスジェンダーの女性経産省職員が，性別適合手術を受けておらず戸籍上の性別を変えていないことを理由に職場の女性トイレの利用を制限されたことの違法性が問われた裁判で，東京高判2021年5月27日は「合法」と地裁（東京地判2019年12月12日）と異なる判断をした。特例法の要件も，それを前提としたトイレ利用の拒否も，法律が定める「男性」・「女性」に合わせ，マジョリティの社会を混乱させないことを強要していることにならないか，考えてみよう。

新聞記者の眼⑨

ハルモニたちの記憶のバトン

　受け止めてくれる人を探し求めている本があります。「咲ききれなかった花」。著者は韓国の画家，李京信（イ・ギョンシン）さん。1990年代に日本軍慰安婦とされたハルモニ（韓国語でおばあさんのこと）たちに出会い，ハルモニの絵の先生として過ごした日々を，絵と文でつづっています。日本では2021年春，在日コリアンの梁澄子（ヤン・チンジャ）さんの訳で刊行されました。

　美術大学を卒業したばかりの李さんが，同じ女性として壮絶な性被害体験を持つハルモニたちとどんなやりとりをしていたのか。絵を学びながら，ハルモニたちがつらさや悲しみをはき出し作品に昇華させていく，人としての尊厳を取り戻していくエピソードが胸を打ちます。

　「元慰安婦」の問題といえば，1930年代から旧日本軍の関与の下，戦地や占領地などに「慰安所」が設置され，植民地だった朝鮮半島や占領地から集められた女性が将兵の性の相手を強いられた問題です。

　被害者数は数万人以上とも推計されていますが，諸説あって確定していません。

　2021年は1991年に韓国人の金学順（キム・ハクスン）さん（故人）が初めて被害者として名乗り出てから，30年の節目でした。しかし，慰安婦問題は日韓の政治対立に翻弄されていまだに解決していません。

　そこには，女性への差別や性暴力の問題に鈍感で，変わろうとしなかった日本社会の土壌が関係なかったとは思えません。

　政府は1993年，河野洋平官房長官（当時）が「当時の軍の関与の下に多数の女性の名誉と尊厳を傷つけた問題」としておわびと反省の談話を表明しましたが，その後も国は今日まで一貫して被害者に真摯な謝罪をしていないのです。

　もしも，30年前に政府が問題を解決していたなら，どうなっていたでしょうか。日本は今や，性差別や性暴力のない，世界トップクラスの人権を大切にする社会になっていたかもしれません。そう思うと残念です。

　歴史を直視せず，「被害者はウソをつく」「強制性はなかった」と性被害の証言を否定する言説も，これほどまでに垂れ流されなかったかもしれません。結局，慰安婦の問題は「失われた30年」につながったとさえ思えます。

　日本社会の冷たい対応は被害者のハルモニたちを何度も傷つけました。ほかに慰安婦について書かれた本には，花が大好きだった沈達蓮（シム・ダリョン）さん（故人）の人生を描いた「花ばぁば」や，女性たちが共同生活する韓国の「ナヌムの家」に暮らす李玉善（イ・オクソン）さんの人生を描いた「草（プル）」もあります。それぞれ日本で翻訳出版されています。

　韓国の若い世代の作家たちによって，ハルモニの心の痛みに寄りそうように書かれた本は日本の若い人にこそ読まれてほしいと願います。歴史から消してはならないハルモニたちの記憶のバトンを引き継ぐために。

（佐藤直子）

10 人間らしく生きる権利

◆ スタートアップ ◆

　2020年 4 月，新型コロナウイルス感染症が急拡大，政府は初めての緊急事態宣言を発出した。営業や行動の制限の結果，飲食や観光関係を中心に収入減や失業による生活困窮が深刻となった。厚生労働省の調査によれば，この時期から生活保護の申請が急増し始め2020年度はリーマンショック以来11年ぶりの申請数増加となった。同年12月，厚生労働省はウェブページに「生活保護の申請は国民の権利です。生活保護を必要とする可能性はどなたにもあるものですので，ためらわずにご相談ください」というメッセージを掲載した。権利の行使をためらう人がいるのはなぜだろうか。人間らしく生きる権利の意義や歴史を学べば，自分自身であれそれ以外の人であれ必要なときはためらうことなく権利を行使することができるはずだ。

憲法の基礎を学ぼう

**人間らしく生きる　　**日本国憲法25条 1 項はすべての国民に「健康で文化的な
権 利 の 誕 生　　最低限度の生活を営む権利」を保障している。「人間らしく生きる権利」と言い換えることができようが，「生存権」と呼ばれることが多いから，以下でもそう記す。

　生存権の保障は日本国憲法において初めてであり，大日本帝国憲法にはみられなかった。日本国憲法の成立事情については，敗戦の結果戦勝国から「押しつけ」られたとみる見解があり，改憲論の論拠とされることもあるが，生存権規定についてはその見解はあてはまらない。

　日本政府が連合国軍総司令部（GHQ）からいわゆる GHQ 草案を手渡された1946年 2 月13日は日本国憲法「受胎」の日といわれるが，生存権はこれによって生まれたわけではない。GHQ 草案には立法や政策の指針に関する規定があるのみで，生存権の規定は含まれてはいなかったからである。これをもとに日本政府

により発表された憲法改正草案も同様であった。

　生存権の誕生は，憲法案が帝国議会で審議されるなかで衆議院において次の修正案を挿入することが野党議員から提案されたことによってであった。「すべて国民は健康にして文化的水準に適する最小限度の生活を営む権利を有する。」こうして GHQ 草案にはなかった生存権の規定が，日本側の主体的な発案で盛り込まれることになった。

　この修正案にはモデルがあった。敗戦後，政府が大日本帝国憲法の改正に消極的な姿勢を示していたとき，民間にはいち早く草案作成に向けた動きがみられた。そのうち，1945年12月，民間人による「憲法研究会」（前出の野党議員は研究会のメンバーだった）によって発表された「憲法草案要綱」には，「国民ハ健康ニシテ文化的水準ノ生活ヲ営ム権利ヲ有ス」との規定があった。これが日本国憲法25条生存権の源流である。その地下水脈をさらにたどって行くと，第1部で学んだ1919年のドイツワイマール憲法における「人間の尊厳に値する生活（ein menschenwürdiges Dasein）」という規定にたどり着く。

生存権の意義　日本国憲法は25条生存権に続けて，26条で「教育を受ける権利」，27条で「勤労の権利」，28条で労働基本権を規定している。26条と27条，28条はそれぞれ生存権の文化的側面と経済的側面を保障していると考えることもでき，その意味で25条は一連の社会権の総則的規定ともいえよう。たとえば労働基準法1条が「労働条件は，労働者が人たるに値する生活を営むための必要を充たすべきものでなければならない」と規定しているのがその関係を示している。

　日本国憲法25条は2項で「国は，すべての生活部面について，社会福祉，社会保障及び公衆衛生の向上及び増進に努めなければならない」と国の責務を規定している。これに基づいて，「健康で文化的な最低限度の生活」を保障するための一群の法制が整備されてきた。それらは総称して社会保障法と呼ばれ，公的扶助（生活保護）法制，年金，医療，失業，労災，介護に関する社会保険法制，障害者，児童，高齢者などの福祉に関する社会福祉法制，感染症対策などに関する公衆衛生法制からなる。

　そのなかでも，「日本国憲法第25条に規定する理念に基づき，国が生活に困窮するすべての国民に対し，その困窮の程度に応じ，必要な保護を行い，その最低

限度の生活を保障するとともに，その自立を助長することを目的」として制定された生活保護法は，「最後のセーフティネット」とよばれる。保護の種類として，生活扶助，教育扶助，住宅扶助，医療扶助その他を定めている。

具体的な人権状況を知ろう

人間裁判＝朝日訴訟　日本国憲法の生存権の源流にワイマール憲法の「人間の尊厳に値する生活」規定があることは先に述べたが，この規定は「権利」を保障したものではなく「プログラム」規定つまり立法の指針や法律解釈の基準にとどまると考えられていた。そうしたことから，日本国憲法の生存権も初期にはプログラム規定との理解が支配的であった。

　これに対する見直しの契機となり生存権の真価を明らかにしたのが，人間裁判ともよばれた朝日訴訟である。

　今から65年ほど前の1957年，国立療養所の入所患者であった朝日茂さんは，生活保護法にもとづき生活扶助（衣食等の日用品費）と医療扶助を受けていた。ところが朝日さんが兄からの送金を受けられることとなったさい，福祉事務所は保護の変更を決定し，日用品費と同額の月額600円だけを朝日さんに渡して生活扶助を打ち切り残額は医療費として自己負担させることとした。これに対し朝日さんは日用品費をせめて月額1000円認めてほしいと不服申立をしたが却下された。そこで朝日さんは国を相手取って裁判に訴えたのだった。

　裁判の本質的な争点は，第1に健康で文化的な生活，人間たるに値する生活とは何か，月額600円の日用品費でそれは可能なのかという問題であった。朝日訴訟が「人間裁判」とよばれるゆえんがここにある。第2に月額600円という生活保護基準が憲法25条に違反し無効だといえるのかどうか，つまり憲法25条はどのような法的性格をもつのかという問題であった。

　第一審東京地裁の判決（1960年10月19日）は朝日さん勝利判決であった。第1の争点については，「国民が単に辛うじて生物としての生存を維持できるという程度のものであるはずはなく，必ずや国民に『人間に値する生存』あるいは『人間としての生活』といい得るものを可能ならしめるような程度のものでなければならない」とした。第2の争点については，保護基準が健康で文化的な生活を維持しうるような水準でない場合，それは生活保護法の規定に違反しひいては憲法25

条の理念を満たさないものであって無効だとすることによって，生活保護法を憲法25条と一体として把握し保護基準を違法＝違憲とし，憲法25条に裁判規範としての効力を認めた。生存権はプログラム規定にとどまるとの理解がそれまで支配的であったのに対し，初めて社会保障を権利として認めた画期的な判決であった。

　しかし控訴審の東京高裁（1963年11月 4 日）では，朝日さんの逆転敗訴となった。上告審の最高裁判決（1967年 5 月24日）は，途中で朝日さんがついに亡くなってしまったため訴訟は終了したというものであった。ところがそれにもかかわらず最高裁は，「なお，念のため」として「何が健康で文化的な最低限度の生活であるかの判断は，いちおう，厚生大臣の合目的的な裁量に委されており，その判断は，当不当の問題として政府の政治責任が問われることはあっても，直ちに違法の問題を生ずることはない」と，東京高裁の判断を支持してみせた。

　訴訟は日本国憲法の生存権がもたらす恵沢を朝日さんに確保するという帰結とはならなかったが，社会に大きな恵沢を与えた。訴訟を契機に生活保護の基準が大幅に引き上げられ制度全般が手直しされただけでなく，国民一般の最低賃金や公務員給与等の改善もはかられるなどしたのである。たとえば一審判決が出された1960年以来，70歳以上の生活保護受給者に対し老齢加算（高齢者特有の生活需要を満たすための一定額の加算支給）が行われてきた。同時に見逃してはならないのは，一審の勝利判決の背景には60年安保に対する運動が未曾有の国民的広がりをみせていたという歴史のうねりもあったであろうことである。

　最高裁はその後（1982年 7 月 7 日），視力障害者で障害福祉年金を受給している母（堀木文子さん）の児童扶養手当申請を併給禁止規定に該当するとして却下した処分の取消を求めた堀木訴訟において，健康で文化的な最低限度の生活の決定は立法府の広い裁量に委ねられているとしつつも，裁量の逸脱，濫用とみざるをえない場合には裁判所が審査判断すると述べた。

　こうして司法においては，生存権の実現を行政や立法の広い裁量に委ねるという流れが作られた。

**構造改革のなかの生存権
と　新　人　間　裁　判**　　そうした流れが作られた政治的背景としては，1980年代以降のいわゆる臨調行革（第 2 次臨時行政調査会による行財政改革）による社会保障費削減政策とそれに続く新自由主義改革を指摘

する事ができよう。

　その動きがいっそう押し進められたのが2000年代以降であり，構造改革とよばれる新自由主義的な政治によって貧困と格差が拡大するなかで，最大のターゲットとして社会保障費の抑制が打ち出され，社会保障分野での負担増とサービス低下が推し進められた。2003年には初めて生活保護基準の引き下げが行われ，生活保護基準を下回る低賃金労働者や低年金生活者もいるとの理由で，老齢加算や母子加算の削減，廃止も行われてきた。

　2009年の衆議院選挙では，自民党，公明党から民主党（当時）などへの政権交代が行われ，旧政権下で廃止されていた母子加算は復活された。一方，お笑い芸人の親の「不正受給」攻撃，ワーキングプアとの「逆転」攻撃，受給者の「浪費」攻撃など，生活保護受給者に対するさまざまなバッシングがくり広げられた。

　それを背景に，2012年の衆議院選挙の公約で自民党は「自助・自立を第一に，共助と公助を組み合わせ」とか，「社会保障は，社会保険制度を基本とします」と，生活保護の権利性を否定するかのような観点から，「生活保護法を抜本的に改正して，不公正なバラマキを阻止し，公平な制度を作ります」との主張を掲げた。選挙で政権再交代を果たした自民党，公明党政権のもと，2013年8月からは生活保護基準が引き下げられ，不正受給を防ぐためと称して生活保護法改正が行われた。

　こうした流れのなかで，生活保護行政の現場では水際作戦とよばれるさまざまな申請抑制策がとられてきた。扶養照会もその1つである。申請窓口を訪れた生活困窮者の3親等内の親族（親，子ども，兄弟姉妹など）に対する扶養の可否の問い合わせである。自身の生活状態を親族に知られたくない，場合によってはDVから逃れているのに照会によって所在を知られ再び暴力にさらされるなどの理由で，申請を断念せざるをえないケースが多かったのである。スタートアップで引用した厚生労働省のメッセージの背景には，バッシングによるマイナスイメージに加えて扶養照会が高いハードルとなって，コロナ禍にもかかわらず申請をためらう生活困窮者の存在がある。

　あまりにも低い生活保護基準によって人間らしく生きる権利を奪われた朝日さんが起こした訴訟が人間裁判と呼ばれて日本国憲法25条に光を当てたように，

2013年からの生活保護基準引き下げによって人間らしく生きる権利を奪われた多くの生活困窮者たちが起こした裁判も「新人間裁判」とか「いのちのとりで裁判」と呼ばれて25条を再び照らし出している。

これまでに7裁判所で判決が出され，最初の名古屋地裁判決（2020年6月25日）は引き下げ処分を裁量の範囲内として許容した。これに対し大阪地裁判決（2021年2月22日）は引き下げ処分を違法として取り消した。2010年6月14日の福岡高裁判決が老齢加算廃止を違法としたのを別にすれば，裁判所が生活扶助基準本体を違法と判断したのは朝日訴訟一審判決以来およそ60年ぶりのことであった。しかし札幌地裁（3月29日），福岡地裁（5月12日），京都地裁（9月14日），金沢地裁（11月25日），神戸地裁（12月16日）の判決は裁量権の逸脱濫用，生存権の侵害とは認めなかった。

改憲論と生存権　憲法改正に関する自民党の現在の方針はいわゆる4項目改憲案であるが，そこには生存権にかかわる項目は含まれていない。もっともこれまでの改憲案などからは，生存権にかかわる改憲意図が浮かび上がってくる。

2005年の「新憲法草案」と2012年の「日本国憲法改正草案」においても，25条本体には若干の文言の変更以上のものはみられない。しかし，権利と負担分任義務とを対応させることで社会保障を権利ではなく自己責任化しようとの意図（地方自治の本旨に関する条項から），また家族の助け合いの名の下に社会保障を自助，共助限りのものとすることで公助つまり国の責任を後退させる意図（家族に関する条項から）をうかがうことができる。

自民党の生存権にかかわる改憲意図は，25条自体には手をつけることなく，社会保障の権利性を否定し自己責任化することで新自由主義政策による社会保障切り下げの現状を正当化することだといえよう。

課題を探求しよう

コロナ禍は，音楽，演劇，映画などの関係者をも苦境に陥れ，ライブハウスや劇場，映画館の閉鎖も相次いだ。文化，芸術は「不要不急」なのだろうか。憲法25条の健康で「文化的」な生活とは何だろうか。ドイツでは「アーチストは今，生命維持に不可欠な存在」と文化相が支援を約束したことと比較してみよう。

11 国家により情報を管理される人

◆ スタートアップ ◆

　高度情報化社会は，いまでは聞き慣れた決まり文句である。インターネットによるメール，SNS，無料通話など，情報はあらゆる人や集団が手にできる資源であり，境界を知らない。視点を変えれば，だからこそ，人びとの行動を統制するのにも，情報ほど有用な資源はない。国家は国民を監視下に置くために，近年，あの手この手で情報の収集・管理・運用を強化しようとしている。監視カメラ，マイナンバー，Nシステム，特定秘密保護法，安保法，共謀罪……，最近の新型コロナウイルス接触確認アプリ（COCOA），さらには鳴り物入りで新設されたデジタル庁。標語は常に「安全・安心」である。あからさまに反対を唱えにくい標語の裏に，国家の意図や目的は付着していないのか。今日の社会でこそ「当たり前」を問い返す目は，重要な「情報リテラシー」でもある。

憲法の基礎を学ぼう

　日本国憲法制定時に想定されなかった「新しい人権」を必要とする「新しい事態」に対しては，憲法上の権利が重なり合う部分とそうでない部分を見極めつつ，複合的に理解する必要がある。

包括的人権　　学説は「新しい人権」を，生命，自由，幸福追求権を定める憲法13条によって根拠づけてきた。裁判所も13条をもとに，個人の生活の事実の公開に含まれる私事性や秘匿性を重視し，実質的に「プライバシー権」や「肖像権」を認める判断をしてきた。前者については，下級審が「私生活をみだりに公開されないという法的保障ないし権利」とし（「宴のあと」事件，東京地判1964年9月28日），最高裁は後者について，「個人の私生活上の自由の1つとして，何人も，その承諾なしに，みだりにその容ぼう・姿態……を撮影されない自由」として，「少なくとも，警察官が，正当な理由もないのに，個人の容ぼ

う等を撮影することは，憲法13条の趣旨に反し，許されない」と述べた（京都府
学連事件，最大判1969年12月24日）。肖像権は広い意味でのプライバシー権に含まれ
るとされるが，近年，国家によって進められつつある「情報管理」や「監視社
会」の実態は，私事性や秘匿性の概念だけでは不十分なことを教えてくれる。

内心の自由と表現の自由　たとえば，2016年12月21日に岐阜地裁に提訴された
「大垣警察市民監視違憲訴訟」の事例では（同裁判所
に係争中），大垣警察署が，対象となった市民自身によって積極的に配布されてい
た資料に基づく情報も含めて収集・管理・運用（本件では民間企業へ提供）してい
た。人びとは他人に公開されたくない情報を抱えつつも，ことがらによっては，
むしろ自分の情報をみずから明らかにすることによって自分以外の人びととつな
がり，集会やデモ行進など，より良い社会を求める行動をとることもある。憲法
には19条の思想良心の自由，20条に定められた信教の自由，そして21条の表現の
自由が保障されている。こうした場合における「個人の情報」については，私事
性，秘匿性，そしてこれらの性格をもつ「自己情報コントロール権」に加え，
「個人に関する情報を本人の承諾なくみだりに収集等されない憲法上の権利」と
捉える視点が欠かせない。私事性や秘匿性が稀薄な情報でも，情報所有者である
「本人の承諾」を要件とすることで，国家による市民監視のための情報収集・管
理・運用上の問題点が浮かび上がる。

9条と平和的生存権　憲法9条はもっぱら戦争や軍のことと思われがちだが
（第3部第1章を参照），学説には「自由の下支え」として
9条を強調する見解がある（樋口陽一）。「戦争放棄」（9条1項）を実質化する
「戦力の不保持」（2項）は，社会のなかに安易に「軍事的なもの」の居場所を認
めてはならないことを命じる。そして日本国憲法の前文が，「政府の行為によつ
て再び戦争の惨禍が起ることのない やうに」（一段），「全世界の国民が，ひと
しく恐怖と欠乏から免かれ，平和のうちに生存する権利を有する」と述べているこ
とを想起する必要がある（二段）。攻撃であれ防衛であれ，「戦闘」を想定するこ
となしに存在意義をもたない「軍事組織」の下で，それに抗う人物や行為は国家
による監視の対象とされやすい。だからこそ，自分の信念に基づいた行動は「平
和のうちに生存する権利」があってはじめて，実現可能なものとなる。このよう
に捉えると，国民1人ひとりの情報を管理しようとする現実の国家権力の動向に

は,「一定の傾向」があることがわかってくる。

具体的な人権状況を知ろう

自衛隊による国民監視事件　　2007年6月に日本共産党が,自衛隊情報保全隊（自衛隊法21条の2に定める防衛大臣直轄の陸海空の）「共同の部隊」）の内部文書を暴露したことで,2003年11月から2004年2月までの自衛隊イラク派遣（2003年7月イラク特措法成立,2004年1月陸上自衛隊イラク派遣）に反対する市民や地方議会,さらにはマスコミに至るまで,実に多くの市民の活動が監視されていることが判明した。さらに「医療費負担増の凍結・見直し」,「04国民春闘」,「年金制度改悪」,「消費税増税反対」などの街頭宣伝や署名活動など,自衛隊とは直接には無関係なはずの情報まで,こと細かに記載されていた。これによって,自衛隊イラク派遣に反対し「ライブ署名」を行っていた東北在住のシンガーソングライターが,芸能活動では明らかにしていない本名と勤務先まで調べられていたことが発覚し,このシンガーソングライター（原告A）や地方議員から成る原告ら（最終的には107名）は2007年以降,監視活動等の差止めと国家に対する損害賠償を求めて提訴した。裁判所は差止請求および原告Aを除く賠償請求は棄却したものの,その他の情報収集の必要性は認めず,原告Aに関する情報収集の違法性を認め,国に対し原告Aへの慰謝料10万円の支払いを命じた（仙台地判2012年3月26日,控訴審もこれを支持した。仙台高判2016年2月2日）。上告を断念した国は,遅延損害金を含め全額を東京から仙台へ持参した。控訴審での尋問で被告（元情報保全隊長）は本件情報収集の目的について「自衛隊に対する外部からの働きかけ等から,部隊を保全するため」と説明したが,裁判所も,自衛隊情報保全隊が「施設,隊員等を保全するという目的で,その業務の遂行に影響を与える可能性のある行為として,上記活動（自衛隊イラク派遣反対の市民集会等の活動――筆者）全般について情報を収集する必要性があると判断したこと」には,「相応の理由があったというべきである」とした。しかし自衛隊情報保全隊とは,自衛隊の「情報を安全に保管」することを任務とするものであり,国民を監視する諜報機関ではない。しかも医療費,労働条件,年金,消費税のどれも,「自衛隊に対する外部からの働きかけ」とはいい難い。しかし自衛隊イラク派遣を含め,「凍結・見直し」「春闘」「制度改革」「増税反対」を貫く共通

項を探れば，そこに現れるのは「反対」のことばに象徴される「国家に楯突く人びと」の姿である。安全保障や財政問題といった国家政策の枢要部分への「国民の抗い」こそ，国家の政策遂行にとっては障害なのである。

警察によるムスリム監視捜査事件　安全保障の次は「テロ対策」に名を借りた情報収集である。2010年10月には警察庁公安部が収集・管理していた114点の内部資料が，共有ソフト Winny を介してネット上に流出した。これをきっかけに，警察がテロ対策の目的のために，日本国内のイスラム教徒を対象にした大規模な監視捜査を行っていたことが明るみに出た。監視の対象となったのは，「イスラム諸国会議機構（OIC）の国籍を有する者及びその他の国籍を有するムスリム」で，乳幼児までも対象とされていた。イスラム文化に関わるモスクはもとより，これに間接的な関わりをもつ国境なき医師団や国際協力機構（JICA），ハラルフード（イスラム教で口にすることが許されている食材）店，中古車店，カレー屋なども捜査対象とされており，出身国，学歴・職歴，家族構成，勤務先，電話番号，家族の通学先などの基礎情報に加え，「不穏動向」として信仰の深さを示す情報も収集されていた。その手法は，監視カメラ，潜入捜査，別件逮捕（事件化）のほか，情報収集率を上げるために捜査員の間での新規情報の入手件数に応じた「ポイント制による特別表彰」の実施，民間からの「自発的」情報提供によるものであった。この内部資料から，警視庁が2008年5月の時点で東京都内の監視対象者の89%，同年7月時点では全国の対象者の98%の情報を得ていたことがわかった。事件の発覚後，17名の被害者が国と東京都を相手取って国家賠償訴訟を提起し，①警察の情報収集・管理・利用の違憲性・違法性と，②情報をインターネット上に流出させた違法性を争った。一審は，流出した資料が警察庁・警視庁のものであることを認定し，情報の管理上の過失を理由に，原告1人あたり550万円（1名については220万円）の損害賠償を命じたものの，①については合憲と判示した（東京地判2014年1月15日。控訴審は原審を維持したが（東京高判2015年4月15日），①のみが争われた上告審は，本件に憲法問題は含まれないとした（最大判2016年5月31日））。裁判所は①の合憲判断にあたって，「一般人としての日常生活を装っているテロリストを早期に発見して国際テロを防止するためには」，イスラム教徒のコミュニティーとその活動を把握する必要があり，平穏なイスラム教徒かイスラム過激派に属するテロリストであるかの見極めには，宗教的儀式への参加の有無，教育活動への

参加の有無，その者が宗教的なコミュニティーのなかでいかなる立場にあるのかといった「外形的側面からうかがわれる諸般の事情からの推測によらざるを得」ず，そのためには，モスク付近やその内部にまで立ち入って，「活動実態をある程度継続的に把握するほかない」と述べ，それによって原告らに生じる弊害を「単なる嫌悪感」と位置づけた（ムスリム違法捜査国家賠償請求控訴事件控訴理由書，http://synodos.jp/wp/wp-content/uploads/2014/03/9007e212810f08c02842956ecaa9d8c5.pdf）。

特定秘密保護法　2013年12月に成立した「特定秘密の保護に関する法律」は1条で立法目的を，「国際情勢の複雑化に伴い我が国及び国民の安全の確保に係る情報の重要性が増大するとともに，高度情報通信ネットワーク社会の発展に伴いその漏えいの危険性が懸念される」と述べる。法律の成立時期からして，ムスリム監視捜査事件を想起させる。特定秘密の範囲は広く，「防衛」「外交」「特定有害活動の防止」「テロリズムの防止」に及び（別表），特定秘密の指定は当該情報を管理している行政機関が行うとされる（3条）。国民に知らせることの適否については，恣意的かつ際限なく判断される可能性がある。しかも，特定秘密を取り扱う者が「適性」かどうかを「評価」する制度が置かれ（12条），そのための調査は，国籍（帰化情報），本籍，家族情報，経歴，海外渡航歴，精神疾患などの病歴，飲酒，薬物，ローンなどの信用返済やその他の経済状況など，プライバシーに関わる項目が列挙されている（同条2）。国家公務員や一部の地方公務員ばかりか，政府と契約を結び特定秘密を取り扱う民間事業者までも調査対象となる（同条1）。特定秘密を取得し漏洩した者には10年以下の懲役，または情状により10年以下の懲役と1000万円以下の罰金が科されるが，この罰則は特定秘密を扱わなくなった後も適用される（23条1項）。さらに特定秘密を取得しようとする行為についても，同様の罰則が用意されている（24条1項）。

不特定多数の情報管理（マイナンバー制）　以上は，自衛隊や警察が「安全保障」や「テロ対策」にとって不都合だと判断した「特定の」人や団体が捜査対象となり，目的外の膨大な数の情報収集が行われた事例である。損害賠償訴訟が提起されたことで監視捜査の実態が明らかになり，情報漏洩を防ぐ目的で法律が整備された。しかし個人の情報の管理や集団の監視を行おうとする国家にとっては，「不特定」かつ「できるだけ多数」の情報を一斉に手に入れることこそが合理的である。2013年5月31日の「行政手続における特定の個人を識別する

ための番号の利用等に関する法律」（マイナンバー法）は，そうした目的に十分応える。「公平・公正な社会の実現」「行政の効率化」「国民の利便性」を立法目的として掲げ，税・社会保障・災害対策の分野で利用されるとする。しかし法律というものは決して，みずからの内に含む濫用・悪用の危険性を表に出す外観はとらない。個人番号（マイナンバー）は，不正のおそれが明らかな場合を除き，生涯変更されることはないだけに，ひとたび流出すると大きな権利侵害につながる。国民1人ひとりに割り当てられた番号による情報管理は，先にみた市民監視のための情報収集を制度的に支える役割を果たす可能性が高いのである。

テロと「安心・安全」

2021年8月にタリバンの政権掌握によって崩壊したかにみえたアフガニスタンの混乱は，世界を震撼させた。この国を脱出しようと空港に詰めかけた人びとに向けられた自爆テロは，恐怖を増幅させるには十分であった。こうした報道に接している限り，「安心・安全」と抱き合わせの「テロ対策」の標語は，人びとに有効に作用する。しかしムスリム監視捜査事件で，「外形的側面からうかがわれる諸般の事情」と判示した一審判決の認識は，世界の現実からすれば牧歌的ですらある。たとえば，テロを「予測不能（Neither predictable）」で「特定不能（No identifiable）」と位置づけるニューヨーク大学法学部の研究所報告（Brennan Center for Justice, Rethinking Radicalization, 2011）は，テロの本質を突く。予測も特定も不能であればこそ，人びとの間の猜疑心を掻き立て，相互のつながりを切断し，社会を不信感で満たすテロのテロたる所以がある。それに対する自衛隊や警察といった国家の諜報活動である。何を問うべきなのか。まず，「安心・安全」のために「あらかじめ」を標榜する国家権力の活動が，いったい何に照準を合わせているのか。そして，そうした活動がテロのように，人びとの相互監視や不信感を生み出すことはないのか。最後に，なぜテロ破壊行為は時代を通じて生じるのか。

　9条をもつ国だからこそ，世界に目を向け，国家権力というものの本質をどこまでも根源的に問い続けなければならないはずである。

課題を探求しよう

　「テロを未然に防ぐには」ではなく「テロを世界からなくすには」と，発想を転換させて，法律や事件を点検し直すと，何が見えてくるのか考えてみよう。

ミャンマー　「解放」を伝える一枚

　男たちが集まって何やら話し合っている。どこにでもみられそうな，ごくありふれた光景だ。写真家の亀山仁さんが2012年，ミャンマーのある村で撮ったこの一枚の写真が今，大きな意味をもってきている。

　ミャンマーでは2011年秋，1970年代から半世紀続いた軍事政権に終止符が打たれた。選挙で選ばれたテイン・セイン政権に移行し，民主化を本格化させていった。

　軍政時代の恐怖のひとつに住民が互いに監視し合う社会だったことがある。現在の日本の平穏な暮らしからは想像がつかないが，5人以上で集まることは法律で禁じられていた。

　だから，軍政が去った後はもう監視し合わなくてもよくなった。自由に集まれるようになったことが，人びとにとってかけがえのない大きな喜びだった。

　亀山さんの写真も，重苦しい時代を抜けて，民主国家への道を踏み出した人たちの解放感が伝わってくる。「これから村の経済をどうしていこうか」「魚の養殖がいいんじゃないか」「じゃあその方法は？」写真からは晴れ晴れとした声が聞こえてきそうだ。

　日本が戦争に負けた1945年の夏も，廃墟のなかでさえ，軍政時代を抜けたミャンマーの人たちと同じようなほっとした光景があったにちがいない。

　「大本営の発表を垂れ流した戦争責任を取る」といって終戦時に新聞記者を辞めたジャーナリスト，むのたけじさん（故人）が生前，筆者のインタビューで「戦時中は2人では話せるが，3人以上になると話せなかった」と語っていたのを思い出す。

　憲兵が見張るまでもない。3人だと会話の内容が漏れたときに，誰が漏らしたのかが分からないから話せない。人を信じることができない空気がそこにはあったのだ。

　ミャンマーの人々は今，再び大きな試練に直面している。2020年の総選挙で敗北した国軍側が2021年2月，「クーデター」という暴力的な手段で，政権中枢にいたアウンサンスーチーさんらを軟禁し，民主政権から再び軍事政権へと転覆を謀った。国軍兵士は非暴力で抵抗する市民に銃口を向けた。

　日本に住むミャンマーの人たちも祖国の行く末を憂えて，国際社会に支援を求めている。長い闘争の末につかんだ民主主義による政治をわずか10年で手放すわけにはいかない。軍政後に生まれた世代は自由を価値として育った。もう時代は巻き戻せないのだ。

　この事態を日本の私たちはよそごとにはできないだろう。日本もまたこの10年間で，民主主義の根幹を脅かす法律が次々とできた。特定秘密保護法，共謀罪，集団的自衛権の行使を認める安全保障関連法などだ。

　コロナ禍の今も，政府は緊急事態法など国民の権利をしばり，監視を強める法制化に躍起になっている。

　ミャンマーの写真は静かに語りかける。私たちの民主主義も色あせてはいないだろうか，と。曇らせないよう磨きをかけるのは私たち，一人一人の主権者にしかできないことなのだ，と。

（佐藤直子）

12 信仰をもつ人と国家の介入

　「神は死んだ」（ニーチェ）という言葉にも象徴されるように，科学万能主義が席巻しがちな現在，現代社会に神の入り込む余地は一見なくなったかのようにみえる。けれども私たちは日々の生活のなかで，たとえば季節が来ればお盆やクリスマスなどの宗教行事を行うことも珍しくはない。実は憲法は，今や非科学的なものとして片づけられてしまいそうな信教（宗教）の自由を，基本的人権として保障している。そればかりか憲法は，そのような宗教に対して国家が関与することをわざわざ禁じているのである。果たしてこれには，一体どういう意味があるのだろうか？

憲法の基礎を学ぼう

信教の自由と政教分離
原則が誕生した背景

　宗教と聞くと，皆さんはどのようなイメージをもつだろうか。「私は闘いを禁じる教義をもつエホバの証人だから，必修科目の剣道の授業を受けることができません」「私はキリスト教徒なので，殉職自衛官の夫を自衛隊が勝手に神社に祀ることだけは絶対にやめて下さい」といわれた場合，どう思うだろうか。「ちょっと変わってるよね？」という感想をもった方は，ぜひもう一度考えてみて欲しい。たとえば，あなたに愛する恋人や好きなアーティストがいて，その存在があなた自身のかけがえのない日々の心のよりどころになっていたとしたら？　そして自身と価値観の違う他人に，無意識的にであれそれを蔑ろにされたとしたら？

　実は宗教とは，精神的存在としての人間の心のよりどころそのものに他ならない。そして，そのような宗教上の自由は，歴史的にも世界各国の憲法上で基本的人権の「花形」として，重要な位置づけを与えられて現在に至っている。日本国憲法も20条1項前段および2項で，個人の信教の自由を明文で保障している。

　そもそも，宗教がそうした憲法的地位を与えられた背景には，中世ヨーロッパ

における宗教弾圧とそれに対する宗教的少数派の抵抗をバネとして，近代自由主義が勝ち取られていったという歴史的経験がある。その後，信教の自由は，思想良心の自由や言論出版の自由などの精神的自由権を獲得する推進力へとつながっていったのであった。

そして，国家が特定宗教と結びつくと，宗教的少数派への弾圧を招いたり特定宗教が政治過程に介入して影響力をもつようになるなどの良からぬ結果を招来するとの反省を踏まえて，信教の自由と並んで各国の憲法上で採用されるようになったのが，国家と宗教の分離を中核とする政教分離原則である。換言すれば，政教分離原則は個人の信教の自由の保障を確保・補強するための制度として位置づけられる（これに対し日本の憲法学では，政教分離を，宗教的少数派の信教の自由に対する間接的侵害さえをも禁じる，人権そのものとして捉えるべきだとする有力な見解も存在する）。

もっとも，政教分離原則と一口にいっても，そのありようは国によって様々である。国家としての宗教（国教）を承認した上で，それ以外の宗教に対しても広汎な宗教的寛容を認めるイギリスのような国もあれば，国家と宗教（教会）を分離しつつそれぞれの固有の領域では独立していることを認める一方で，競合する事柄については政教条約を結んで処理にあたるイタリアのような国もある。また，国教の創設を完全に禁じ，国家と宗教の厳格な分離を求めるアメリカのような国も存在する。

日本国憲法の政教分離原則の基本構造と性格　大日本帝国憲法でも，信教の自由は保障されていた（28条）。しかし，それは「安寧秩序ヲ妨ケス及臣民タルノ義務ニ背カサル限ニ於テ」（国家および天皇に忠実なる義務に反しない限りで）保障されたに過ぎず，天皇を神とする神社神道に対し実質的な国教的地位が与えられ（「神社は宗教にあらず」とする神社非宗教論），国民はそれへの崇敬を義務づけられた。後述する靖国神社を始めとする神社神道は国家主義・軍国主義の精神的支柱となり，これに反する教義をもつ他宗教に対しては厳しい弾圧が行われていった。

このような反省を踏まえ，日本国憲法では，次のような徹底した政教分離原則が採用されることになる。すなわち，憲法20条1項後段は「いかなる宗教団体も，国から特権を受け，又は政治上の権力を行使してはならない」と定め，さらに同3項は「国及びその機関は，宗教教育その他いかなる宗教的活動もしてはならない」と定める（これを受ける形で，教育基本法15条2項は「国及び地方公共団体が

設置する学校は，特定の宗教のための宗教教育その他宗教的活動をしてはならない」と定めている）。さらに，憲法89条は，「公金その他の公の財産は，宗教上の組織若しくは団体の使用，便益若しくは維持のため，又は公の支配に属しない慈善，教育若しくは博愛の事業に対し，これを支出し，又はその利用に供してはならない」と定め，政教分離原則を財政面から裏づける内容となっている。

　そして，このような構造からなる日本国憲法の政教分離原則は，アメリカのような厳格分離型を採用をしたものと一般的に理解され，宗教は私事であり宗教団体は私法人と位置づけられている。問題となるのは，政教分離原則を厳格分離型と理解した場合，国家と宗教のかかわりが，一体どこまで認められるのかということである。つまり，国家と宗教のかかわりを完全に認めない（完全分離）としてしまうと，例えば官公庁が季節に門松やクリスマスツリーを飾ったり，国が文化財保護の目的で神社や仏閣に対して補助金を給付することさえ，政教分離原則違反となりかねないからである。

　もっとも，日本国憲法が採用する政教分離原則は，例外的に国家と宗教のある程度のかかわりが出てくることは認めつつも，原則としてはあくまでも厳格分離の立場に立つものであることを確認しておく必要がある。

政教分離原則違反を判定するための「目的効果基準」　問題は，そのような国家と宗教のかかわりが政教分離原則に反するか否かをどのような基準で判定すべきか，ということである。

　日本において，長らく政教分離原則に関する違憲審査基準とされてきたのが，津地鎮祭違憲訴訟最高裁判決（1977年7月13日）で打ち出された「目的効果基準」と呼ばれるものである。この事件では，三重県津市が市の体育館起工式を神式の地鎮祭として執り行い，神官への謝礼金等を津市の公金から支出したことが政教分離違反にあたるとして争われた。

　これに対して最高裁は，限定分離の立場に立ち，憲法20条3項で禁じられる「宗教的活動」とは，「当該行為の目的が宗教的意義をもち，その効果が宗教に対する援助，助長，促進又は圧迫，干渉等になるような行為」を指すとし，しかもそれに該当するかどうかは「当該行為者が当該行為を行うについての意図，目的及び宗教的意識の有無，程度」等の様々な「諸般の事情を考慮し，社会通念に従って，客観的に判断」されるべきだとして，問題となった津市の行為はこれに

該当しないとの判断を行ったのである。

　もっとも，この目的効果基準の有用性については，その後様々な問題点が指摘されてきた。この基準の母体とされる，アメリカ連邦最高裁判決（Lemon v. Kurtzman, 403 U.S. 602（1971））で打ち出されたいわゆる「レモン・テスト」と呼ばれる基準と比較すると，その有用性をめぐる問題は，一層明瞭となる。レモン・テストは，問題となっている①国の行為の目的が世俗的（非宗教的）か，②国の行為の効果が特定の宗教を振興しもしくは抑圧するものか，③国の行為が特定の宗教との間に過度のかかわりあいをもたないか，という３つのポイントを独立別個に審査して，この内１つでもクリアできなければ国の当該行為を政教分離違反とする極めて厳格な基準である。

　これに対し目的効果基準では，レモン・テストの③はそもそも存在せず，しかも①（国の行為の目的）と②（その効果）を一体的に審査し，さらには行為者の主観的な要素も含む「諸般の事情」までもが考慮要素としてそこに加味され，最終的にはそれ自体が曖昧模糊とした「社会通念に従って」国の行為の合憲性が判断される。したがって，目的効果基準は，その性質上，これを適用する裁判官がどの考慮要素に重点をおくかによって，政教分離原則を緩和する方向に機能したり，あるいは同種の事案にもかかわらず異なる結論を導く方向に機能したりもしてきた。目的効果基準が「いわば目盛りのない物差し」（愛媛玉串料訴訟最高裁判決（1997年４月２日）における高橋久子裁判官の補足意見）と批判される所以でもある。

　なお近年，最高裁は，北海道砂川市が市有地を神社に無償提供していたことについて，目的効果基準によらず単に「社会通念に照らして総合的に判断」して政教分離違反との判断を導いたり（空知太神社事件（最大判2010年１月20日）），他方で，石川県白山市の市長が神社の式年大祭奉賛会の発会式に出席して市長として祝辞を述べたことについて，従来の目的効果基準によって合憲の判断を行うなど（白山比咩神社奉賛会事件（最判2010年７月22日）），政教分離原則をめぐる最高裁の姿勢には若干の揺らぎも生じている。

具体的な人権状況を知ろう

首相の靖国神社参拝をめぐる憲法問題　　先にも触れたように天皇を神とする神社神道は，戦前戦中において事実上の国教的地位を与えられ，日本の軍国

主義の精神的支柱となっていった。そのなかでも中心的な役割を果たしたのが，東京都千代田区九段下に位置する靖国神社である。

　靖国神社は，戊辰戦争の朝廷・官軍側の戦没者を慰霊するために1869年に設立された東京招魂社を前身とする。1879年に明治天皇の命名によって現在の靖国神社に改称され，1887年には内務省の管轄を離れて陸軍省と海軍省が管轄するようになった。以後，靖国神社は，日清戦争以降の戦争のなかで命を落とした軍人・軍属の霊を祀ることで，国民を戦争に動員するための精神的支柱として重要な役割を果たしていったのである。そして，日本の敗戦によって，1946年からは単立の宗教法人となり現在に至っている。しかし，以上からも明らかなように，靖国神社は，その出自からして軍事的な性格を色濃く帯びており，いわば日本の軍事施設の1つだったともいえよう。

　このような靖国神社とのかかわりで政教分離原則が問題となってきたのが，首相の靖国神社参拝である。1985年8月15日には中曽根康弘首相が，公式参拝につき「違憲ではないかとの疑いをなお否定できない」としていたそれまでの政府見解を変更して，戦後の首相としては初めて靖国神社への公式参拝を行った。これについてはその違憲性を問う訴訟が3件提起されたが，いずれも原告の請求は退けられた。ただし，そのなかには目的効果基準によって違憲の疑いを指摘した司法判断も存在する（大阪高判1992年7月30日）。また，2001年から2006年の在任中に小泉純一郎首相が毎年行った靖国参拝をめぐっても，全国で7件の違憲訴訟が提起された。いずれの訴訟も最終的に原告の請求は退けられたが，2つの下級審ではやはり目的効果基準に従って，小泉首相の靖国参拝を正面から違憲とする判断がなされた（福岡地判2004年4月7日，大阪高判2005年9月30日）。しかし，最高裁は，主張された原告の法的利益の侵害をそもそも認めず，小泉首相の靖国参拝の憲法判断に踏み込むことはなかった（最判2006年6月23日）。そして，2013年12月に安倍晋三首相が行った靖国参拝をめぐっても違憲訴訟が提起されたが，最高裁は，原告の請求を退けた下級審の判断を支持して上告を棄却している（最決2019年11月21日）。戦前戦中を通じて戦争に国民を動員するためのシンボリックな存在であった靖国神社に首相が参拝することは，二重にも三重にも特定宗教を国家的に護持するという政治的メッセージを内外に発することになるのではないか。

　さらに，首相の靖国参拝の政教分離違反を問う違憲訴訟を通じて改めて浮かび

上がるのは，国レベルでの政教分離違反行為を争うための法律上の根拠をめぐる
ハードルである。つまり，地方自治体レベルでの政教分離違反行為を原告が争う
場合には，地方自治法242条の2第1項に定める住民訴訟によって，客観的な憲
法違反行為を争うルートがあらかじめ用意されている（津地鎮祭違憲訴訟を始めと
する多くの政教分離違憲訴訟は，住民訴訟として争われてきた）。これに対して国レベ
ルでの政教分離違反行為を原告が争う場合，このようなルートは用意されていな
いため現行法上は損害賠償請求訴訟の形をとらざるをえず，原告は，首相の靖国
参拝によって自身のなんらかの法的利益が侵害されたことの立証に腐心すること
になる。このようにみてくると，「住民訴訟と同様の憲法的争点を国を相手に提
起したというだけで，その訴えはほとんど常に，訴訟技術的な理由等で門前払い
にされてしまう……。これを訴える側からみると，法制度の不備といっても過言
ではない」との指摘は，まさに正鵠を射たものといえよう（諸根貞夫「いまあらた
めて，『公式参拝違憲判決』を読む」『法律時報』76巻9号（2004年）1頁）。

那覇孔子廟政教分離違憲訴訟　これまで政教分離原則をめぐる問題は，主に神
社神道および仏教を対象として争われてきた。
そのようななかで近年，市が都市公園の敷地内に孔子廟を設置許可し無償での利
用を認めたことが，政教分離原則に違反するかどうかが争われ注目を集めた。

　このケースは，2014年に那覇市が，一般社団法人久米崇聖会（琉球王国時代に中
国から渡来した久米三十六姓の末裔を正会員とし，釋奠祭禮の挙行と孔子廟の運営管理を
行う団体。宗教法人ではない）に対し，都市公園である松山公園内に孔子廟の設置
を許可し，その使用料を全額免除したことに端を発する。これについて那覇市の
住民が，孔子廟の設置許可と公園使用料の全額免除は政教分離違反にあたるとの
訴えを提起した。これに対し那覇市は，孔子廟が観光施設としての側面を有して
いることを強調し，久米崇聖会も，孔子廟には教養施設としての明倫堂や公園利
用者のトイレも含まれているとの主張を展開した。

　1審那覇地裁（2018年4月13日）は，本件の孔子廟は孔子の霊を迎える釋奠祭禮
にのみ使用されるクローズドな重要施設が含まれる宗教施設であり，釋奠祭禮自
体も宗教的意義をもつ儀式であることを認め，しかも那覇市もこの事実を認識し
て公園敷地の無償提供を行っていたと認定した。また，宗教法人ではない久米崇
聖会が憲法89条の「宗教上の組織若しくは団体」及び憲法20条1項の「宗教団

資料12-1　「平成感謝　国民総参宮」というのぼ
　　　　　りを立てた伊勢市市役所庁舎

（出典）　毎日新聞2019年1月9日夕刊

体」に該当するとも認めた上で，目的効果基準を用いなかった空知太神社事件最高裁判決の判断枠組みによって，那覇市による孔子廟の設置許可および使用料の免除は政教分離原則違反にあたるとの判断を行ったのである。2審福岡高裁那覇支部（2019年4月18日）も同様の判断を行ったが，一方で那覇市長には条例および同施行規則によって公園使用料の一部免除についての裁量権が認められるとした。これに対し最高裁（2021年2月24日）は，2審が行った公園使用料の一部免除に関する那覇市長の裁量権の部分については破棄した上で，今回のケースがやはり政教分離原則違反にあたるとの違憲判断を行っている。

　確かに，宗教的な由来をもつ施設が，地方自治体によっては重要な観光資源としての側面をもつことは否定しえない。しかし，とりわけ「宗教的雑居性」（よくいえば宗教的寛容，悪くいえば宗教的無関心）がしばしば指摘される日本においては，宗教に対する公的機関のかかわりについて神経質なまでに精査することが，個人の信教の自由保障の砦となる政教分離原則の溶解を防止するためにも強く求められるのではないだろうか。

課題を探求しよう

　令和への改元直前の2018年12月，観光地としても名高い伊勢神宮のお膝元である三重県伊勢市などで構成する任意団体が，伊勢神宮への国民的な参拝を奨励する内容の「平成感謝　国民総参宮」というのぼり旗を公金で作成し，伊勢市役所前などに設置した（資料12-1参照）。政教分離原則からみた場合，これについてはどう考えたらいいだろうか？

13 学問の自由と大学の自治

◆ スタートアップ ◆

日本国憲法23条は「学問の自由は，これを保障する」と定める。「学問」が私たちの生活にとって不可欠なものであることは改めていうまでもないが，しかし，これが最高法規としての憲法のなかでわざわざ人権として保障されるとなると，一体そこにはどんな意味があるのだろうか。残念ながら，この非常にシンプルな条文からだけでは，その問いに対する明快な回答をみつけることはできない。この短い条文には，どんな歴史的な背景や具体的な内容が詰まっているのだろうか。そして，この条文は，昨今の日本学術会議の会員任命拒否の問題や高校教師などによる「主権者教育」をめぐる問題について，どのような手がかりを与えるのだろうか。

憲法の基礎を学ぼう

「学問の自由」の存在意義とは？　今まさに本書を手に取られている方の多くは，動機は様々にせよ憲法について「学び」を深めようとされていることであろう。そして，憲法23条は「学び」，すなわち「学問」という人間の営みそのものを非常にシンプルな表現で人権として保障している。

とはいえ，学問の自由という人間にとっての営みは，たとえば「思想良心の自由」だとか「表現の自由」といった他の精神作用とは一体なにが違うのか。換言すれば，それらを区別して憲法で保障する理由はどこにあるのだろうか。

実は，憲法23条のように学問の自由を独立した人権規定として保障する例は，諸外国の憲法にはあまり例がない。歴史的にみてもその傾向は，英米系の憲法において顕著である。その大きな理由は，一般的な精神的自由権のなかに，学問の自由は当然に含まれると考えられたからである。それでは改めて，憲法23条において学問の自由を独立に保障することの意義は，一体どこにあるのだろうか。

第1に，学問の自由は，いうまでもなく真理を探究する自由であり，究極的に

は既存の価値観や制度などを批判的に検証することを通じて実践されるという側面をもつ。ところが，そのような本質をもつ以上，学問の自由は既存の体制（政治権力等）にとっては往々にして目の上のたんこぶにもなりかねず，実際にわが国でもそれに対する多くの弾圧を招いてきた歴史がある（京都帝国大学教授の滝川幸辰の講演を発端として政府が滝川の著書を発禁処分にしたり滝川を休職とした1933年の滝川事件や，憲法研究者であり貴族院議員であった美濃部達吉の著書が国体に反するものだとする軍部や右翼の攻撃を皮切りに美濃部の著書が政府によって発禁処分となった1935年の天皇機関説事件など）。

　したがって，学問の自由の保障の意義は，時の政治権力による政治的干渉を防ぐことにその意義が見出される。もっともこれは，表現の自由などについてもあてはまることである。そのため，他の市民的自由とは異なる学問の自由の固有の存在意義が明らかにされなければならない。

　そこで第2に，よりエッセンシャルな側面として注目したいのは，学問の自由は他の市民的自由とは異なり，諸科学を専門的に追究することを職業とする専門家によって遂行されるという側面が強いということである。行政法学の泰斗・高柳信一は，古典的名著である『学問の自由』（岩波書店，1983年）のなかで，「学問の自由は，思想・良心・宗教の自由，言論・出版の自由等の市民的自由と同質的ではあるが，その機能構造においてはこれらの個人的自由とことなり，真理探究の自由を妨げる経済的・社会的・政治的諸障害を抑制して，真理探究の自由を確保せんとするところの制度的・機能的自由であった」と述べている（同135頁）。つまり，高柳によれば，学問の自由は，「専門職能（profession）」を生業とする専門的な研究者（大学教授等）によって遂行される側面が強く，まずはそれに対する政治的・経済的・社会的な面における物理的及び心理的な干渉や制約を遮断することにこそ，学問の自由の制度的・機能的本領が見出されるということになる。

　ただし，留意しておかなければならないのは，憲法23条が保障する学問の自由とは，決して上記のような専門職能をもつ研究者にのみ保障される「特権」を意味するものではなく，広く一般市民に対してもあまねく保障される人権という原点である。最高裁も，そのことははっきりと認めている（東大ポポロ事件最高裁判決1963年5月22日）。もっとも最高裁は，大学教授等の専門的な研究者とそれ以外の主体（初等中等教育機関の教師，学生等）によってその保障のレベルや範囲は異

なるというスタンスをとってきた。けれども，人権としての学問の自由という原点に立ち返って考えれば，人間にとって知的欲求を充足させるための学問の自由は，すべての個人に開放されるものでなければならないはずである。本書を手にしている皆さんも，学問の自由のいわば主人公なのである。

学問の自由と「大学の自治」の具体的内容と課題　そして一般的に，学問の自由の具体的な内容としては，①学問研究の自由，②研究成果の発表の自由，③教授（教育）の自由，④大学の自治が挙げられる。

この内，③について最高裁は，先の東大ポポロ事件判決において「学問の自由と密接な関係を有するけれども，必ずしもこれに含まれるものではない」とした上で，「大学において教授その他の研究者がその専門の研究の結果を教授する自由は，これを保障される」とし，あくまでも大学等の高等教育機関の教員に限定して保障されるという立場を当初とった。しかし，後に旭川学テ事件（最大判1976年5月21日）においてこの立場を修正し，大学等の高等教育機関以外の教員についても「一定の範囲における教授の自由」が保障されることを認めている。

またこの点とも絡んで，②についていえば，教育公務員としての法的地位にある研究者・教員は，教育公務員特例法18条と人事院規則14-7によって一定の「政治的行為」を行うことが禁じられている（罰則はなし）。このことは，たとえば彼らが，政治に関する「研究成果」を様々な形態で発信したり，政治的な内容を含む「教授（教育）」を行ったりすることと照らし合わせたときに，それらをどう考えるべきかという論点をはらんでいる。加えて，教育基本法14条2項が学校に対して求める「政治教育その他政治的活動」の禁止から派生する，学校教育における「政治的中立性」の確保という課題も，そこに重なることになろう。

なお，専門職能をもつ研究者の学問の自由の保障を歴史的に担ってきたのが大学であり，そこでの個々の研究者の研究・教育の自由のみならず，それらが実際に遂行される大学という組織の自律的な運営を確保しようというのが④である。具体的には，1）人事の自治，2）施設管理の自治，3）学生管理の自治を指すものとされてきたが（東大ポポロ事件最高裁判決も同旨），最近ではこれに加え，4）研究・教育の内容と方法に関する自治，5）予算管理の自治についても含むものと解されるようになってきている。また，その自治権の中心を担うのは，大学の研究者から構成される教授会である。

　ところが，このような大学の自治をめぐっては近年，学校教育法等の一部改正（2014年）により自治権の中核とされてきた教授会のあり方に大きな動揺が生じた。すなわち，もともと「重要な事項を審議する」（旧93条1項）機関として設置されていた教授会は，学長が決定する事項（「学生の入学，卒業及び課程の修了」（現行93条2項1号），「学位の授与」（同2号），その他「教育研究に関する重要な事項で，教授会の意見を聴くことが必要なものとして学長が定めるもの」（同3号））について，単に「意見を述べるもの」へと変質させられた。また，教授会は，学長等「がつかさどる教育研究に関する事項について審議し，及び学長等の求めに応じ，意見を述べる」（同93条3項）にとどまるものともされている。

　これらによって，教授会の審議権は大幅に縮小される反面，学長の権限は包括的に強化された。このことが今後，教授会の人事の自治や予算管理の自治などについても学長の決定事項としてしまうような，さらなる大学の自治の形骸化を招く糸口にならないかが懸念される。

具体的な人権状況を知ろう

「日本学術会議」会員候補任命拒否事件をめぐる問題　2020年9月，菅義偉首相（当時）は，日本学術会議が次期会員として推薦していた会員候補の内6名を任命しないとする異例の決定を行った。1949年に創設されたこの日本学術会議とは，「わが国の科学者の内外に対する代表機関として，科学の向上発達を図り，行政，産業及び国民生活に科学を反映浸透させることを目的」とする内閣府の組織（日本学術会議法2条）であり，これまでも政府から独立して，諸科学分野の専門知に基づきあらゆる社会問題に対して多くの提言を行ってきた。日本学術会議の会員は「内閣総理大臣が任命する」（同7条2項）ことになっているが，その首相による「任命」は，日本学術会議による「推薦」に基づいて行われることになっており（同17条），これまでの政府の説明によれば，あくまでもこれは「形式的任命」であって，日本学術会議からの「推薦」を拒否することは想定していないとされてきた。

　ところが今回，菅首相は，日本学術会議が推薦した6名の研究者について，その具体的な理由も明らかにしないまま任命を拒否するという挙に出た。しかも，憲法15条1項の国民の公務員に対する選定罷免権を根拠として，具体的な任命権

者である首相が公務員たる日本学術会議の会員の任命を拒否することは可能であるとの論を展開し，これは内閣法制局の了解を得た政府としての一貫した考えだとも述べている（ただし「一貫した」とはいうものの，「内閣法制局の了解」があったのは，内閣府がそのような見解をまとめた2018年11月の内部文書の段階からのようである）。しかし，主権者国民を淵源とする公務員の選定罷免権については，首相による国務大臣の任免権（憲法68条）のように憲法が直接的に規定しているもの以外は，国会が主権者である国民の意思に基づき法律でこれを定めるのであって，今回の場合は先の日本学術会議法がまさしくそれに該当し，内閣は日本学術会議法「の定める基準に従ひ，官吏に関する事務を掌理」（憲法73条4号）しなければならないはずである（中富公一「日本学術会議会員任命拒否事件の憲法上の諸問題」法学セミナー793号（2021年）46頁も参照）。公務員の選定罷免権を根拠として今回の任命拒否を正当化しようとする議論は，憲法論としてみてもかなり粗雑な論法であり，なにより後知恵的な為にする議論といわざるをえない。

　このようにみてくると，今回の菅首相による会員の任命拒否が，改めてどのような理由によるものであったかが明らかにされなければならないであろう。今回の任命拒否が，拒否された6名の学術上の実績や経歴に着目してなされたものであるならば，事は学問の自由の根幹にかかわる重大事である。今回任命を拒否された6名の研究者の多くは，政府が推進してきた安全保障関連法や共謀罪法に対して反対の論陣を張ってきた著名な研究者であり，また彼らの任命拒否については，公安警察出身の杉田和博官房副長官による事前の関与があったこともその後明らかになってきている。

　学問の自由の要諦は，専門知に基づく研究者の学術的な営為について，時の政治権力があれやこれやの理由をつけて干渉したり弾圧したりことを遮断することにある。その意味からすれば，日本学術会議のような学術機関の独立性や自律性が確保されることもまた，学問の自由の盤石な保障にとっては不可欠かつ必然的な要請といえるであろう。

　日本学術会議は政府の機関で会員は公務員の立場にあるのだからだとか，年間約10億円の国家予算が充てられているのだからだとかいった，学問の自由とは一見無関係な装いをまとったロジックに基づく日本学術会議への批判が，実質としては特定の学問内容をターゲットとするかのような政府介入を後押しするものと

して機能していないかどうかを，絶えず検証する必要もあるだろう。

「政治的中立性」確保の要請と「主権者教育」　先にも述べたように，旭川学テ事件最高裁判決は，大学等の高等教育機関以外の教員についても「一定の範囲における教授の自由」が保障されることを認めた。そして，2015年の公職選挙法の一部改正によって日本でも選挙権年齢が満20歳から満18歳に引き下げられたことに伴い，「主権者教育」の必要性が再認識されるようになった。しかし，依然として，そのねらいに沿った成果が上がっているとは必ずしもいいがたい。その原因は一義的なものではなかろうが，その一端が学校教育における「政治的中立性」の確保という要請から生じていることは，およそ否定しがたい事実であろう。

　教育基本法14条は，「良識ある公民として必要な政治的教養は，教育上尊重されなければならない」（1項）ことを求める一方で，学校が「特定の政党を支持し，又はこれに反対するための政治教育その他政治的活動」をすることを禁じている（2項）。特定党派に与した学校教育や教育活動が否定されるべきことはもとより論を俟たないが，問題は，学校教育における「政治的中立性」の確保というそれ自体は正当性をもつ要請が，明確な定義もないまま，実質的には特定の見解を促進ないしは制約するマジックワードとして機能したり，あるいはひるがえって教育現場の教師に対して過度の萎縮効果をもたらしたりしていないか，ということである。

　2015年9月29日，総務省と文部科学省は，高校生向け副教材である「私たちが拓く日本の未来」を発表したが，その教師向け指導資料では，随所に「政治的中立性」に基づく教師への注意事項が列挙されていた。もともとこの副教材は，同年7月に自民党政務調査会がとりまとめた「選挙権年齢の引下げに伴う学校教育の混乱を防ぐための提言」を参考としており，参考とされたその提言では，教育指導の「政治的中立性」を確保を徹底するために教育公務員特例法を改正し，それに違反した教師に対し罰則を科すことまでもが目論まれていた。なお，自民党は，2016年7月にホームページ上で「学校教育における政治的中立性についての実態調査」を行い一般に情報提供を呼びかけたが，「政治的中立性」を逸脱する該当事例の中には，教師が2015年9月19日に成立した安全保障関連法に対して否定的見解を主張することまでもが当初含まれていた（後に削除）。

　この安全保障関連法をめぐっては，近年にない世代を超えた国民的議論が巻き起こり，その過程では多くの憲法研究者を始めとする様々な分野の研究者からだけではなく，内閣法制局長官経験者や最高裁判事経験者などからも，歴代政府見解にすら合致しない憲法違反の法律であるとの異例の批判が相次いだ。このような圧倒的な憲法的疑義をもつ法律について教師が否定的見解を述べることは，教育公務員も憲法遵守義務（憲法99条）を負う立場にあることからすれば，「政治的中立性」以前の問題としてごく自然なことであっただろう。

　ところが現実には，上記のようにそもそも中立ではありえない政治が「政治的中立性」とは何かを曖昧な形で規定し，それを教育現場に強制しようという本末転倒な状況が続いている。「主権者教育」を実際に行う現場の教師にとって，これにより安全保障関連法の問題に限らず政治的なトピックを扱うことに対し大きな心理的ハードルが立ちはだかることは想像に難くない。確かに，中等教育機関においては，教育内容に対する生徒の批判的能力が乏しいことや教師の影響力が強いことを考慮すれば，高等教育機関の教員と同等の「教授（教育）の自由」を認めることは不適切な場合があろう。しかし，教師が論争あるトピックであることを前提に，生徒に対して1つの見方を強制することなく提示し，あとはその是非について生徒が自由闊達に議論できる場が確保されるとすれば，学校教育における「政治的中立性」を逸脱することにはつながらないのではないか。そのような意味で，旭川学テ事件最高裁判決が認めた高等教育機関以外の教員の「一定の範囲における教授の自由」の内容は，学校教育，わけても「主権者教育」における価値の多元性の追求にとって，その精緻化が深められるべき課題といえよう。

課題を探求しよう

　本文中で取り上げた2015年の安全保障関連法をめぐっては，三重県津市立の三重短期大学でも，それに反対する教員有志の会の結成やそれら教員の専門分野の知見に基づいた学習会が開催された。ところが，その設置者である津市の市議会議員の一部がこれに反発し，これら三重短期大学教員の一連の行為は，教育公務員の「政治的行為」を禁じた教育公務員特例法18条および人事院規則14-7に違反しているとの批判を学長に対し市議会で行った。学問の自由の観点からみたとき，ここにはどのような問題が含まれているだろうか。

14 主権者として期待されること

◆ スタートアップ ◆

　2015年の公職選挙法（以下,「公選法」とする）改正により, 選挙権年齢が18歳以上に引き下げられ（2016年施行）, その結果, 投票を通じて政治に参加できる者が大幅に増加した。このこと自体は歓迎すべきだが, その一方で, 学校教育の現場では, 若者（とりわけ高校生）の選挙以外の政治参加を軽視するような動きもみられる。

　第2部第5章で学んだように, 選挙権の適正な行使にとって, 政治的な表現活動の自由は不可欠なものである。したがって, 主権者には, 選挙権の行使だけでなく, 広い意味での政治的な表現活動（デモや集会への参加だけでなく, SNSを通じた投稿, 身近な人との政治に関する会話, さらには新聞を読んで政治の動きを知ることも含まれる）に取り組むことも期待されている。

　18歳選挙権の導入は, 若者が主権者としての期待に応えられるだけの条件が整っているのか, という問題を提起していることにも注意しよう。

憲法の基礎を学ぼう

選挙権年齢　　日本国憲法15条3項は,「成年者」による普通選挙を保障しているが, 憲法では「成年者」は定義されていない。したがって, 選挙権年齢の設定につき, 憲法から強い要請を引き出すことは難しく,（少なくとも引き下げについては）立法府の裁量に委ねられると解されている。

　しかしながら, 他方で, 世界のほとんどの国・地域で18歳選挙権が実現されており（2015年の国立国会図書館の調査によれば, 199の国・地域のうち176の国・地域で18歳選挙権が実現されている）, そうした世界の趨勢に反して, 日本において20歳選挙権を維持するだけの正当性があるのかは疑わしく, 18歳選挙権は,（憲法の要請の有無にかかわりなく）実現されてしかるべきものであった, とみることもできよう。

　もっとも，憲法の観点から選挙権年齢の引き下げを基礎づけることが不可能というわけではない。この点は，国民主権にいう「国民」をいかに理解するかに密接に関わっている。詳述はできないが，国民主権にいう「国民」の理解の仕方をめぐっては，（フランス憲法史の理解ともかかわって）かつて一大論争が繰り広げられたことがある。その論争における一方の立場によれば，「国民」とは政治的意思決定能力を有する者であり，その立場からすれば，選挙権者が政治的意思決定能力を有する者に開かれたものになっているのかは，不断に検証される必要があり，その検証の過程で，選挙権年齢を18歳以上に引き下げるべきとの判断がなされた，との説明も可能になる。とはいえ，なぜ政治的意思決定能力を有する者の年齢が（19歳でもなく，17歳でもなく）18歳であるのかを説明することは難しく，選挙権年齢の設定につき立法府の裁量を否定することは，いずれにしても困難である。

投票機会の保障　選挙権を付与されても，実際に投票する機会が保障されていなければ，選挙権は意味をなさない。この点につき，最高裁は，「憲法は国民主権の原理に基づき，両議院の議員の選挙において投票をすることによって国の政治に参加することができる権利を国民に対して固有の権利として保障しており，その趣旨を確たるものとするため，国民に対して投票をする機会を平等に保障しているものと解するのが相当である」と述べ，投票機会の保障が選挙権の保障に含まれると解している（最大判2005年9月14日）。

　この判決で問題とされたのは，日本国外に住所を有する日本国民の投票（在外投票）の機会を確保するための措置を講ずる義務を国が負うか否かであり，同判決は，国の義務を認めたうえで，長年にわたってその義務が果たされなかったことを違憲とした。

　在外投票は，国政選挙の選挙区選挙および比例代表選挙において認められており，投票するには，事前に在外選挙人名簿に登録しなければならない（出国前は市町村窓口，出国後は滞在先の在外公館で申請する）。投票は，滞在先の在外公館で行うか，郵便により行う。日本に一時帰国している場合は，日本での投票も可能である。

選挙運動の自由　たとえ選挙権および投票する機会が保障されていたとしても，どの候補者・政党に投票するかにつき，他者に働きか

資料14-1　戸別訪問禁止規定合憲判決（最判1981年6月15日）

　公選法上の選挙運動規制に対しては，その合憲性をめぐって多くの訴訟が提起されてきたが，そのなかでも戸別訪問禁止規定（公選法138条1項）の合憲性は，繰り返し最高裁で争われてきた。

　その1つである本判決は，同規定が，戸別訪問がもたらす種々の弊害（買収，利害誘導等の温床になりやすい，選挙人の生活の平穏を害する等）を防止し，選挙の自由と公正を確保することを目的としている一方，戸別訪問の禁止は，戸別訪問以外の他の手段による意見表明の自由を制約するものではなく，単に手段方法の禁止に伴う限度での間接的，付随的な制約に過ぎないから，戸別訪問の禁止により得られる利益は，失われる利益よるもはるかに大きく，したがって，同規定は憲法21条に違反しない，と判示した。

けることが許されていなければ，その選挙は正当なものとは認められない。

　「特定の公職の選挙につき，特定の立候補者又は立候補予定者に当選を得させるため投票を得若しくは得させる目的をもって，直接又は間接に必要かつ有利な周旋，勧誘その他諸般の行為をすること」を選挙運動というが（最判1977年2月24日），選挙運動も表現活動に含まれるため，憲法21条1項の保障が及ぶ。ただし，公選法は，選挙の公正性の確保の観点から，選挙運動に対して広範な規制を課しているため，選挙運動の実態は，「自由」とは程遠いものになっている（資料14-1参照）。

　選挙運動規制の一部を説明しておく。まず，選挙運動が許される期間が定められており，選挙運動は，選挙の公示・告示日から選挙期日の前日までしかすることができない（事前運動の禁止）（公選法129条）。また，選挙運動には年齢制限があり，18未満の選挙運動は禁止されている（同法137条の2）。したがって，同じ高校の同じクラスに，選挙運動が許される生徒と許されない生徒がいることもあり得る。

　さらに，近年の公選法改正の重要な点として，インターネットを利用した選挙運動の解禁がある。このインターネット選挙運動に対する規制の内容は，政党，候補者，有権者といった運動主体ごとに異なっているが，ここでは，有権者に限定して説明する。有権者に許されているインターネット選挙運動は，端的には，電子メール以外の方法によるものである（同法142条の3第1項）。例えば，ホームページやブログ，Twitter，Facebookを利用した選挙運動がある。ここには，候補者の発言のリツイートやシェアを通じた拡散・共有も含まれる。また，SNSのダイレクトメッセージやLINEでのメッセージのやり取りも許されている。

　許されていないのが，電子メール（携帯電話のショートメールも含まれる）による

選挙運動である。これは，電子メールは密室性が高く，誹謗中傷やなりすましが広がるおそれがあること，さらには，ウィルス等の悪質な電子メールが送信されるおそれがあること等が考慮されてのものである。しかしながら，電子メールによる選挙運動は，政党や候補者には認められており（同法142条の4第1項），有権者に対してのみ禁止することの合理性は疑わしい。

　注意が必要なのは，前述の事前運動の禁止や年齢制限は，インターネット選挙運動にもあてはまることである。したがって，選挙期間外にうっかり選挙運動にあたるツイートをしてしまったり，あるいは，選挙期間中に，ある候補者のツイートを18歳の高校生がリツイートし，それをさらにその友人の17歳の高校生がリツイートしたりすれば，17歳の高校生によるリツイートは，公選法違反に当たり得る。

被選挙権年齢　　憲法15条1項は，公務員の選定罷免権が国民固有の権利であると規定し，選挙権を基本的人権の1つとして保障しているが，被選挙権については，明文上規定していない。この点につき，最高裁は，立候補することが不当に制約されれば，そのことが「選挙人の自由な意思を阻害する」ことになるから，立候補の自由は「選挙権の自由な行使と表裏の関係」にあり，したがって，被選挙権は憲法15条1項により保障されると解している（三井美唄事件・最大判1968年12月4日）。

　この判決の論理からすれば，年齢による被選挙権の制限は，「選挙人の自由な意思を阻害する」ものであるため，被選挙権年齢の引き下げは，容易に正当化可能である。ところが，18歳選挙権導入に際しても，被選挙権年齢が引き下げられることはなかった。公選法は，衆議院議員，都道府県議会議員，市町村議会議員および市町村長の被選挙権年齢を25歳以上，参議院議員および都道府県知事の被選挙権年齢を30歳以上と定めている（公選法10条）。

具体的な人権状況を知ろう

**生徒の政治的な表現活動
の自由と新通知**　　スタートアップで述べたとおり，主権者には，選挙権の行使だけでなく，政治的な表現活動を行うことも期待されている。その意味で，高校生による政治的な表現活動に対して，高校が規制を加える動きは，本章にとって見過ごせないものである。

　文部省（当時）は，大学紛争の影響等から高校生の政治的活動が活発化したことを受けて，1969年に，「高等学校における政治的教養と政治的活動について」（以下，「旧通知」とする）を発出し，生徒の政治的活動に対して高校が「適切な指導や措置」を行うことを求めた。旧通知は，学校の政治的中立性の確保および特定の政治的影響からの生徒の保護の観点から，生徒の政治的活動に対する広範な規制を正当化していたが，18歳選挙権が解禁された現在，政治的影響からの生徒の保護を規制の根拠とすることは困難である。

　文部科学省は，18歳選挙権の解禁を受けて，2015年に，「高等学校における政治的教養の教育と高等学校等の生徒による政治的活動等について」（以下，「新通知」とする）を発出した。新通知は，「高等学校等の生徒が，国家・社会の形成に主体的に参画していくことがより一層期待される」としつつも，学校の政治的中立性の確保を主たる根拠として，生徒による公選法に反しない選挙運動，さらには選挙運動以外の（公選法上の規制対象ですらない）政治的な表現活動に対しても，学校による規制の余地を認めるものである。

　なお，新通知のいう「政治的活動」は，「特定の政治上の主義若しくは施策又は特定の政党や政治的団体等を支持し，又はこれに反対することを目的として行われる行為であって，その効果が特定の政治上の主義等の実現又は特定の政党等の活動に対する援助，助長，促進又は圧迫，干渉になるような行為をすることをいい，選挙運動を除く」と定義されている。政治的な表現活動の「効果」まで問う点で限定的な定義とも言い得るが，その外縁は不明確である（ある政治的な表現活動がどのような「効果」をもたらすかを事前に予測することは著しく困難だし，どのような「効果」をもたらしたかを事後的に検証することも容易ではない）。ひとまず，ここでは，公選法上の規制を受けない政治的な表現活動までも規制され得る点だけ確認しておく。

　新通知は，学校の政治的中立性の確保が必要であること（教育基本法14条２項），高等学校等が生徒を教育する公的な施設であること，高等学校等の校長が必要かつ合理的な範囲内で生徒を規律する包括的な権能をもつことから，「高等学校等の生徒による政治的活動等は，無制限に認められるものではなく，必要かつ合理的な範囲内で制約を受けるもの」との見解を示している。

　そのうえで，新通知は，①授業や生徒会活動，部活動等の教育活動における選

挙運動および政治的活動，②放課後や休日等における学校構内での選挙運動および政治的活動，③放課後や休日等における学校構外での選挙運動および政治的活動の３つに分けて，選挙運動および政治的活動の許容性について述べている。

①については，教育活動の本来の目的を逸脱して，生徒が教育活動の場を利用して選挙運動や政治的活動を行うことが，政治的中立性の確保の必要性に基づき禁止されるべきとされる。しかしながら，教育基本法上，政治的に中立であることが義務づけられるのは，「学校」であって生徒ではない。授業中に，選挙運動あるいは政治的活動にあたり得る生徒の発言があった場合には，教師が別の立場を示して，生徒間の議論を促せば足りるということも十分にあり得るだろう。

②については，学校施設の物的管理上の支障および他の生徒の日常の学習活動等への支障が生じないようにすることに加えて，学校の政治的中立性の確保の観点から，制限または禁止することが必要であるとされる。教育施設としての性格上，学校の施設を利用した活動が一定の制約を受けることはやむを得ないが，「高等学校等の生徒が，国家・社会の形成に主体的に参画していくこと」を期待するのであれば，それをサポートするという観点から，生徒からの施設利用の申し出にできる限り柔軟に対応するという考え方も成り立つはずであり，少なくとも学校構内における選挙運動や政治的活動を校則で一律に禁止するという対応は許されるべきではないだろう。

学校構外における生徒の政治的な表現活動と届出制　　文部科学省は，新通知の発出に伴い，それに関するQ&Aを提示している。そのQ9.は，「放課後，休日等に学校の構外で行われる政治的活動等について，届出制とすることはできますか」であるが，これへの回答には，「届出をした者の個人的な政治的信条の是非を問うようなものにならないようにすることなどの適切な配慮が必要になります」との一節がある。これは，「適切な配慮が必要」としつつ，届出制を暗に認めるものであり，注意が必要である。

届出制は，許可制とは異なり，政治的活動等を行うに際し学校側の許可は不要であり，活動内容等を学校側に通知すれば足りるものである。したがって，自由への制約の程度は，許可制と比べれば低い。とはいえ，届出制も自由を制約するものであることに変わりはなく，また，ただでさえハードルの高い政治的な表現活動に対して事前の届出を義務づければ，そのことは，生徒がそうした活動を行

うことを（たとえ禁止しないにしても）躊躇させる効果（萎縮効果）を発生させるだろう。

　2016年3月に，愛媛県の県立のすべての高校が届出制を導入するとの報道がなされた（朝日新聞2016年3月16日）。届出制の導入が教育目的の達成とどのような関係にあるかが問題とされるべきだが，その点は措くとしても，こうした動きは，生徒が政治的な表現活動を行うことへの萎縮効果に学校側が無頓着であることを示している。前述のとおり，新通知は，「国家・社会の形成に主体的に参画していくこと」を高校生に「期待」しているが，「参画」が選挙のみを意味するかのような運用がなされるのであれば，せっかくの選挙権年齢の引き下げも，その真価を十分に発揮することはできないだろう。

課題を探求しよう

　政治的な表現活動への取り組みが期待されるとはいえ，いきなり他者に向けて政治的な主張をすることはハードルが高いだろう。そこで，まずは，本書の他の章を読むなかで，現在問題になっている政治現象をみつけ，その是非について身近な人と議論することから始めてみよう。「政治的教養」は，そのような議論のなかでこそ身につくものであり，そのことが主権者としての役割を果たす第一歩になるのではないだろうか。

新聞記者の眼⑪
高校生は無力じゃない

「平和ってなんだろう。どうすれば世界は幸せになるんだろう。ふと考えたことはありませんか？」

こんな問いかけで見る人をいざなうウェブサイトがある。

2021年夏。広島の高校生が8月6日の「原爆忌」を前に完成させた「HIP HOPE（ヒップ・ホープ）」。HIPは「Hiroshima International Peace for HOPE」の略だ。合言葉は、「From Hiroshima To Hiroshima（広島から広島へ）」。

世界で最初に原爆投下の被害にあった町から、平和について発信するだけでなく、世界中の高校生たちとつながりあって、投稿をしてもらって、対話をしていく。双方向型のプラットフォームを目指すのだという。

なんて頼もしい！　インターネットを使った「地球市民」教育プログラムを実践するNPO「パンゲア」の森由美子さんに助言をもらいながら、高校生が企画から制作まですべて自力で成し遂げた。それだけでなくこのプロジェクトが何といってもすごいのは、人と直接に触れあうことのできないコロナ禍の逆境をばねにしていることだ。

メンバーは、普通高、農業高、中高一貫など広域にまたがる県内の6つの高校から集まった25人の生徒たち。最初に全体会議をリアルで開いたあとは、それぞれの役割を決め、その後の話し合いはすべてオンラインで続けた。

ネット会議なんてしたことがない、ウェブデザインなんてしたことがない、すべてが初めての体験だった。助け合って、粘り強く、授業が終わった放課後や、土日を使って作業をつづけた。日本語と英語のページをつくり、絵や文章は何度もかき直したという。

制作の間には、アジアやアフリカ、ヨーロッパなど海外の人からも意見をもらって参考にしたという。

アフリカの人をイメージしたイラストが、肌の露出が多い服装だったために、「私たちはそんなふうに肌を出さない」と指摘された。高校3年生のアヤカさん（18歳）は「私たちのステレオタイプな見方に基づく思い込みが、相手を不快にしたり、傷つけることがあるのだと気づいた」と話す。

文化や宗教、民族、国柄が違っても、相手を尊重することが大切で、人にはお互いに侵すことのできない権利がある。その視点こそが、グローバル、地球市民の視点ではないかと、メンバーは考えているという。

広島の若者として反戦や核廃絶のことは強く意識している。けれど、それだけが平和の課題ではないとも思っている。

HIP HOPEでは、地球環境を取り巻く問題やLGBTQなど性的マイノリティに対する差別、災害弱者の問題など、あらゆる人権や社会課題に目を向けていきたいという。

戦争を体験した世代はいつか世を去る。「次は私たちが平和をつくっていく番です。高校生だからって何もできないなんて思わない。私たちは無力じゃないのです」。広島の高校生たちは大きな夢を描いている。

※サイトは、「hiphope.JP」で検索。

（佐藤直子）

第 3 部

人権の基礎としての平和と憲法改正

文部省『あたらしい憲法のはなし』（1947年 8 月 2
日発行）

1 平和のうちに生きるとは

資料1-1　スペイン領グラン・カ
ナリア島テルデ市にあ
る日本国憲法9条の碑

（出典）　筆者撮影

晴れた日には，うっすらアフリカ大陸を望むことができるスペイン領グラン・カナリア島テルデ市の一角に，「ヒロシマ・ナガサキ広場」と名づけられた小さな広場がある。そこには，スペイン語で書かれた日本国憲法9条の碑が掲げられている（資料1-1）。外国の憲法規定をわざわざ碑として刻む行為には，理由がある。そして人は普通，自分が良いと思わなければ，他のものを採り入れはしない。日本国憲法の前文は，「全世界の国民」が「平和のうちに生存する権利を有する」と謳う。スペインにはこの「平和的生存権」を国連決議として採択すべきことを訴える法律家団体もある（スペイン国際人権法協会：AEDIDH）。日本国憲法はどのような平和を描き，憲法99条が命じる憲法を尊重し擁護すべき義務を負う者たちは，これにどのように向き合ってきたのか。日本国憲法の平和主義から世界を，世界から日本の平和主義を考えてみよう。

日本国憲法が描いた平和の原点

　国家ごとに存在する成文憲法には，権利や権力のあり方を具体的に定めるにあたり，自分がどういう出自と性格をもつのか，いわば自己紹介をする前文がある。日本国憲法における平和の二文字は，ここから始まる。前文は第二段で，日本国民は「恒久の平和」を念願し，「平和を愛する諸国民の公正と信義」を信頼することで，自らの安全と生存を保持する決意を述べる。そして「われらは，全

世界の国民が，ひとしく恐怖と欠乏から
免れ，平和のうちに生存する権利を有す
ること」を確認する。裁判所も前文の平
和的生存権を，すべての基本的人権の基
底にあって，保護や救済を求める根拠と
なるという意味での具体的な権利として
の性格を認めた（名古屋高判2008年4月17
日，岡山地判2009年2月24日）（資料1-2参
照）。憲法の前文は決して，「おまけ」で
はない。

　日本国憲法は平和を語るにあたり，
1946年の時点からすでに「自国のことの
みに専念して他国を無視してはならな
い」（前文第三段）と，グローバルな眼を
示していた。だからこそ「全世界の国
民」の「恐怖と欠乏」からの自由を，平
和のうちに生きることの基礎に据えたの
だった。これは，世界で暴力や貧困に喘
ぐ人びとを撮り続けてきた写真家が，
2020年に公刊した写真集で「人びとのた
だ中へ」と題したプロローグで述べたく
だりと響き合う。彼は「どうしても置き
去りにできない眼が，そこにはあった」
と書き出して，次のように述べていた
──「日本社会で自分がひたる微温的な

資料1-2　平和的生存権の意義
（名古屋高判2008年4月17日）

　（前略）平和的生存権は，現代において
憲法の保障する基本的人権が平和の基盤な
しには存立し得ないことからして，全ての
基本的人権の基礎にあってその享有を可能
ならしめる基底的権利であるということが
でき，単に憲法の基本的精神や理念を表明
したに留まるものではない。法規範性を有
するというべき憲法前文が上記のとおり
「平和のうちに生存する権利」を明言して
いる上に，憲法9条が国の行為の側から客
観的制度として戦争放棄や戦力不保持を規
定し，さらに，人格権を規定する憲法13条
をはじめ，憲法第3章が個別的な基本的人
権を規定していることからすれば，平和的
生存権は，憲法上の法的な権利として認め
られるべきである。そして，この平和的生
存権は，局面に応じて自由権的，社会権的
又は参政権的な態様をもって表れる複合的
な権利ということができ，裁判所に対して
その保護・救済を求め法的強制措置の発動
を請求し得るという意味における具体的権
利性が肯定される場合があるということが
できる。例えば，憲法9条に違反する国の
行為，すなわち戦争の遂行，武力の行使等
や，戦争の準備行為等によって，個人の生
命，自由が侵害され又は侵害の危機にさら
され，あるいは，現実的な戦争等による被
害や恐怖にさらされるような場合，また，
憲法9条に違反する戦争の遂行等への加
担・協力を強制されるような場合には，平
和的生存権の主として自由権的な態様の表
れとして，裁判所に対し当該違憲行為の差
止請求や損害賠償請求等の方法により救済
を求めることができる場合があると解する
ことができ，その限りでは平和的生存権に
具体的権利性がある。（後略）

日常から遠くかけ離れた，苛烈をきわめる世界各地の窮状の地へとカメラを持っ
ておもむき，想像を絶する人生の時間を生きてきただれかと出会う。暴力や貧
困，差別や無関心など自分ではどうにもならない不条理に追い詰められた人びと
は，キャンプやスラム，監獄や収容所などと呼ばれる抜き差しならない環境に留
め置かれ，容赦ない生きづらさを強いられている。そうした「隔離の中の生」

に，写真家として生身の身体と眼を通じて向き合うたび，乗り越えるべき境界線は，自分の外ではなく，内にこそ引かれていることに気づいていった」（渋谷淳史『今日という日を摘み取れ Carpe Diem 渋谷淳史写真集』2020年）。

　「乗り越えるべき境界線」を自分の中に見出す写真家の感性は，「戦争」のみを平和の対義語のように捉え，「戦争は起こっていないから大丈夫」と結論づける私たちを，あらためて日本国憲法が描く平和の原点へ引き戻してくれるだろう。日本国憲法をもつ国で「平和のうちに生きる」とは，戦争につながるあらゆる潜在的な事物を見抜く眼を獲得することでもある。

9条の解釈と憲法解釈を理解することの意味

　専門家以外からもしばしば，「解釈の余地もないほど明快」とされる9条には，複数の解釈が存在する。なぜ，わかりやすい条文に解釈が必要なのだろうか。憲法前文は冒頭から，「戦争の惨禍」が「政府の行為」によるものだと述べるが，「軍事的なもの」を手放すまいとする者にとって，9条ほど障害となるものはない。9条の意味が明確であればあるほど，彼らは自らの主張が憲法には反していない，反するなら憲法を変えればよいと，手の込んだ理屈を提示する。だからこそ，日本国憲法がめざす平和に対抗する政治の実相を見極めるには，9条解釈の理解が欠かせない。憲法前文が「平和を愛する諸国民の公正と信義」に信を置くと謳う一方で，9条に対抗的な政治の根底にはいつも，他国への猜疑心と軍事的な備えを自明の前提とする自衛権の概念が据えられてきた。

　9条1項は「国権の発動たる戦争」「武力による威嚇」「武力の行使」の3つの行為を「戦争」の構成要素として放棄することを規定する。国権の発動たる戦争とは宣戦布告によって，国際法に則って交える戦いである。常識的に「戦争」といわれるものである。これに対して，武力による威嚇やその行使はルールに拠らずに，実際には戦争と変わらないものをそうとはみせない国家の戦闘行為である。「事変」と呼び，決して国際法上の戦争とは示さなかった戦前日本の中国大陸での行動や，1990年代初頭の湾岸危機の際のイラクのクウェート侵攻などである。いずれの場合も，他国に対して武力を伴う行為はすべて放棄したとするのが戦争放棄の意味である。9条2項の「戦力の不保持」と「交戦権の否認」はこれを受ける。

資料 1-3　9条の解釈

9条規定 解釈	1項戦争 侵略	1項戦争 自衛	2項戦力 侵略	2項戦力 自衛	特　徴
①非全面放棄説	×	◯	×	◯	自衛のための戦力は容認
②1・2項全面放棄説	×	◯	×	×	戦力に至らない自衛のための実力組織は容認
③1項全面放棄説	×	×	×	×	侵略・自衛を問わず，すべての戦力を否認

（出典）　筆者作成

　ところが，1項の「国際紛争を解決する手段としては」と，2項の「前項の目的を達するため」の文言は，9条解釈を厄介にする（資料 1-3 参照）。前者は1928年の不戦条約上の「侵略戦争」を意味するから，1項が放棄したのは侵略戦争であって，国家の自衛権に基づく戦争までは放棄していない，と説明される際の根拠となってきた。この条約上の文言と侵略戦争の関係性も自明とはいえないが，戦争を侵略と自衛に分ける思考回路をとると，2項が「達する」という「前項の目的」も変わる。

　自衛権に基づく戦争を認める場合でも，2項の理解で見解が分かれる。第1に，自衛のためであれば「戦力」ももてるとの考え方である（資料 1-3①）。2012年の自民党の憲法改正案の立場である。2つ目は，2項は「戦力」に該当するものはすべて禁じるから，自衛権はあっても戦争手段がなくなり，2項まで読んで初めて，自衛戦争を含めたすべての戦争の放棄だと理解する（資料 1-3②）。従来からの政府の立場であり，世界有数の実力部隊となった自衛隊も「戦力」ではないと説明されてきた。近年では憲法研究者のなかにも自衛隊を合憲とする見解があるが，自衛隊を違憲とみる立場も根強い。ここに，安倍晋三元首相が2017年に9条の3項として，自衛隊を憲法に書き込もうとした背景がある。最後に，自ら侵略だと名乗る戦争の歴史などなく，自衛も含めすべての戦争を1項で放棄し，2項はそれを手段面で根拠づけたとする考え方である（資料 1-3③）。

　近年の世論調査結果は，概して，自衛隊が災害時に果たしてきた重要な活動実績から自衛隊を肯定的に評価し，9条の改正については賛否が安定しない状況が続く。自衛権を「何らかの実力」を前提に理解する思考は，戦争を望まない人に対しても「備えあれば患いなし」の心理を抱かせ，世界情勢の変化と称して近隣

諸国への危機意識が高められると，「攻められたらどうするのか」の問いが常套句になる。この思考から脱する必要がある。日本は近隣諸国を「攻めた歴史」はあるが，「攻められた歴史」を一体どこに求めるというのだろう。むしろ他国との緊張状態を生み出さない政治を求めることこそ，憲法の前文で「平和を愛する諸国民の公正と信義」を信頼して「安全と生存を維持しようと決意した」私たちの責務だろう。日本国憲法制定後の9条をめぐる戦後政治は，自衛隊と在日米軍が9条を踏み越えるかのように展開され，政府の憲法解釈も現実に照応させて変化してきた。10年ごとの視点を据えると，以下でみる9条政治の展開がより鮮明になる。

憲法9条にビルトインされた冷戦の枠組み——米軍と専守防衛の自衛隊

戦後の9条政治の原風景　　1951年のサンフランシスコ平和条約と同時に締結された日米安全保障条約と行政（後に地位）協定によって（資料1-4，1-5参照），日本国内に引き続き駐留することになった米軍について，内閣の統一見解は，「わが国を守るために米国の保持する軍隊であるから」，日本が主体的に保持することを禁じた9条の「関するところではない」とした。1978年には防衛費はGNP比の1％枠内とすることが閣議決定されるが，1986年にはこの枠を突破する。日本国憲法は誕生からほどなくして，米軍と自衛隊との2つの軍事的組織との対抗関係を強いられ，これが現在に至る政治の原風景である。

　日本政府が9条に関して，自衛戦争も含めたあらゆる戦争と戦力を放棄したと述べることができた時間は，短かった（資料1-7参照）。1950年の朝鮮戦争に始まる冷戦が激化したからである。以後，米国は日本を反共のための防波堤として，武装解除していた日本に再軍備を求めた（「逆コース」）。1950年には警察権力を拡大して警察予備隊を創設し，1952年にはこれを保安隊・警備隊へと改編した。これに応じて，1952年の政府の統一見解は「戦力」を，「近代戦争遂行に役立つ程度の装備，編成を具えるもの」で，「陸海空軍」は「戦争目的のために装備編成された組織体」であり，「その他の戦力」とは「本来は戦争目的を有せずとも実質的にこれに役立ち得る実力を備えたもの」と定義し，保安隊も警備隊もこれに当たらないとした。これだけでは戦争はできないというのである。ところ

資料1-4　日本国との平和条約
（1952年4月28日条約5号）

第3条　日本国は，北緯29度以南の南西諸島（琉球諸島及び大東諸島を含む。），嬬婦岩の南の南方諸島（小笠原群島，西之島及び火山列島を含む。）並びに沖の鳥島及び南鳥島を合衆国を唯一の施政権者とする信託統治制度の下におくこととする国際連合に対する合衆国のいかなる提案にも同意する。このような提案が行われ且つ可決されるまで，合衆国は，領水を含むこれらの諸島の領域及び住民に対して，行政，立法及び司法上の権力の全部及び一部を行使する権利を有するものとする。

第5条　c　連合国としては，日本国が主権国として国際連合憲章第51条に掲げる個別的又は集団的自衛の固有の権利を有すること及び日本国が集団的安全保障取極を自発的に締結することができることを承認する。

第6条　a　連合国のすべての占領軍はこの条約の効力発生の後なるべくすみやかに，且つ，いかなる場合にもその後90日以内に，日本国から撤退しなければならない。但し，この規定は，一又は二以上の連合国を一方とし，日本国を他方として双方の間に締結された若しくは締結される二国間若しくは多数国間の協定に基く，又はその結果としての外国軍隊の日本国の領域における駐とん又は駐留を妨げるものではない。

資料1-5　日本国とアメリカ合衆国との間の安全保障条約
（1952年4月28日条約6号）

（前略）両国は，次のとおり協定した。
第1条　平和条約及びこの条約の効力発生と同時に，アメリカ合衆国の陸軍，空軍及び海軍を日本国内及びその附近に配備する権利を，

日本国は，許与し，アメリカ合衆国は，これを受諾する。この軍隊は，極東における国際の平和と安全の維持に寄与し，並びに，一又は二以上の外部の国による教唆又は干渉によって引き起された日本国における大規模の内乱及び騒じょうを鎮圧するため日本国政府の明示の要請に応じて与えられる援助を含めて，外部からの武力攻撃に対する日本国の安全に寄与するために使用することができる。

第2条　第1条に掲げる権利が行使される間は，日本国は，アメリカ合衆国の事前の同意なくして，基地，基地における若しくは基地に関する権利，権力若しくは権能，駐兵若しくは演習の権利又は陸軍，空軍若しくは海軍の通過の権利を第三国に許与しない。

第3条　アメリカ合衆国の軍隊の日本国内及びその附近における配備を規律する条件は，両国政府間の行政協定で決定する。

資料1-6　日本国とアメリカ合衆国との間の相互防衛援助協定
（MSA協定1954年5月1日条約6号）

第8条　日本国政府は，国際の理解及び善意の増進並びに世界平和の維持に協同すること，国際緊張の原因を除去するための相互間で合意することがある措置を執ること並びに自国政府が日本国とアメリカ合衆国との間の安全保障条約に基いて負っている軍事的義務を履行することの決意を再確認するとともに，自国の政治及び経済の安定と矛盾しない範囲でその人力，施設及び一般的経済条件の許す限り自国の防衛力及び自由世界の防衛力の発展及び維持に寄与し，自国の防衛能力の増強に必要となることがあるすべての合理的な措置を執り，且つ，アメリカ合衆国政府が提供するすべての援助の効果的な利用を確保するための適当な措置を執るものとする。

が，1954年に日米相互防衛援助協定（MSA協定）が結ばれると（資料1-6参照），保安隊・警備隊は自衛隊へと統合される（資料1-8参照）。この段階での「戦力」に関する政府見解は，「自衛のための必要最小限度の実力」を超えるものだとして，9条の下でも国家の自衛権は否定されておらず，「必要最小限度の実力」を「他国に侵略的な脅威を与えるような攻撃的武器」と説明した。自衛戦争とその

資料 1-7　「一切の戦争を放棄」

内閣総理大臣　吉田　茂
　　　（1946年6月26日衆議院帝国憲法改正委員会）
　戦争抛棄に関する本案の規定は，直接には自
衛権を否定して居りませぬが，第9条第2項に
於いて一切の軍備と国の交戦権を認めない結果，
自衛権の発動としての戦争も，又交戦権も抛棄
したものであります。従来近年の戦争は多く自
衛権の名に於て戦われたのであります。満州事
変然り，大東亜戦争亦然りであります。今日我
が国に対する疑惑は，日本は好戦国である，何
時再軍備をなして復讐戦をして世界の平和を脅
かさないとも分からないというのが，日本に対
する大なる疑惑であり，又誤解であります。先
ず此の誤解を正すことが今日我々としてなすべ
き第一のことであると思うのであります。
　又此の疑惑は誤解であるとは申しながら，全
然根拠のない疑惑とも言われない節が，既往の
歴史を考えて見ますと，多々あるのであります。
故に我が国に於ては如何なる名義を以てしても
交戦権は先ず第一，自ら進んで抛棄する，抛棄
することに依って全世界の平和の確立の基礎を
成す，全世界の平和愛好国の先頭に立って，世
界の平和確立に貢献する決意を，先ず此の憲法
に於て表明したいと思うのであります。（拍手）
之に依って我が国に対する正当なる諒解を進む
べきものであると考えるのであります。
　平和国際団体が確立せられたる場合に，若し
侵略戦争を始むる者，侵略の意思を以て日本を
侵す者があれば，是は平和に対する冒犯者であ
ります。全世界の敵であると言うべきでありま
す。世界の平和愛好国は相倚り相携えて此の冒
犯者，此の敵を克服すべきものであるのであり
ます。（拍手）茲に平和に対する国際的義務が
平和愛好国若しくは国際団体の間に自然生ずる
ものと考えます。（拍手）

資料 1-8　自衛隊法（1954年）

第3条（自衛隊の任務）　自衛隊は，わが国の
　平和と独立を守り，国の安全を保つため，直
　接侵略及び間接侵略に対しわが国を防衛する
　ことを主たる任務とし，必要に応じ，公共の
　秩序の維持に当たるものとする。

ための「戦力」には至らない実力組織を9条の許容範囲内とする，今日まで続く
政府見解の論理である。自衛「隊」が決して自衛「軍」と呼ばれないことの証で
もある。逆に，他国に侵略的脅威を与え「ない」ような，攻撃的では「ない」武
器が，自衛にいったいどれほど役に立つのかを想像すると，この論理は「白を黒
と言いくるめる」たぐいのものであった。

9条を守る人びとの裁判闘争　戦後，憲法9条に絶大な支持を与えた日本国民
の多くは，こうした政治に反対運動や裁判闘争
で対抗したが，最高裁判所が国民の求める平和を擁護したことは，今日まででな
い。1954年には東京都砂川町（現・立川市）の米軍敷地内に基地反対のデモの一
部が立ち入り，日米安保条約3条に基づく行政協定に伴う刑事特別法2条違反で
起訴された。この砂川事件で東京地裁（伊達秋雄裁判長）は1959年3月30日，同条
約を違憲と判断して被告人を無罪としたが，検察側は跳躍上告をし，最高裁は異
例の速さで同年12月に，「主権国家としてのわが国の存立の基礎に極めて重大な
関係をもつ高度の政治性を有する」安保条約のような問題は，「一見極めて明白

に違憲無効であると認められない限り」裁判所の憲法適合性の審査は及ばないと判じた。北海道の恵庭町で酪農家の兄弟が演習の事前連絡などの約束を守らなかった自衛隊に抗議し，自衛隊の電話線を数ヵ所切断した行為が自衛隊法121条「防衛の用に供する物を損壊」に当たるとして起訴された恵庭事件で，1967年の札幌地裁は，この行為が同法121条に当たらず被告人を無罪とするのみで，自衛隊が合憲か違憲かの判断することはなかった。北海道夕張郡長沼町に航空自衛隊のナイキ基地を建設するために，農林大臣が行った保安林の指定解除処分が森林法26条2項の「公益上の理由」を欠くとして，住民が取り消し処分を求めて提訴した長沼事件裁判で，札幌地裁の福島重雄裁判長は1982年に，自衛隊は違憲であり，保安林指定解除の処分を違法であるとして取り消す決定を下した。保安林制度が住民の「平和的生存権」を保障するものであり，自衛隊に関する憲法判断を裁判所の審査の外に置く理由はないことを示した初めての判決だった（その後，控訴審も上告審も訴えを退け，最高裁が自衛隊の憲法適合性や平和的生存権について判断することはなかった）。茨城県東茨木郡小川町百里ヶ原の航空自衛隊基地建設予定地をめぐって，地元住民が提起した百里基地訴訟では，1977年の一審判決が自衛隊は「一見明白に侵略的であるとはいえない」と，砂川事件最高裁判決を想起させる判断を下した（控訴は1981年に，上告は1989年に，棄却された）。

　ここから，憲法9条は「空洞化した」と評価するのは，物事の一面のみを捉えるものである。政府が自衛隊を「近代戦争遂行に役立つ程度の装備，編成を具え」るほどの「戦力」ではない「部隊」であると強弁し，GNP比1％の防衛費枠を設けて非軍事主義の性格を強調しなければならなかった事実に，政治が無視できなかった憲法9条の力がある。それは，米軍や自衛隊をあからさまに「合憲」とは判示できないまま，かろうじて憲法適合性の審査を回避してきた裁判所の姿勢においても同様である。9条が国民の強力な支持を得てきた証である。

冷戦の終わりと9条にとっての新たな試練

1990年代の自衛隊と日米安保　1989年のベルリンの壁の撤去から1991年のソ連の解体によって「仮想敵国」が消滅すると，冷戦の産物であった在日米軍も自衛隊も新たな存在意義を求め始める。役割を終えたとみなされかねないからである。ところが1990年8月にイラクがクウェートへ

侵攻し自国への併合を図ると，1991年1月，米英軍を中心とする多国籍軍によってイラクへの武力攻撃が開始された。湾岸戦争である。圧倒的軍事力を誇る多国籍軍は1か月と10日ほどで戦争終結を宣言するが，テレビ画面に映し出されるイラクの闇夜を緑の閃光で照らす多国籍軍の最新兵器は，観る者に仮想空間の戦闘ゲームのような感覚を与えた。それでも戦闘は人間の行為であって，イラクに対して使用された劣化ウラン弾で子どもを含む多くの人びとがなお苦しみ，遠隔操作で参戦した多国籍軍の兵士たちも心的外傷後ストレス障害（PTSD）を負ったといわれる。この戦争に対して，日本は憲法9条の制約から90億ドルの財政支援をしたが，米英は日本が期待した謝意以上に，「カネだけでなく，人も（boots on the ground）」と迫った。日本政府に刻み込まれた「湾岸戦争のトラウマ」である。これは，しかし，政府の行為に対する憲法9条による歯止めが機能していた証拠である。日本政府はその後，本土の「専守防衛」であったはずの自衛隊を「国際協調」や「平和貢献」の名目で領土の外へ送り出し，トラウマを「克服」しようとした。海外の「邦人」や「自国権益」を守ることも「自衛」隊の役割だとされていく。政府は湾岸戦争終結から3か月後の1991年4月に，自国船舶の公海上の安全確保のための機雷除去の目的で，自衛隊掃海部隊をペルシャ湾に派遣した。1992年6月に「国連平和維持活動（PKO）協力法」（国際平和協力法）が成立すると，同年9月にはカンボジア，1993年にはモザンビーク，1994年にはルワンダと，国連の平和維持活動へ参加するために自衛隊が次々に派遣され，海外出動の事実が積み重ねられた。「戦争のない平和」の感覚が根づいていた日本で，「平和」と名の付く自衛隊の活動は，人びとの批判を鈍らせるには十分だった。冷戦の消滅という「国際環境の変化」を理由に自衛隊と併せて，日米安保も存在意義が見直されたが，もとよりそれは「いかにして延命させるか」の観点からの模索でもあった。

沖縄の義憤と米軍　1995年9月4日に沖縄で，米軍兵士3名が12歳の少女を拉致し強姦する事件が起きた。本島の15％を占める米軍基地との共存の戦後史を強いられてきた沖縄において，人間の尊厳をこれでもかと傷つけたこの事件は，氷山の一角に過ぎなかった。第二次世界大戦中の凄惨な沖縄戦を経て，戦後も日米安保条約によって米軍は日本の全面積のわずか0.6％の沖縄に駐留し続け，1972年の沖縄の施政権返還後も状況は変わらないまま，小

資料 1 – 9　沖縄県以外にある米軍基地

（日米地位協定により共同使用する自衛隊基地・施設を含む）（1995年 3 月末現在）

（出典）　那覇出版社編集部編『安保条約と地位協定―沖縄問題の根源はこれだ―』那覇出版社，1995
年，241頁

さな島になお，日本全体の米軍専用施設の70％以上が集中する（資料 1 – 9 ， 1 –10
参照）。日米地位協定によって守られた上記 3 名の兵士の身柄は日本側に引き渡
されることはなく，沖縄県民の義憤は，1996年 9 月 8 日の日米地位協定の見直し
と基地の整理・縮小の賛否を問う県民投票で90％以上の賛意として表れた。人び
との日常生活における苦悶とは乖離したところで，日米安保と米軍基地はどこま

資料 1-10　沖縄県にある米軍基地

（出典）那覇出版社編集部編，前掲書，240頁

でも「アジア太平洋地域の平和と安定に寄与している」ことを大前提に，1995年11月の政府の「防衛計画の大綱」は新たな防衛戦略を描いていた。1995年の事件と1996年の投票結果を受けて，在沖米軍の整理・縮小が謳われたのは1996年4月に出された「日米安保共同宣言」であったが，「整理・縮小」は基地の島内の移動に過ぎず，今日まで続く普天間基地の返還と辺野古地区への基地機能移設問題の発端となった。

　1978年から19年ぶりに改定された1997年の「日米防衛協力のための指針」（新ガイドライン）は朝鮮半島有事を想定し日米同盟の強化を図るものであり，1999

年5月には，これを実施するための周辺事態法，改正自衛違法，物品役務相互提供協定（ACSA）の関連法が可決された。「周辺事態」や「後方地域支援活動」の概念は，自衛隊が米軍と共に行動できるようにするためのものであり，ここでは国民をそのための協力体制へと動員するものであった。「国際協調」や「平和貢献」を理由に海外展開する実績を積んだ自衛隊は，日米安保の再定義と米軍との協調の下に，10年間のうちに着々と，海外で「武力の行使」や「武力による威嚇」につながりかねない活動への地均しを行った。2000年代以降続けざまに制定される有事関連法や安保法制の布石は，この時から打たれていたのである。

せり出す軍の論理——2000年代の「テロ」と「有事」

2001年9月11日に発生した米国の同時多発テロは，日米安保の「再定義」を裏書きするかのような出来事であった。アフガニスタンのテロ組織「アル・カイダ」の犯行であることが判明すると，アメリカは10月にアフガニスタンへの武力攻撃を開始する。同じ月に，日本は2年間の時限立法としてテロ対策特措法を制定し，11月には海上自衛隊をインド洋に送り，テロ対策のための攻撃を行う米軍のための「後方地域支援活動」に当たらせた。政府は，「戦闘がおこなわれていない地域」での「支援」は，9条が禁止する「武力の行使」ではない，と正当化した。

2年後，アフガニスタンの次に米国の標的となったのは，大量破壊兵器を隠し持っているとされたイラクであった。2003年3月19日に米英軍はイラクへ大規模な武力攻撃を開始し，当時の小泉首相もこれを支持した。米国のブッシュ大統領は5月1日にイラク攻撃の終結を宣言し，やがて大量破壊兵器は存在していないことが判明した。湾岸戦争から国連平和維持活動，そしてアフガニスタンと，アフリカ，アラブ，中央アジアと多くのイスラム圏で自衛隊の海外出動の事実を積み重ねていた日本は，同年6月には武力攻撃事態対処関連三法を制定し，直接攻撃を受けたこともなく地理的にも隔たったところの出来事を根拠に，テロの脅威が想定された「武力攻撃事態」に対処するための体制を整えた。翌月にはイラク特措法が制定され，自衛隊が戦闘後のイラク国内の「非戦闘地域」で積極的に人道復興支援活動を行うことが可能となった。これに基づき，12月に航空自衛隊の先遣隊がイラクへ出発した。翌2004年には前三法に続いて関連七法が制定され，

資料1-11　2004年の通常国会で成立した法律（有事関連七法）

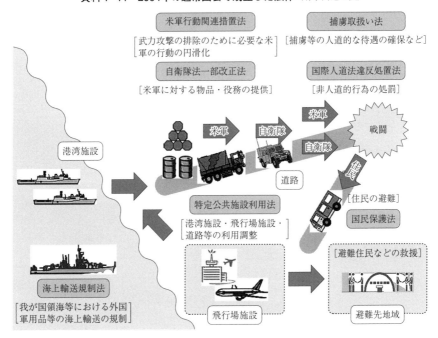

（注）　事態対処法に定められた基本理念等の枠組みの下，個別の法制を整備
（出典）　内閣官房国民保護ポータルサイトに基づき筆者作成
　　　　　https://www.kokuminhogo.go.jp/gaiyou/yujikanrensei/kankei.html

「米軍あるところに自衛隊あり」の体制が強化される（資料1-11参照）。その1つ
である「国民保護法」は，米軍と行動を共にする自衛隊の活動によって攻撃され
た場合の「住民の避難」を定めた。戦争を放棄したはずの国での「戦争への備
え」である。ここでも「国民保護」の用語は，政府の好戦的傾向に対する国民の
警戒心を解くには，実に効果的な文句であった。2006年6月にイラクに駐留して
いた陸上自衛隊に撤収命令が出されるものの，アル・カイダによる国際テロ活動
は継続しているとの理由で，テロ対策特措法は12月15日に成立した。同じ日に防
衛庁が防衛省へと昇格される法案が可決されたことは，「軍事的なもの」がせり
出そうとする姿を示す出来事として，あまりにも象徴的であった。

「禁じ手」の解禁──2010年代の集団的自衛権の容認と安保法制

　2010年からの10年間の憲法9条の試練は，2011年3月11日の東日本大震災による福島第一原発事故に始まる。日本政府はこの惨事をも養分にするかのように，1990年代以降に再定義された日米安保体制の総決算として，憲法の平和主義に挑戦的な立法を打ち出した。

　福島原発事故から10年以上経った今もなお解除されない「原子力緊急事態宣言」の下で，あまりに多くの人びとが見知らぬ土地への避難生活を余儀なくされ，あるいは放射能の恐怖に怯えながらも，住み慣れた土地に残る選択を迫られた。にもかかわらず2013年9月7日，当時の安倍首相は第125回国際オリンピック委員会で，世界に対して福島の現状を「アンダーコントロール（統御されている）」と喧伝し，「復興五輪」と名づけたオリンピック誘致に打って出た。国境を跨ぐ多くの人の移動を想定するオリンピック開催のためと，2000年代以降の「有事」の代名詞のような「テロ」はいっそう，立法の根拠であるかのように振りかざされた。2013年12月には高まる批判のなかで，特定秘密保護法を成立させる（第2部第11章を参照）。この法律によって「特定秘密」の範囲が，「防衛」「外交」「特定有害活動の防止」「テロリズムの防止」とされたのは，テロを有事とみなし，日米軍事同盟に基づく自衛隊の活動を拡大していく意図を裏づけていた。

　特定秘密保護法が制定されたのと同じ時に，内閣に「国の安全保障の重要事項を審議する機関」として国家安全保障会議（NSC）が設置され，翌2014年1月には，NSCを補佐する国家安全保障局も始動する。同年4月1日にNSCはさっそく，従来の「武器輸出三原則」を見直し，7月1日にはNSCと内閣が「国の存立を全うし，国民を守るための切れ目のない安全保障法の整備について」とする立法の方針を決定した。従来から政府自身が憲法違反だと説明してきた「集団的自衛権」の「禁じ手」に手をかけたのである（資料1-12参照）。安倍首相は2015年4月29日の「主権回復の日」に米国議会で，法案を同年夏までに成立させる旨言明する。実質的には「戦争法」にほかならない「平和安全法制」制定の試みは，平和主義志向の強い日本の世論の猛反発を引き起こし，海外メディアは「デモをしないはずの日本人」の老若男女が，日本のあちこちで行われた反対運動に参加する姿を報じた。だからこそ国会与党は2015年9月19日，法案の強行採決を

資料1-12 集団的自衛権

「国際法上，国家は集団的自衛権すなわち自国と密接な関係にある外国に対する武力攻撃を，自国が直接攻撃されていないにもかかわらず，実力をもって阻止する権利を有しているものとされている。わが国が国際法上，このような集団的自衛権を有していることは主権国家である以上，当然である。しかし，憲法9条の下において許容されている自衛権の行使は，わが国を防衛するための必要最小限度の範囲にとどまるべきものであると解しており，集団的自衛権を行使することは，この範囲を超えるものであって，憲法上許されないと解している」(1980年10月23日，1981年5月29日政府答弁書)

「わが国の領域外の海上交通路において，わが国以外の国に対する武力攻撃に対抗するため，自衛隊が当該国と共同して武力行使をすることは，集団的自衛権の行使であり，憲法の認めているところではない。」(1980年10月14日政府答弁書)

余儀なくされたのである。法律は決して自ら悪法であることを名乗らないが，「平和」や「安全」の用語で糊塗された法制は，実際には，既存の法律改正の「整備法」と新規の「国際平和支援法」の総称であった（資料1-13参照）。

特徴的だったのは，2003年の有事関連法の際の①「武力攻撃事態等」（武力攻撃事態と武力攻撃予測事態）や②「存立危機事態」に続き，判断主体によっていかようにも認定される「事態」の概念の乱発である（資料1-14参照）。武力攻撃については，発生後に加え，発生前の「明白な危険」や発生が「予測される」ものであり，「存立危機」は，日本と「密接な関係にある他国に対する武力攻撃」によって，日本の「存立が脅かされ，国民の生命，自由及び幸福追求の権利が根底から覆される明白な危険がある事態」とされていた。新たな③「重要影響事態」とは，1999年に「そのまま放置すれば我が国に対する直接の武力攻撃に至るおそれのある事態等我が国周辺の地域における我が国の平和及び安全に重要な影響を与える事態」と定義された周辺事態法の文言から，「我が国周辺の地域における」との限定表現が周到に削除され，「重要影響事態」として焼き直されたものだった。最後に，④「国際平和共同対処事態」の概念は，国際社会の平和と安全を脅かすもので，この脅威を除去するために国際社会が国連憲章に即して共同して対処するものと規定された。「平和安全法制」はこうした複数の「事態」への対応として構成されるが，米軍と一体化した日本の自衛隊が，日本の周辺の海域から公海へと次第に活動範囲を拡大し，国連に協力する活動の体裁をとりながら，最終的には世界全体で活動できるための法整備である。「軍事的なるもの」は拡張の力学を持ち，「国際平和」の四文字は人びとの心をつかみやすい。

海外からの視点を借りれば，こうした事態の別の面を捉えることができる。日

資料 1-13　「平和安全法制」の構成

整備法
（一部改正を束ねたもの）

平和安全法制整備法：我が国及び国際社会の平和及び安全の確保に資するための自衛隊法等の一部を改正する法律

1．自衛隊法

2．国際平和協力法
　　国際連合平和維持活動等に対する協力に関する法律

3．周平事態安全確保法 → **重要影響事態安全確保法**に変更
　　重要影響事態に際して我が国の平和及び安全を確保するための措置に関する法律

4．船舶検査活動法
　　重要影響事態等に際して実施する船舶検査活動に関する法律

5．事態対処法
　　武力攻撃事態等**及び存立危機事態**における我が国の平和及び独立並びに国及び国民の安全の確保に関する法律

6．米軍行動関連措置法 → **米軍等行動関連措置法**に変更
　　武力攻撃事態等**及び存立危機事態**におけるアメリカ合衆国**等**の軍隊の行動に伴い我が国が実施する措置に関する法律

7．特定公共施設利用法
　　武力攻撃事態等における特定公共施設等の利用に関する法律

8．海上輸送規制法
　　武力攻撃事態**及び存立危機事態**における外国軍用品等の海上輸送の規制に関する法律

9．捕虜取扱い法
　　武力攻撃事態**及び存立危機事態**における捕虜等の取扱いに関する法律

10．国家安全保障会議設置法

新規制定（1本）

国際平和支援法：国際平和共同対処事態に際して我が国が実施する諸外国の軍隊等に対する協力支援活動等に関する法律

（出典）　内閣官房ホームページ「『平和安全法制』の概要」を一部加工
　　　　　https://www.cas.go.jp/jp/houan/150515_1/siryou1.pdf

資料 1-14　「事態」の概念

①武力攻撃事態等	武力攻撃発生後の事態，攻撃が発生する前の明白な危険が存在する事態，攻撃に至らずとも，その発生が予測される事態
②国家存立危機事態	日本と密接な他国への武力攻撃が日本の存立を脅かし，国民の生命，自由，幸福追求の権利を根底から覆す明白な危険が存在する事態
③重要影響事態（周辺事態）	放置すれば日本への直接の武力攻撃に至るおそれのある事態等，日本の平和及び安全に重要な影響を与える事態
④国際平和共同対処事態	国際社会の平和と安全を脅かし，この脅威を除去するために国際社会が国連憲章に即して共同して対処する事態

（出典）　内閣官房ホームページ「『平和安全法制』の概要」に基づき筆者作成
　　　　　https://www.cas.go.jp/jp/gaiyou/jimu/pdf/gaiyou-heiwaanzenhousei.pdf

本が「憲法改正」に踏み切り，平和主義の道を放棄したと伝えた海外メディア
は，決して少なくはなかったからである。例えば，当時のスペインでは，現地メ
ディアが連日，こうした趣旨で日本の政治状況を報じていた。そしてここでは，
異例ともいえる日本の外交的対応も行われた。2015年 9 月19日に「平和安全法
制」法案が国会で可決されると，在スペイン日本国大使館はホームページ上にス
ペイン語で，「平和と安全に関する新立法」との見出を置き，「日本――平和のた
めの積極的貢献者」と題する通知文を公開した（https://www.es.emb-japan.go.jp/
download/70paz/180915_LEGISLACION_PAZ_Y_SEGURIDAD.pdf）。

　そこでは，このたびの法改正が，国際協力の分野における日本の自衛隊のロジ
スティックな支援活動の拡大と，米国のような友好国との同盟を強く打ち立てる
ことで日本の防衛を再強化することの，2 つの目的があることが強調されてい
た。目を引いたのは，そうした強調なしに述べられていた通知文の最後のくだり
である――「いかなる場合においても日本は，平和を愛する国家としてのこれま
での歩みを変更するものではありません。日本の憲法は依然として平和主義の性
格をもつものであって，この憲法こそが，将来に対する私たちの誓いであり，私
たちの地域と世界における平和を維持して，これに貢献し続けることには，一点
の疑いもありません」。日本からは隔たったユーラシア大陸の最西端の国におい
てすら，在外公館が異例の釈明文を掲載しなければならないほど，「平和安全法
制」は日本が「戦争ができる国」へ変容するものだと捉えられていた。国境を越
えた眼でみれば，逆に私たちは，日本政府が一国内の立法に過ぎない「平和安全
法制」を憲法 9 条との関係で海外に釈明しなければならないほどに，依然とし
て，政府にとっての「障害」であり続ける憲法の力を読み取ることができる。

　「平和安全法制」の整備後にも，「軍事的なるもの」がいかにして国民の批判の
目を回避するのかを示す事件が相次いだ。安保関連法が施行された2016年の 9 月
には，自衛隊の南スーダンにおける PKO 活動の日報の存在をめぐって，防衛省
は発言を二転三転した挙げ句，翌年 2 月に公表した日報には，現地が到底「非戦
闘地域」とはいえない情勢が語られていた。過去に 3 度廃案となった「共謀罪法
案」の内容は2017年 6 月に適用対象を限定し，改正組織的犯罪処罰法に「テロ等
準備罪」（6 条 2 項）と改称して反映された。この法律の審議過程における国会答
弁で安倍首相は，オリンピックを開催すれば海外から多くの人が訪れ，それゆえ

にテロの可能性が高まることを力説した（この発言は首相自身の求めに応じて，その後速やかに会議録から削除された）。原発事故の被害地である福島を「アンダーコントロール」と豪語してオリンピックを誘致した政府による，外国人とテロと平和安全法制を結びつける三つ巴の政策に，国民の批判を許すまいとする本音が漏れ出ていた。

見落とされてきた「もう1つ」の潜在的戦力──9条と原子力

　9条と核兵器との関係は，日本の非核三原則に照らして，米軍による日本への持ち込みの「密約」問題として問われてきた。2010年に外務省が公表した密約調査報告書によれば，少なくとも核の持ち込みに関する2つの「密約」が日米間に存在していた可能性が窺われた（外務省のホームページ「外交政策全般」に「いわゆる「密約」問題に関する調査結果」として公表されている）。1960年の安保条約改定時と1972年の沖縄返還時である。2021年1月に発効した核兵器禁止条約への日本政府の消極的姿勢が取り沙汰されるのも，日本の政治や外交が「核」の問題と切り離されないことの現れでもある。しかしより深刻な問題は，「兵器」としての「核」と「エネルギー」としての「原子力」とが一体のものとして理解されてこなかった点にある。悪としての核兵器，核弾頭，核拡散に対して，善であるかのような原子力発電や原子力の平和利用，さらには原子力政策である。「平和利用」の用語が許されてきたのは原子力であって，核ではなかった。9条を支持する人びとの理解においても，核と原子力はしばしば切断され，ともに"nuclear"であることが認識されにくい。

　ある西洋史研究者は2011年3月11日の福島第一原発事故を「国際的事件」と呼んだが（深沢克己），国境を知らない放射線が世界に拡散した「事故」は，天災である地震とは異なり，まさしく明らかな人災として「事件」の名に値するものであった。福島第一原発事故が尽きることのない問題を引き起こしたことは，2011年の「原子力緊急事態宣言」が10年以上経過しても解除されない事実に表れている（福島第二原発の場合は2011年12月26日に解除）。それでも国内の多くの原子力発電所が再稼働をめざす。利益優先の原子力産業と「核兵器製造の経済的・技術的ポテンシャルは常に保持する」とする政府（1969年外交政策企画委員会「わが国の外交政策大綱」https://www.mofa.go.jp/mofaj/gaiko/kaku_hokoku/pdfs/kaku_hokoku02.pdf）

の，まさに「国策民営」の姿である。1963年以来の日本における「原子力の平和利用」によって蓄積されたプルトニウムは，2019年末で約45万トンであり，6000発分の核弾頭に相当する。憲法9条2項が定める「その他の戦力」は，自衛隊や米軍だけでなく，目には見えにくい核兵器製造能力の面においても検証されなければならないはずである。

憲法9条の抑止力の源泉——平和を求め続ける「民の声」

　戦後日本の政治家や官僚は，確かに，日本国憲法の平和主義を内側から浸食するような「軍事的なるもの」を手放そうとはしなかった。それでも日本は，主体的に戦闘行為を展開し，他国の人びとを死に追いやるようなことはなかった。憲法前文にいう「名誉ある地位」だろう。その意味で日本の「戦争のない平和」は，人びとの間に確実に根づいてきた。逆に，だからこそ，国内の「戦争」の有無からのみ測られる平和主義は，脅威の「可能性」を「現実」と見紛いやすく，脆くなる。

　テロ攻撃を恐れない人はいない。しかし，大義のないテロ攻撃もない。「恐怖と欠乏から免れ」た平和的生存権を全世界の国民に対して確認した我われの立脚点は，受けたこともないテロ攻撃への「備え」ではなく，それを生み出す世界や社会の言いようのない矛盾に目を向け，現実を知ることにある。実際に恐怖と欠乏の生活を強いられた経験をもつ者ほど，安易に武力を口にはしない。人間世界の不条理から発される義憤は，それがテロという行動の形態をとるとき，決して防ぐことはできないのである。

　冒頭のグラン・カナリア島の「ヒロシマ・ナガサキ広場」の周辺には学校があり，中高生が登下校で日常的に「9条の碑」を目にする。日本では沖縄に複数の碑が存在するが，2017年7月，静岡県藤枝市は自製の「9条の碑」を公園に設置することを申し出た市民芸術家に対して，「政治的に多数の意見があるものを，公園という公共空間に置くのはいかがなものか」と認めなかった。個人の思想信条ではない。自国の正式な国家の最高法規を衆目にさらすことすら「政治問題」と見なす社会において，9条を介した憲法の力の源泉はいつまでも，人びとの批判と声を上げる勇気以外にはあり得ないはずである。

新聞記者の眼⑫

離れた島で起きている

「夕方，車で南に向かって走ったらね，西には真っ赤な夕日が見えてね。東には月が上ろうとしているのが見えるの。ね，こんな絶景の島に戦闘機が飛び回るなんて，ありえないでしょう！」

九州最南端の鹿児島県佐田岬から40キロ，種子島に住む長野広美さん（64歳）は怒りを抑えられない。

種子島といえば，戦国時代の1543年，ポルトガルから火縄銃が伝わった「鉄砲伝来の島」。学校教科書でもおなじみの島が今，軍事要塞化に揺れている。

中国の軍事化をけん制するのだという大義の下，政府は種子島の西沖12キロに浮かぶ無人島，馬毛島（まげしま）に，新たな自衛隊基地建設を計画している。人口1万5000人，島で最大の西之表市で市議を務める長野さんは，この計画にもちろん反対だ。

そしてその新基地は2011年の日本と米国両政府の「合意」によって，米軍艦載機の空母離発着訓練の移転候補地とされた。訓練とは，戦闘機が着陸と急浮上を繰り返す，悪名高き「タッチ・アンド・ゴー」だ。

生活を破壊するこの訓練の被害にずっと苦しめられてきた神奈川県厚木市や山口県岩国市などの基地周辺の人たちは，その騒音を「地下鉄の構内に電車が入ってくるときの『ゴー』という音が延々と続くようなもの」とたとえる。

だが，美しい海に囲まれた種子島の人たちは，戦闘機など見たこともない。基地や訓練がどんな被害をもたらされるのか，多くの人たちには不安しかない。

その一方で，自衛隊員や家族が島にきてくれれば経済が活性化する，国からは交付金が出る……といった浮いた話も出てくる。長野さんは「お金の話に人々の関心が奪われてしまわないか」と心配する。

馬毛島に人は住んでいない。だったら基地も訓練もいんじゃないかと，思う人もいるかもしれない。

けれど軍事基地がひとたび造られたら，漁業や観光で生きてきた周辺の島のくらしは変わる。島は穏やかに暮らせる場所ではなくなるだろう。

何よりも，軍事は機密だからと，何か問題が起きても自治体の権限は抑えられ，住民に知らされない恐れがある。沖縄でもどこでも基地を抱えた地域の住民は，日米地位協定という日本の法律が及ばない「治外法権」に苦しめられている。

西之表市では2021年1月の市長選で，基地反対を掲げた市長が再選を果たしたが，政府はその民意を無視するように工事計画を強行している。

馬毛島を含む鹿児島の大隅諸島から奄美，沖縄の宮古，石垣，与那国島まで南西諸島一帯で，自衛隊と米軍が共同作戦に臨める体制が急ピッチでつくられていく。

「本土」から遠く離れた島で起きている。この見えにくい問題を私たちはどのようにわが事として共有できるだろう。

（佐藤直子）

207

2 憲法改正と私たちの責任

◆ スタートアップ ◆

　安倍晋三内閣総理大臣（当時）は，2020年東京オリンピック競技大会・東京パラリンピック競技大会を成功させ，その勢いに乗って自らの首相在任中に日本国憲法を改正する目論見だった。新型コロナウイルスの感染拡大により国際オリンピック委員会から２年の延期を提案されたが，１年の延期を判断したのは安倍首相だったといわれている。安倍首相は，新型コロナウイルスのことだけを考えて延期の期間を検討しなければならなかったのに，自らの首相在任中に憲法を改正するというこだわりを捨てきれず，他事考慮をしたのだ。

憲法を改正するということ

憲法改正の意義　　憲法が新たに制定されるとき，末永く続きますようにという願いが込められる。それよりも前の時代の国や社会の仕組みを否定し，これからの国や社会の仕組みが正しいものであるということを書き留める役割を憲法は担っているからだ。とはいえ，制定された憲法をその後一切変更することができないということになれば，それはそれで問題が生じる。憲法制定後は条文として固定された憲法と現実の世の中との間に隔たりが生じるのは常であり，制定された憲法をその後一切変更することができなければ，隔たりを埋め合わせることができず，行き着くところは現実政治による憲法の無視か，硬直した憲法による現実政治への妨害である。このような事態になれば他事を極めるため，必要に迫られたときは変更できるようにしておく。これが憲法の改正である。

軟性憲法と硬性憲法　　憲法の改正は，その性質の違いにより２つに分類できる。第１は，議会が制定した法律を改正する場合と同じ

手続きや条件で憲法を改正するというもので，そのような憲法を軟性憲法という。第2は，議会が制定した法律を改正する場合よりも憲法を改正する場合のほうが手続きや条件が厳しくなっているもので，そのような憲法を硬性憲法という。日本国憲法も含め，多くの国々の憲法は硬性憲法である。

　日本国憲法の場合，憲法の改正について次のように定められている。「この憲法の改正は，各議院の総議員の3分の2以上の賛成で，国会が，これを発議し，国民に提案してその承認を経なければならない。この承認には，特別の国民投票又は国会の定める選挙の際行はれる投票において，その過半数の賛成を必要とする」（96条1項）。法律を改正する場合は，衆参各議院において総議員の3分の1以上が出席したうえで議事を開き，出席議員の過半数で決することになっており（56条），法律案は両議院で可決したとき法律となるのが基本であることから（59条1項，ただし同条2〜4項に特別の定めがある），法律の改正よりも，憲法の改正のほうが手続きや条件の面で厳しいことが分かる。

憲法改正の限界　憲法の改正をめぐっては，憲法改正条項に従いさえすれば，何をどのように変更してもよいのかという議論がある。これについては，憲法の改正には限界がなく何をどのようにでも変更できるとする無限界説と，そのようにはできないものがあるとする限界説がある。憲法の同一性をそこなうような変更は「改正」ではなく，現行の憲法を廃棄し新しい憲法を制定するのに等しく，その意味で限界説に支持が集まっている。日本国憲法には，憲法の改正に限界があることについて定めた規定はないが，ドイツ連邦共和国基本法（ドイツ憲法）は人間の尊厳や国民主権などの基本原則に抵触するような変更は許されないことを明記している（79条）。

　今まで述べてきた基本的な確認事項をふまえたうえで，日本国憲法を改正しようとする動きがあることと，その動きに対し，私たちはどのように考え，何をすればよいかを次に考えてみよう。

日本国憲法を改正しようとする動き

初期の動き　日本国憲法を改正しようとする動きは，今に始まったものではなく，第二次世界大戦終結後のGHQ（連合国軍総司令部）による日本への占領統治が終了した頃からくすぶり続けてきた。

　日本国憲法の制定過程をふりかえると，占領統治の時期にまずは日本政府側で憲法試案（憲法問題調査委員会試案）を作ったもののそれがマッカーサーに受け入れられず，マッカーサーの指示によりGHQ内部で作られた憲法改正草案（マッカーサー草案）が日本政府側に手渡される。そして，その後は，マッカーサー草案をもとに第90回帝国議会での審議を経て，大日本帝国憲法を改正するかたちで今の日本国憲法が作られた（第1部第2章参照）。この事実関係を背景に，現行の日本国憲法はGHQ（もしくはアメリカ）から押しつけられたものであり，日本国民自らの手で作られたものではないから無効であるという「押しつけ憲法」論が唱えられる。そしてここから，日本国民自らが憲法を作るべきだという自主憲法制定へという流れができ，憲法改正への1つの潮流となる。これがもっともよく表れているのが1955年に結成された自由民主党の結党時の政綱であり，そこでは，「現行憲法の自主的改正」がうたわれている。この流れは岸信介内閣まで続くが，1960年の岸内閣による日米安全保障条約強行改定が多くの国民の反発を招くこととなる。同条約の改定が成し遂げられた後，岸は，次は憲法改正だと考えていたといわれるが，日米安全保障条約強行改定に反対する国会議事堂を取り巻く大規模なデモや全国的な抗議運動を受け岸内閣は退陣する。その後組閣した池田勇人首相は，その状況をみて取り，今は憲法改正を考えていないと述べるほかなく，これ以降，自由民主党を与党とする歴代内閣は，日本国憲法の明文改正（明文改憲）を表向きはあきらめ，保守政権の維持を，経済成長とそれを背景にした福祉政策に求めたのである。

東西冷戦の終結と憲法改正への動き　その後日本国憲法を改正しようとする動きが本格化したのは1994年に読売新聞が発表した「読売憲法改正試案」の頃からである。1989年ベルリンの壁崩壊と1990年東西ドイツの統一，1991年ソビエト連邦崩壊に象徴されるように，東西冷戦が終結し，それまでの両陣営間のパワーバランスが崩れ，世界のいろんな地域で紛争が起こるようになる。1990年にイラクがクウェートに侵攻すると翌1991年多国籍軍がイラクを攻撃し湾岸戦争が始まり，これ以降，国際連合の平和維持活動（PKO）に自衛隊を派遣することが，憲法上可能かどうかが議論されるようになっていく（第3部第1章参照）。つまり，国家固有の権利である自衛権を行使するための必要最小限の力を超えず，専守防衛に徹するものであると説明することで，かろうじて憲法上の命脈を保つ

てきた自衛隊について，その説明とは食い違う方向で使おうというのであるから，自衛隊を海外派遣するのであれば従来とは異なる解釈を施さなければならなくなる。ところが，その解釈には非常に無理があり，国際貢献や国際協調といった標語を前面に出さなければならないほど，従来の政府解釈との整合性を保つのが困難になってくる。そこで，いっそのこと自衛隊を憲法上明記し「合憲化」してしまおうというのが，東西冷戦終結後本格化した日本国憲法改正への動きである。

21世紀に入ってからの憲法改正への動き　政党の動きに目を転じると，憲法改正への姿勢としては改憲，護憲，論憲の3つの立場に大別できるが，ここでは「現行憲法の自主的改正」を結成以来の党是とする自由民主党の改憲構想を見てみよう。自民党は2005年と2012年に党独自の憲法改正案を発表しており，比較的最近の2012年「日本国憲法改正草案」（自民党改憲草案）から重要な論点を取り上げたい。

①憲法9条の改正　自民党改憲草案は，戦争の放棄を定める現行憲法9条1項についてはそのまま残し，戦力不保持を定める同2項を改正し，「前項の規定は，自衛権の発動を妨げるものではない」としている。そして，9条の2を新設し，国防軍の保持を明記する（1項）。国防軍は「我が国の平和と独立並びに国及び国民の安全を確保する」という任務を遂行する（1項・2項）ための活動のほか，「法律の定めるところにより，国際社会の平和と安全を確保するために国際的に協調して行われる活動及び公の秩序を維持し，又は国民の生命若しくは自由を守るための活動を行うことができる」（3項）。自衛権の行使と国防軍の国際貢献・国際協調活動への参加を憲法上明記したもので，読売憲法改正試案も同じ方向性を示していた。

　自民党は，その後，2017年には「憲法改正に関する論点取りまとめ」，2018年には「憲法改正に関する議論の状況について」（条文イメージ）をそれぞれ発表しており，同党が優先的に検討したいと考えている事項を4点（自衛隊の明記，緊急事態対応，合区解消，教育充実）にまとめている。

　そのなかで憲法9条をめぐっては，自衛隊を明記することが次のように述べられている。「自衛隊の活動は多くの国民の支持を得ているのに，合憲という憲法学者は少なく，中学の大半の教科書が違憲論に触れている。国会に議席をもつ政

党のなかには自衛隊を違憲と主張するものもある。そのため，憲法改正により自衛隊を憲法に位置付け，『自衛隊違憲論』を解消すべきである」。自民党は改正後の条文イメージも同時に発表しており，そこでは憲法9条1項と2項は現行のままとし，次のような9条の2を新設する。「前条〔9条〕の規定は，我が国の平和と独立を守り，国及び国民の安全を保つために必要な自衛の措置をとることを妨げず，そのための実力組織として，法律の定めるところにより，内閣の首長たる内閣総理大臣を最高の指揮監督者とする自衛隊を保持する」（9条の2第1項）。2012年の自民党改憲草案9条2項では「国防軍」とされていたが，「軍」という響きがあまりにも強く抵抗を感じる人もいるとの推測と，現在の「自衛隊の活動」が「多くの国民の支持を得ている」ことを背景に，「自衛隊」という名称をそのまま残すこととしたのであろう。

②緊急事態条項の新設　　緊急事態条項の新設も自民党が優先的に検討したいと考えているものの1つだ。自民党改憲草案での条文をみておこう。「内閣総理大臣は，我が国に対する外部からの武力攻撃，内乱等による社会秩序の混乱，地震等による大規模な自然災害その他の法律で定める緊急事態において，特に必要があると認めるときは，法律の定めるところにより，閣議にかけて，緊急事態の宣言を発することができ」（同草案98条1項），「緊急事態の宣言が発せられたときは，法律の定めるところにより，内閣は法律と同一の効力を有する政令を制定することができるほか，内閣総理大臣は財政上必要な支出その他の処分を行い，地方自治体の長に対し必要な指示をすることができる」（同99条1項）。そして，緊急事態宣言が発せられた場合，何人も「当該宣言に係る事態において国民の生命，身体及び財産を守るために行われる措置に関して発せられる国その他公の機関の指示に従わなければならない」（同条3項）ことになっている。これには，憲法上の「基本的人権に関する規定は，最大限に尊重されなければならない」（同項）との留保が付されているものの，ひとたび緊急事態宣言が内閣総理大臣により発せられれば，国民代表機関である国会が制定した法律ではなく，内閣が制定する，法律と同等の効力を有する政令によって私たちの様々な行動や人権が制限されることになる。しかも，緊急事態宣言の有効期間中衆議院は解散されず，両議院の議員の任期等の特例を設けることができることになっているため（同条4項），宣言を際限なく継続することで国政選挙が実施されず，国民の信を問わな

くてもよい仕組みになっている。宣言を発するには「事前又は事後に国会の承認を得なければならない」ことになっており（同98条2項），また99条1項にいう政令の制定や処分については「事後に国会の承認を得なければならない」とされ（同99条2項），国会によるコントロールが一応は及ぶような形式を備えているが，「国会の承認」には特別多数による賛成が予定されておらず，国会内における政権与党の数の力で，国会が承認を与えることなど簡単にできよう。要するに憲法に明記される緊急事態条項は，憲法自らを停止するものだ。しかも，宣言を発するのは内閣という合議体ではなく内閣総理大臣である。これではあまりにも1人の人物に権力が集中することになる。以上の諸点において自民党改憲草案に盛り込まれた緊急事態条項は多くの批判を浴びることとなった。

　そこで，緊急事態条項への批判をやわらげ，憲法改正に向けて少しでも進めようとしたのが2018年の条文イメージである。条文番号を73条の2に移動したうえで，自民党は次のような条文の新設を優先的に検討しようとしている。「大地震その他の異常かつ大規模な災害により，国会による法律の制定を待ついとまがないと認める特別の事情があるときは，内閣は，法律で定めるところにより，国民の生命，身体及び財産を保護するため，政令を制定することができる」（同条1項）。「内閣は，前項の政令を制定したときは，法律で定めるところにより，速やかに国会の承認を求めなければならない」（同条2項）。このような条項を新設する必要性について自民党は，最大規模の地震や津波等への迅速な対処が求められ，このため憲法に緊急事態対応の規定を設け，国民の生命と財産を保護するという観点から，緊急事態においても国会の機能を可能な限り維持し，国会の機能が確保できない場合に行政権限を一時的に強化し迅速に対処する仕組みを設けることが適当であると考えている。

　2018年条文イメージでは，2012年自民党改憲草案にある「我が国に対する外部からの武力攻撃，内乱等による社会秩序の混乱」という言葉が削除され，一見するとマイルドな仕上がりになっている。しかし，「大地震その他の異常かつ大規模な災害」と書かれていれば，「その他の異常かつ大規模な災害」とは，「大地震」のような大規模自然災害を意味すると考えるのがふつうであるが，そうとは限らない。自民党は条文イメージの前提としてその背景や現状などの状況説明をしており，そのなかで，自然災害と有事を「併記」している。

　また，大規模自然災害の場合，災害対策基本法を中心とした一連の災害関連立法によりこれまで対応してきたはずであり，それは憲法を改正せずとも対応可能である。被災者の救済につながっていない，東日本大震災後の復興がなかなか進まない，というのであれば，それは現行憲法のせいではなく，別のところに原因があるはずだ。新型コロナウィルスの場合も，現に，感染が拡大した時期があったり，生活様式が変わったりしたものの，新型インフルエンザ等対策特別措置法に基づく対応が可能である。このように法整備による対応が可能であるにもかかわらず，それらを持ち出しながら緊急事態条項の必要性を改憲勢力が訴えるのは，ひとえに有事への対応にほかならない。

③それぞれの人権に関すること　　日本国憲法を改正しようとする動きについては，上記のような憲法9条の改正と緊急事態条項の新設に注目が集まるが，私たちの人権に関する領域で重大な変更が加えられようとしていることにも目を向けなければならない。個別の人権については本書第2部各章で指摘されている通りであるため，ここでは，人権全体に共通する点に絞りたい。

　人権全体に共通する点とは，人権が制限される場合に関することである。現行の日本国憲法では，12条と13条で人権保障をうたいつつ，同時に人権といえども「公共の福祉」に基づく制限があり得ることが規定されている。両条における「公共の福祉」に基づく人権への制限とは，他者に危害を加えるような場合には人権は制限され得るという意味であり，決して国のため，社会全体の利益のため，という意味ではない。これを人権の内在的制約といい，人権にあらかじめ含まれていたものだ。これを，自民党改憲草案は，「国民は，……自由及び権利には責任及び義務が伴うことを自覚し，常に公益及び公の秩序に反してはならない」（同草案12条），「生命　自由，及び幸福追求に対する国民の権利については，公益及び公の秩序に反しない限り，立法その他の国政の上で，最大限に尊重されなければならない」（同13条）として，現行憲法の「公共の福祉」を「公益及び公の秩序」に変更しようとしている。「公共の福祉」が人権の内在的制約を意味していることを正しく理解しているからこそ，人権の内在的制約とは異なる別角度からの制限をしたいと考えて，わざわざ「公益及び公の秩序」という言葉に置き換えようとしているのだろう。それは，国のため，社会全体の利益のためであれば，私たち1人ひとりの，それぞれの人権は制限され得るという，人権保障をめ

ぐるこれまでのあり方を根底からくつがえす深刻な事態だ。

私たちはどうすればよいだろうか

**憲法改正について「よく　　　　　　**日本国憲法を改正しようとするこのような動きに直
わからない」みなさんへ　　　　面する私たちはどうすればよいだろうか。いろいろ
な改憲案や改憲構想の中身を知り，改正後の世の中を具体的に想像できる人は，
憲法改正に賛成か反対かをすでに決めていると思う。章の順番通りでなくてもよ
いので，本書の各章に適宜目を通しながら，自分なりの考えをこれから築くこと
もできる。

　他方，憲法改正について「よくわからない」という声も聞かれる。その場合は
現状維持を選択するという立場から，憲法の改正に賛成する必要はない。という
のも，憲法の改正がほんとうに必要とされるのは，今の日本国憲法のままでは日
本という国がまったく立ち行かなくなる，また，憲法改正以外のありとあらゆる
方法を試してみたけれども，にっちもさっちもいかない状況に陥り，その状況か
らまったく回復不可能になっている，という究極の場合だと思われるからであ
る。そうなるまでには憲法改正以外にやらなければならないことが山ほどあり，
万策尽き果てたときにはじめて憲法を改正しようということになる。

　たとえば，地球温暖化を始めとする環境問題が深刻になるなかで，「国は，国
民と協力して，国民が良好な環境を享受することができるようにその保全に努め
なければならない」として，「環境」に関する規定を新たに盛り込もうとするの
が自民党改憲草案25条の2であるが，環境保全は，現行憲法の既存の条文（13
条，25条など）を根拠に立法による対応が十分可能である。また，環境破壊行為
への差止めを裁判所が命じることや，私たち1人ひとりの日常生活における行動
と政治への働きかけなどによっても，環境を守ることができるだろう。つまり，
憲法を改正しなければ環境問題に対応できないという究極の場合には至っていな
いということだ。

　日本という国は，これまでいくども苦しい局面に遭遇してきたが，憲法を改正
しなくても，私たちの叡智を結集して乗り切ってきたではないか。万策尽き果て
たわけではない。

**改憲による自衛隊合憲化
を支持するみなさんへ**

憲法改正に反対するいわゆる護憲派の人々は，憲法
９条を改正したら「戦争できる国になる」，「戦争に
巻き込まれる」，「戦争する国になる」と声を上げる。「戦争できる国」になれば，
実際に戦争をしなくても，その準備のためにいろんな物資が必要になるため，企
業は多大な利益を得ることができる。じつは戦争は儲かるのだ（1950年の朝鮮戦争
ぼっ発による日本国内の特需＝朝鮮特需を思い出そう）。しかし，戦争が実際に日本国
内に及ぶことは，企業としては避けたい。そうなれば企業が国有化，国営化さ
れ，それまでの儲けが吹き飛んでしまうからである。日本以外の国で戦争や地域
紛争が起こり，日本の自衛隊がそれらの国々や紛争地域に派遣され，国際貢献，
国際協調活動をすることになれば，他国で起きている戦争や地域紛争でひと山儲
けることができる。企業側の本音はそのあたりだろう。自衛隊を海外派遣し国際
貢献，国際協調活動に参加させることの根拠として，現行憲法前文の国際協調主
義がしばしば挙げられる。しかしよく考えてみると，他国の苦難を儲ける機会だ
と歓迎することは，真の国際協調主義であるはずがない。

　では，「戦争に巻き込まれる」可能性についてはどのように考えればよいだろ
うか。2015年にいわゆる安全保障関連法が成立し，条件付きながら集団的自衛権
を行使することが可能になった（第３部第１章参照）。このこと自体憲法９条をめ
ぐる従来の政府解釈をねじ曲げるものであり，憲法９条の基本的な解釈に照らし
てもとうてい許されるものではない。しかし，安全保障関連法が成立してもなお
憲法９条が改正されず今の姿を保っていることが，思いのままの行為をしたいと
考えている政府側の動きに対する歯止めとなっている点にも注目すべきである。
現行の憲法９条があるからこそ，政府は自衛隊の海外派遣について憲法９条との
整合性をその都度説明しなければならなくなる。

　他国から攻撃されるかもしれないのだから自衛隊に国防の任務に当たってもら
うのが当然だと考えている人もいるだろう。しかし，他国から攻撃されないよう
にするのが日本国憲法の目指すところであり，「われらは」戦争の要因となる
「専制と隷従，圧迫と偏狭」を「地上から永遠に除去しようと努めてゐる国際社
会において，名誉ある地位を占めたい」と決意している（憲法前文）。まずはこの
決意を心に刻むべきだ。その上でなお懸念されるのは，自衛隊を海外に派遣し
て，日本と密接な関係にある他国の軍隊と協力し軍事的な活動をすることが法律

上可能になっている点である。イラク戦争では，イラク特措法に基づき日本の自衛隊が現地に派遣され諸種の活動を行ったが（第3部第1章参照），イラクの人々だけでなくその他の国の人々も，日本の自衛隊が米英軍とともに戦う軍隊だと認識したであろう。これは，海外まで出かけていって戦争の火種を拾ってくるようなものであり，かえって日本を危険にさらす行為である。

　2021年8月末にアメリカがアフガニスタンから撤退することになり，親米政権崩壊後のタリバンによる報復が懸念されるなか，多くの人々が国外へ退避しようとした。日本の自衛隊輸送機も邦人救出のため派遣され，邦人1人，アフガニスタン人14人を隣国パキスタンへ輸送している。このときもし自衛隊輸送機が攻撃されていれば「戦争に巻き込まれる」可能性があっただろう。また，仮に憲法9条が改正され大手を振ってアメリカ軍と共同して軍事活動を行っていたなら，日本の自衛隊は米軍と行動をともにする文字通りの軍隊として認識され，後に攻撃の対象とされるだろう。そうなれば「戦争する国」になることも十分あり得る。しかも，集団的自衛権を行使できるようになっているため，「戦争に巻き込まれ」，「戦争する国」になる可能性は大きく高まっているといえる。

判断するための道しるべを探しているみなさんへ　吉野源三郎さんが著した『君たちはどう生きるか』（岩波文庫，1982年）は1937年に出版された。出版や学問にとって非常に厳しい時代に世に出されたこの本が以後読み継がれ，今なお大きな感動を与えているのは，中学生のコペル君と同じ年頃だったときに私たちが経験しているような思いや悩みを共有することができることに加え，コペル君の叔父さんがしたためた「おじさんのNote」がその思いや悩みを正面から受け止め，コペル君を励ましながら，コペル君がこれから生きていく上での道しるべを示しているからだろう。あるとき，友達の姉の影響でナポレオンに陶酔したコペル君に対し，叔父さんが「偉大な人間とはどんな人か」について「おじさんのNote」のなかで次のように語っている。「英雄とか偉人とかいわれている人々の中で，本当に尊敬が出来るのは，人類の進歩に役立った人だけだ。そして，彼らの非凡な事業のうち，真に値打ちのあるものは，ただこの流れに沿って行われた事業だけだ」（同書192頁）。

　憲法改正の手続きなどを定めた法律はすでにできており（「日本国憲法の改正手続に関する法律」平成19年法律第51号），国会内の衆参各議院に憲法審査会が設置さ

れ審議も進んでいる。憲法改正国民投票が今後実施されることになれば，日本国憲法を改正するかどうかの一大事業に私たちは携わることになる。そのとき，国民投票に付された日本国憲法改正案が「人類の進歩」に役立つものであるかどうかを判断基準に賛否を投じてはどうだろうか。

　本書『憲法とそれぞれの人権〔第4版〕』の各章を読むと，現行の日本国憲法が人類の進歩の到達点を示していることが分かる。しかし，なかには私たちがまだたどり着いていないものもある。だから到達点までたどり着くのをあきらめるのか，それとも，たどり着こうとゆっくりでもよいから歩みを進めるのか。憲法改正に賛成するか反対するかは，そのあたりのことを考えて責任をもって判断するとよいだろう。

インターネットで生きた憲法問題を学ぼう

　国内はもとより世界の人権，民主主義や平和の状況のなかにある生きた憲法問題を，多様な立場や考え方に目配りしつつ学び，真の憲法感覚を身につけよう。インターネットはそのための身近なツールと言える。以下のウェブページを手がかりにしてほしい。

①世界の憲法のページ
　https://www.constituteproject.org
②憲法に関するニュースのページ
　https://news.biglobe.ne.jp/list/009/548/ 憲法.html
③人権問題の国際 NGO アムネスティ・インターナショナル日本のページ
　https://www.amnesty.or.jp
④日本国憲法の制定過程に関するページ
　https://www.ndl.go.jp/constitution/
⑤法学館憲法研究所のページ
　www.jicl.jp
⑥衆議院憲法審査会のページ
　https://www.shugiin.go.jp/internet/itdb_kenpou.nsf/html/kenpou/index.htm
⑦参議院憲法審査会のページ
　https://www.kenpoushinsa.sangiin.go.jp
⑧自民党憲法改正実現本部のページ
　https://constitution.jimin.jp
⑨九条の会のページ
　www.9-jo.jp

※いずれも2022年 2 月10日閲覧。

（前原清隆）

Horitsu Bunka Sha

憲法とそれぞれの人権〔第4版〕

2010年3月25日	初　版第1刷発行
2014年4月10日	第2版第1刷発行
2017年10月1日	第3版第1刷発行
2022年4月20日	第4版第1刷発行

編　者　現代憲法教育研究会

発行者　畑　　光

発行所　株式会社法律文化社

〒603-8053
京都市北区上賀茂岩ヶ垣内町71
電話 075(791)7131　FAX 075(721)8400
https://www.hou-bun.com/

印刷：共同印刷工業㈱／製本：新生製本㈱
装幀：仁井谷伴子
ISBN978-4-589-04215-6
©2022 現代憲法教育研究会 Printed in Japan

倉持孝司・村田尚紀・塚田哲之編著

比較から読み解く日本国憲法

A 5 判・248頁・3190円

憲法学習にとって必要な項目を網羅し，判例・学説を概説しつつ，各論点に関連する外国の憲法動向を紹介し比較検討する。グローバル化をふまえ日本の憲法状況を外側から眺める視点を提供するとともに，日本と外国の制度の違いを内側から考えられるように工夫した。

倉持孝司編

歴史から読み解く日本国憲法〔第2版〕

A 5 判・256頁・2860円

歴史からの切断を行った2014年7月閣議決定と2015年9月安保法強行採決。戦後憲法の原点と現在をより深く読み解くために沖縄と家族の章を新設したほか，時代状況に即して本文の内容を大幅に更新，コラムを差替え。

小泉洋一・倉持孝司・尾形 健・福岡久美子・櫻井智章著

憲 法 の 基 本〔第3版〕

A 5 判・330頁・2860円

重要判例を多数取りあげ，憲法の全体像をつかめるよう工夫した概説書。「各章で学ぶこと」を導入部に，復習・応用問題を章末に設けて，学習しやすいように配慮した好評書。最近の政治・社会動向の変化や，最新版の判例百選に対応した。

宍戸常寿編〔〈18歳から〉シリーズ〕

18歳から考える人権〔第2版〕

B 5 判・106頁・2530円

人権によって私たちはどのように守られているのか？ ヘイトスピーチ，生活保護，ブラック企業……人権問題を具体例から読み解く入門書。SDGs，フェイクニュース，コロナ禍の解雇・雇止めなど，人権に関わる最新テーマにも言及。

志田陽子・榎澤幸広・中島 宏・石川裕一郎編

映 画 で 学 ぶ 憲 法 II

A 5 判・174頁・2310円

映画を題材にした憲法の入門書。フィクションだからこそ問いなおす視点を提供する〈映画〉と史実のなかで生まれたが抽象度の高い〈憲法〉の双方を行き来する作業を通じて，憲法の理念や規範を新たな視点から捉え，思考力と想像力を養う。憲法の主要論点をカバー。

伊地知紀子・新ヶ江章友編

本当は怖い自民党改憲草案

四六判・248頁・2200円

もしも，憲法が改正されたらどのような社会になるのか?! 自民党による改憲が現実味をおびはじめるなか，私たちの生活にどのような影響が及ぶのか。7つのテーマ（章），全体像（オピニオン），重要ポイント（コラム）からシミュレーションする。

―――― 法律文化社 ――――

表示価格は消費税10％を含んだ価格です